品成

阅读经典 品味成长

U0125457

# 相互滋养的陪伴

伍罡 —— 著

人民邮电出版社

北京

**图书在版编目（CIP）数据**

相互滋养的陪伴 / 伍罡著. -- 北京 ：人民邮电出版社，2023.8
ISBN 978-7-115-62344-7

Ⅰ．①相… Ⅱ．①伍… Ⅲ．①亲子关系－家庭教育 Ⅳ．①G78

中国国家版本馆CIP数据核字(2023)第135380号

◆ 著　　　伍　罡
责任编辑　马晓娜
责任印制　陈　犇

◆ 人民邮电出版社出版发行　　北京市丰台区成寿寺路 11 号
邮编 100164　　电子邮件 315@ptpress.com.cn
网址 https://www.ptpress.com.cn
三河市中晟雅豪印务有限公司印刷

◆ 开本：880×1230　1/32
印张：10.75　　　　　　　　2023 年 8 月第 1 版
字数：209 千字　　　　　　　2023 年 8 月河北第 1 次印刷

定价：69.80 元

**读者服务热线：（010）81055671　印装质量热线：（010）81055316**
**反盗版热线：（010）81055315**
**广告经营许可证：京东市监广登字 20170147 号**

# 曾奇峰：人是关系的产物

在机械主义哲学时代，人类个体被视为一种具备某些功能的装置，是孤立的存在。笛卡尔的"我思故我在"，说的就是因为人有思考的功能，所以"存在"。这个观点后来被淘汰，取而代之的是客体关系哲学，人不再被看成独立的装置，而是关系的产物和组成部分。客体关系哲学的具体表达是：我存在，是因为你的存在证明了我的存在；我有存在的价值，是因为你赋予了我存在的价值。

与客体关系哲学对应的，是精神分析的客体关系理论。它认为，人活着从事各种活动的动力，都是为了建立和维持关系。而且，一个人的性格，是由其早年跟父母的关系决定的。众所周知，性格决定命运，所以，早年的关系等于命运，这是到目前为止对"命运"这个词最全面、最具体、最深刻的理解。

影响命运的早年关系，大约可以分为以下 3 种类型。

第一种关系类型，是本书提到的有滋养作用的关系。父母给孩子源源不断地提供乳汁及乳汁的象征物，比如爱、包容、共情等，孩子得以健康成长。反过来，健康的孩子也可以滋养养育者，比如爱的回应、自恋的分享及象征性永生的愿望被满足等。这样的关系是人人都渴望的，遗憾的是，并非人人都得到了。从最低和最高的目标来说，精神分析都是为了让更多的人拥有这样的关系。

没有得到上述关系的人，可能得到了第二种关系，即相互控制的关系。这很像囚犯跟狱卒的关系，看起来狱卒似乎是自由的，但其实并没有自由。双方的生命力，都用在了压抑或支配对方的生命力之上，没有多余的力量对外，所以社会层面的海阔天空对他们来说形同虚设。早期的三角关系成为牢房，身处其中的人似乎都被判处了终身监禁。

第三种关系类型，是相互剥夺的关系。剥夺的对象主要是各种自我功能，即一个人天然拥有的能力，比如现实感。举一个例子，每个人都自然而然地知道以下事实：我如果不学习、不工作甚至不出门，就不能正常活下去（一些特殊情况除外）。但是，成千上万的宅男宅女却没有这样的现实感，他们的状态仿佛在向世界宣示：我们这样活着也可以天长地久。这些人的现实感，就是被不希望他们有现实感的养育者剥夺了。反过来，没有现实感的后代，也剥夺了养育者的各种功能，如社交、休闲娱乐和自我成长等。这是典型的共生关系——双方都不会马上就死，但双方都活得不幸福。

从本质上来说，一个人的幸福感百分之百都来自人际关系；那些表面上不来自人际关系的幸福感，在潜意识或象征层面，也来自人际关系。极端的例子是那些回避人际关系的人，他们好像是在享受"无关系"，其实是在以回避的方式"玩弄"人际关系，或者说，他们回避的是当下的人际关系，而沉溺于过去的关系——这又回到了父母跟孩子的关系的基点之上。

本书提到了游戏精神。如果童年的全部是游戏，那么人生的全部也是游戏。游戏的核心要素有两个。一是遵守规则。那种认为游戏人生的态度过于随意甚至过于堕落的想法，只不过是某些人的投射而已。真正的游戏，必须建立在清晰而坚实的规则之上，所以游戏本质上是反随意、反堕落的。这一规则扩大到社会学层面，就是法律。二是娱乐精神，快乐是终极目的，功利、输赢、意义或其他价值都等而下之。所以这如游戏般的人生并不复杂，如果你把它过得复杂了、痛苦了，那只能是因为你赋予了这个游戏本不属于它的额外意义。

客体关系哲学之后，又出现了主体间性的本体论，对应的是主体间性精神分析流派。拉康对此的描述是：我在我不在之处思，故我在我不思之处。意思是主体自动包含客体性。拿本书作者伍罡举例。他是一个成年人，但他却能够自然而然地知道怎么跟孩子玩耍；他是一个心理咨询师，但他却自然而然地理解他的来访者的一些行为；他是一个男人，但他同样能够自然而然地懂得女人的一些需要；等等。这就是主体间性。

需要强调一下，这些能力并不是通过特殊训练获得的，而是一个充分成长了的个体自动拥有的。如果你没有这些能力，那是因为它们被压抑到了你的潜意识深处。通过成长，或者读这本书，你可以唤醒和重新拥有它们。

罡者，北斗七星之柄也。这本书也许是柄的象征，指向的不是北方，而是被称为"关系"的主体和客体之间的第三者，告诉我们它需要空气、阳光及无条件的爱。

曾奇峰

著名心理学家

武汉中德心理医院创始人、首任院长

中国心理卫生协会精神分析专业委员会副主任委员

2023 年 7 月 21 日于武汉东湖

# 刘丹：与孩子一起成长

伍罡说："养育的过程，是父母和孩子相互滋养、共同成长的过程。"对此我非常赞同。尤其是在今天这个时代，尤其是在今天的中国。

在临床心理咨询的工作中，我碰到过各种各样的家庭，没有哪个父母不是非常努力地去培养、教育孩子的，他们花时间、花精力、花心力、花钱……各方面都付出很多，现实却常常"天不遂人愿"。孩子经受着各种压力和挑战，变得焦虑、抑郁、逃避、崩溃；父母苦口婆心、恩威并施、歇斯底里、求亲告友，各种招数都不奏效，最后在咨询室里，父母开始反思——我们做父母的，是不是哪里做错了？

对于父母痛心疾首的反思，对于网络上和社会中盛行的对"父母教育失职、教育失败"的讨伐，伍罡说："其实这不是父母的错，也不是孩子的错，而是时代变化得太快了。"对此，我更是举双手赞同！我反对在孩子出现各种问题和困难时一味地批评父母、责备父母、归罪于父母的做法。在家庭咨询中，我会对父母们说："你们是世界上最爱这个孩子的人，你们一直在做最大的努力来帮助他。孩子的问题没有解决，最焦虑和痛苦的，还是你们！现在，你们愿意和医学、心理学专业人员一起努力，你们是最好的爸爸、妈妈！"

在农耕时代，父母的经验，加上祖父母的经验，完全可以帮助孩子储备足够多的知识去适应他们未来的社会——因为对于他们来说，未来的社会和孩子童年时的社会，没有太大差别。而进入21世纪后，人类过去的经验却已远远不足以指导人类未来的生存，哪怕仅仅相隔20多年。现在80多岁的祖父母一辈，在自己60多岁时才开始接触网络；现在50多岁的父母一辈，在自己30多岁时才开始接触网络；而现在20多岁的孩子一辈，他们一出生就开始接触网络，呼吸着"信息化和全球化的空气"，被称为"网络原住民"。就像一个30岁才学习游泳的人，怎么教一个从出生就每天浸泡在水里的人潜水呢？重要的是，整个社会都没有相关的经验储备啊！当无线网络、智能机器人、数字货币、元宇宙、星际旅行等崭新的事物扑面而来时，作为父母，我们心存疑虑地警惕着、小心翼翼地靠近着、手忙脚乱地适应着；而孩子们，则是敞开双臂拥抱着、张开口鼻呼吸着、打开心灵沉浸着。

除了在基本生活的某些方面父母还可以指导孩子外，在更广阔的生活和社会空间中，父母只能和孩子一起成长。这对于父母而言，通常是难以想象的巨大挑战，是从未有过的体验，也可能是猝不及防的遭遇。

我不禁想起 2017 年 7 月我和女儿在马尔代夫潜水的经历。我和 16 岁的女儿都是第一次深潜，跟教练学习了两天操作方法和沟通方式后，我们一级一级地下潜，确认并适应了水压后再继续向下潜。我感受到自己耳朵特别疼，呼吸也非常别扭，好像鼻子还进了水。这时候，我注意到女儿也很难受的样子，于是想立刻冲过去帮忙。但 1 秒钟后，我就清醒而绝望地意识到，我没有能力帮助她——我连自己都无法搞定！这时教练出现在我的面前，跟我确认我的状态，然后跟女儿确认她的状态。在那一刻，我人生中第一次清醒地告诉自己：让专业人员来帮助女儿吧。教练带我们一起上浮到了浅一些的位置，指导我们调整氧气面罩和呼吸。等我们调整好了之后，才再次深潜。这一次，我和女儿都学会了正确的操作，也终于看到了印度洋深处无与伦比的美景——巨大的海龟、色彩斑斓的鱼类和多姿多彩的珊瑚礁。

在完全不熟悉的深海环境里，我无论多么爱女儿，都无法帮助她。作为一名母亲，我很难承认这一点——我所有的人生经验和知识加起来都远远不够应对新的挑战。在我和女儿一起向专业人员学习新的知识和技能后，我艰难地面对了这一事实，并高兴地发现，我可以和女儿一起在新的领域中学习、成长。

伍罡说："父母应该主动调整自己，努力去适应孩子，而不能让孩子适应自己。毕竟父母是成年人，经历过的事更多，情绪更稳定，抗压能力也更强。"这句话我也非常同意。在此基础上，我还要加上一点——父母和孩子，要面向未来一起学习，一同成长，一起开创美好的未来。我想，这就是《相互滋养的陪伴》这本书暗含的主题吧！

刘丹

北京大学心理学系临床心理学博士

清华大学学生心理发展指导中心原副主任

中国社会心理学会婚姻与家庭心理学专委会副主任委员

2023 年 7 月于北京双清苑

# 不养儿不知父母乐

4 年前，我女儿即将高中毕业，她就读的深圳中学举办了一年一度的成人礼，请家长们给孩子写几句话。我随手找了两张白纸，用 20 多分钟写了这首诗，然后把它塞到信封里，送到了女儿学校的传达室，第一个交作业。

没想到，几天后我就被学校指定，作为家长代表发言。当时我念了这首诗，很多家长流下了眼泪，这个我早有预料，因为这首诗里的每一句都是在我心里装了 18 年的情感，能打动我自己就能打动别的父母。但是现场很多学生也哭得稀里哗啦，这有些出乎我的意料。女儿在远处看台上大喊了一声："爸爸！我爱你！"——更是把气氛推到了高潮。

行了，有这一声，这辈子值了！

老人总告诉年轻人：不养儿不知父母恩。这句话没错，养个孩子的确不容易。老人却没告诉年轻人：不养儿不知父母乐。当父母累、苦、消耗精力，但人生会因此变得丰富多彩，会感觉自己没白活一回。

父母陪伴孩子长大的过程，不是父母单向付出的过程，而是父母和孩子相互成就、相互滋养、相互给予欢乐的过程。

希望这本书能为您开启这个过程。

# 致十八岁的女儿

宝贝：

从你出生的那天起，我就开始筹划要给你写这封信。

虽然之前零星给你写过一些东西，

但写给十八岁的你，是不一样的感觉。


十八年来，我和你妈每天都盼你长大，每天也怕你长大。

盼你长大，

不是因为半夜惊醒睁着惺忪的睡眼收拾湿漉漉的床铺，

不是因为挺着酸痛的腰抱着假睡的你走好长好长的路，

不是因为要陪着你在黑黢黢的大操场上找一件深蓝色的校服，

更不是因为在深南大道上飞车赶往学校为你处理冲突，

当然绝对不是因为为了让你少看一会儿手机而假装发怒。

只是因为，

我和你妈特别想知道，

从小就古灵精怪的你，长大后会有多酷。


怕你长大，

是因为再也不能用胶卷相机拍下你呲着两颗下牙扮鬼脸的模样，

是因为再也不能在凌晨三点听你讲哪种恐龙的脖子最长，

是因为再也不能用背篓背着你在凤凰古城惬意地闲逛，

是因为再也不能驮着你在游泳池中来回游荡，

是因为再也不能在晚上十点半为刚放学的你端上一碗汤。

我和你妈都特别不想知道，

这个每天都充满欢声笑语的家，如果少了你，会是什么状况。


感谢的话，留给那些十八年来帮助过你的贵人吧，

我和你妈不需要。

如果要说，应该是我们对你说声感谢。

感谢你让我们有了当父母的身份，有了当父母的欢喜，

有了当父母的骄傲，有了当父母的牵挂，

有了当父母的担当，有了当父母的底气。

心理学家科胡特说，母亲眼中发射出的爱的光芒，呼应了孩子

展示自己的游戏。

因为有了你，我们才学会让自己的眼睛持久地透出爱意。


十八岁以前，你是我们的女儿，也是我们的朋友；

十八岁以后，你是我们的朋友，也是我们的女儿。

十八年太长，长得很多细节都无法回想。

十八年太短，短得仿佛就在昨天。

人生无论长短，有了这十八年，我们了无遗憾。


世界很大，大到莽莽苍苍横无际涯；

世界很小，小到仿佛只有我们仨。

所有的爱都是为了在一起，

只有父母和孩子的爱是为了分开。

雏鹰要去天空翱翔，

帆船要去大海远航，

希望这十八年的爱，

能为你蓄满能量，

让你有信心去触摸一下自己的理想。


出发吧，少年！

不必回头张望，

我们的目光会一直伴随你，

直到地老天荒。


写在宝贝女儿十八岁成人礼前夕

永远爱你的爸爸、妈妈

2019 年 3 月 10 日

# 目录

# 第 1 章

# 养育孩子前，先养育自己

不快乐的父母是养育不出快乐的孩子的。在为人父母之前，我们首先要对心灵进行自我养育，纾解自己的焦虑和恐惧，疗愈自己内心的创伤，这样才能以最好的状态迎接这个闯入我们人生的新生命。

本章主要讲述原生家庭对个体的影响，帮助父母通过对自身成长的回顾，反思关于身份、角色、养育真相的旧认知，建立新认知，从而在养育孩子前，做好重新成长的准备。

第 1 节

## 不同的童年底色，养育不同的"我"

### 没有好好当过孩子，很难当好父母

我的主要工作对象是父母和孩子。我听无数的父母抱怨过："怎么养个孩子这么难?！我小时候缺吃少穿，总是小心翼翼地观察父母的脸色，生怕他们不高兴，还发奋努力、刻苦学习，从来不给父母添麻烦。可是现在我每天像侍候长辈一样侍候孩子，求他吃，求他穿，求他学习，他还总是抱怨我不爱他、不懂他，我到底哪里做错了?！"

其实，这不是父母的错，也不是孩子的错，而是时代变化得太快了。过去的三四十年，社会飞速发展，使我们在短时间内跨入了一个新的阶段。社会的科技和物质资源等"硬件"在迭代，人们的思想和认知等"软件"也需要更新。对父母来说，这个软件就是"如何当父母"的理念。

如今的年轻父母，虽然也是从儿童时期逐渐长大的，但是他们小时候的生活环境与今天的孩子的生活环境是天差地远的。当代父母的最大困扰，就是自己没有经历过如今的孩子经历的生活。这些父母还是孩子的时候，他们的父母致力于保证他们吃饱穿暖、少生病、有书读，而做到这些已经是当时很多家庭的极限。在过去几十年的很多家庭中，与保证基本的物质生活相比，满足孩子的情感需求似乎微不足道。

而如今的孩子的最大困扰，也是自己的父母没有经历过自己的生活，所以父母没办法理解从幼儿园就开始竞争的压力，没办法理解自己对平等、尊重、信任的渴求。在这个年代，与被关注、被理解、被肯定的需求相比，高考的分数则变得没有那么让孩子在意。

在和孩子沟通"不同频"的时候，最有效的方法，就是努力进入孩子的世界。这不是让父母穿起纸尿裤重温童年，而是让父母放下身段，放下是非对错，带着好奇心了解孩子的成长规律，从孩子的角度去看他们眼中的现实世界。父母用这样的方式进入孩子的世界时，就会发现自己之所以和孩子之间有这么多的误会，是因为自己当年没有好好地当过孩子——要么是过早地进入了成人的世界，肩负起责任；要么是很多成长过程中的"坑"没有被填平。

很多父母认为自己与孩子之间出现矛盾，都是孩子的错，要想尽办法让孩子改变。事实上，这个改变需要由父母发起。**父母应该主动调整自己，努力去适应孩子，而不能让孩子适应自己。**毕竟父母是成年人，经历过的事更多，情绪更稳定，抗压能力也更强。

养育孩子、陪伴孩子长大的过程，绝对不是一个单向付出时间、精力、金钱的过程，而是父母被孩子需要的过程、父母被孩子指引的过程，以及父母被孩子鼓励的过程。其中的需要、指引、鼓励都是父母自身发展不可或缺的要素。因此，**养育过程，是父母和孩子相互滋养、共同成长的过程。**

心理学家唐纳德·温尼科特（Donald. W. Winnicott.）说："每个孩子都是父母天然的心理治疗师。"我们可以这样理解：孩子带父母重温童年，在心理上弥补了父母当年的缺失，修复了当年的创伤；父母陪孩子度过童年，陪伴孩子按照科学的规律成长，帮助孩子在人格上超越自己，发挥天赋中蕴藏的最大潜力。

从这点来说，当好父母，要从当好孩子开始。

## 父母是孩子的镜子

镜子似乎有一种神奇的魔力，吸引每个经过的人停下来，照一照，而不同的镜子会映照出不同的模样。例如哈哈镜会将一个人变高或变胖等；时装店里的镜子虽然没有改变照镜子的人的模样，却从不同的角度呈现出不同的穿衣效果；很多年轻人喜欢对着洗手间的镜子自拍，因为他们觉得洗手间镜子里的自己似乎更好看。

在家庭中，也有一面神奇的镜子——父母。

心理学家海因茨·科胡特（Heinz Kohut）认为，每个孩子都需要被喜悦的父母愉快且赞许地注视着。父母这样注视孩子的时候，眼中会放射出"光芒"，在这样的"光芒"照射下，孩子会感到安全、放松、兴奋，会敢于展示自己并以此为傲。

**父母是孩子的镜子。**就像我们在照镜子的时候，希望看到充满魅力的自己那样，孩子在照父母这面镜子的时候，会热切希望看到自己被父母肯定和认可，被父母接受和欣赏。孩子最初的，也是最重要的自我雏形，以及健康人格的基础，都由此而来，科胡特称这个过程为"镜映"。

在一个成功的"镜映"过程中，一方面孩子通过父母的眼睛总是看到自己好的特质，另一方面父母会通过自己眼中的"光芒"使孩子成为拥有自信和自尊的人，最终父母和孩子互为镜子，彼此都活成自己喜欢、别人也不讨厌的人。

这也是所谓的"无条件的爱"。这样的父母会让孩子感觉到：我爱的是你这个人，不管你长相如何，成绩好坏，听话与否，我一看到你，眼睛就发光，我一想到你，脸上就带笑；你值得我爱，你也值得其他人爱；我爱你，也爱身为父母的自己。这个过程中，父母和孩子的状态是：相看两不厌，越看越喜欢。

而在一个失败的"镜映"过程中，一方面孩子通过父母的眼睛总是看到自己不足的地方，另一方面父母会通过自己眼中的"刺"把孩子变成一无是处的人，最终父母和孩子互为镜子，彼此都活成自己不喜欢、别人也讨厌的人。

这就是所谓的"有条件的爱"。这样的父母会让孩子感觉到：我爱的是你的某个优点——长相好、成绩好、才艺佳、听话等，而不是你这个人；如果你不能达到我心中的某个标准，你就是不可爱的；一看到你，我就先看到缺陷，一想到你，我就先想到你和别人的差距；你如果不符合标准，不但不值得我爱，也不值得其他人爱；之所以用这种方式爱你，是因为我需要用你是否达到某个标准，来判断我是不是个合格的父亲/母亲。这个过程中，父母和孩子的状态是：相看两生厌，越看越心烦。

经常有家长问我们，怎么样才能当好父母？——一言以蔽之，当父母的，眼中要有"光芒"。

不是每个孩子都有幸遇到一面好镜子，不是每个孩子都能在关键的年龄段完成一个高质量的"镜映"过程。对孩子来说，父母就是一面镜子，是成长过程中最重要的镜子。不同的镜子，会照出不同的孩子。

古话说："以铜为镜，可以正衣冠；以古为镜，可以知兴替；以人为镜，可以明得失。"在养育孩子的过程中，以父母为镜，可以照亮孩子成长的道路。

第 2 节

# 有了孩子后，开启第二次成长

## 挑选合适的育儿书

2018 年的一天，出版社安排我去济南第二次签售我的第一本书《其乐无穷的战斗》。排队的人群中，一位女士突然递上来一本残旧、几乎搓成卷儿的书。看见我诧异的眼神，她连忙解释，去年新书发行的时候，她买了这本书，当时她刚生完二胎，产后抑郁很严重，全靠一遍又一遍地看这本书挺了过来，今天特意带着这本陪伴她渡过难关的书来找我签名。看着她眼眶含泪，我也很感动，工工整整地签好名字，双手将书递还给她。

现在市面上关于育儿的书籍数不胜数，读者在选择时经常陷入困境。各种说法看似都有道理，却又互相矛盾，让人无法判断。例如有的书说，要从小给孩子立规矩；有的书却说，要给孩子自由与快乐。到底应该按哪种说法来养育孩子呢？有的父母甚至会因此产生纠纷，无所适从。

其实大家遇到的烦恼我自己也遇到过。孩子刚出生时，我也带着初为人父的热情，买了很多育儿书，对于书里的很多内容我都似懂非懂。幸运的是，我后来遇到了很多心理学专家，向他们系统地学习了很多心理学的专业知识。

在多年的心理学学习、咨询和授课的过程中，我有很多的感悟。兴之所至或怒从中来的时候，我就把这些东西写出来和大家分享。这些内容面向的读者主要是没有系统的心理学受训背景、但对陪伴孩子充满兴趣的父母。我写的文章主要刊登在我们自己的机构的微信公众号上，供读者阅读和转发。

后来出版社的编辑找到我，希望我把这些文章结集成书。为了迁就微信公众号的阅读特点，我当时写的文章篇幅都比较短，而要结集成书，就要补充很多内容。这项工作做起来虽然很麻烦，但是为了把这些我自认为好的理念传播给更多的父母，我非常乐意。我将所有咨询、授课之外的空闲时间全部用于书稿的撰写、修改，经过几个月的艰苦奋斗，终于完成了前文提到的我的第一本书。

这本书出版后，我受到众多读者的鼓励，特别是得到很多爸爸的好评。我想可能因为我自己也是个爸爸，而且是"理工男"，写的东西更对爸爸们的胃口。在众多评价里，我最喜欢的一条是"这是一本可以笑着看完的育儿书"，因为书里的很多文章我也是笑着写完的，这让我感觉到了共鸣。

时隔多年，我的第二本书终于也和大家见面（也就是各位手中这本），这本书结集了这些年来我的新感悟，共分为七个话题与大家分享。如果上一本给大家留下的印象是"幽默"，也许这一本更多的就是传递温情，愿每个身为父母的人都能创造与孩子的相互滋养的陪伴。

经历了专业的学习，以及选择和编写图书的过程后，我总结了几条分辨育儿理论和技巧是否有用的方法，希望可以帮助父母选择更适合自己和孩子的育儿书。

第一，看理论体系。

任何理论都具有一套完整的体系。涉及孩子成长的心理学分支是发展心理学，发展心理学有不同的流派，如心理动力学流派、行为心理学流派、认知心理学流派、人本主义心理学流派、环境心理学流派、进化心理学流派等。每种流派的观点各有不同，但都是无数的专业人员耗费了多年的时间，经过大量的研究、实践总结整理出来的。

我们看一个育儿的观点或方法，首先要区分其源自哪个流派。不同的流派，拥有不同的语境和角度。有时看似矛盾的说法，其实可能都是正确的，只是表达的方式不一样。例如一个孩子体重超标，从心理动力学的角度来说，可以解释为这个孩子的父母对其口唇期、肛欲期、俄狄浦斯期等特定心理发展阶段的冲突没有处理好；从认知心理学的角度来讲，是因为这个孩子的父母没有掌握让孩子保持适当体重的有效方式，而且不重视营养均衡；从进化心理学的角度来讲，也许是这个孩子具有肥胖的遗传倾向，因为过多的脂肪有助于其祖先在饥荒年代存活下来。

如果我们看到一本书是一位母亲介绍自己如何培养出了一个考上世界名校的孩子，不要把注意力都放在她用了哪些方法上，而更应该关注这些方法背后的理论体系是什么，否则她的方法只能是特例，这样的方法我们学不会，而且直接套用还可能起反作用。

第二，看自我实践。

有了理论体系，还要看介绍这个理论体系的创立者有没有把这套理论体系用在自己陪伴孩子成长的实践中。**再完美的理论体系在应用时都会遇到挑战**。理论是群体化的普遍概念，而孩子是鲜活的个体，只有经过实践的检验，理论才有生命力。

例如心理动力学认为要给孩子"无条件的爱"。父母几乎都知道这句话，可是真正在生活中运用它的时候，就会发现非常难。我们生活在现实的环境中，作为父母对孩子不可能完全没有功利心，当遇到外界压力时，当孩子不能让我们满意时，当孩子让我们感到羞耻时，"无条件的爱"就会打折扣。我与爱人都是从事心理学工作的，我们在陪伴孩子成长的 20 多年里，每天都在学习、体悟和反省"无条件的爱"。我们有很多收获，也有很多教训，最终的感悟是：不是我们给了孩子"无条件的爱"，而是孩子教会了我们什么是"无条件的爱"。

有些育儿理论和方法的传播者自己本身并没有亲自陪伴孩子成长的经验，只是照本宣科地讲解一些理论，其说服力较弱。当然，这并不是说，只有扮演了父母角色，才有资格讲育儿知识，而是说那些花大量的时间和精力与孩子待在一起的人，所分享的内容才是真实而鲜活的。例如伟大的英国心理学家温尼科特，他一生没有自己的孩子，但是他 40 年如一日地在儿童医院门诊坐诊，接待过 6 万对以上的父母和他们的孩子，可以说他是最有资格讲育儿知识的人之一。他首创了很多非专业的"专业用语"，至今仍然被广为推崇，如足够好的妈妈、过渡性客体等。

第三，看案例验证。

我从事的是心理咨询工作，接触和了解过很多孩子和他们背后的家庭。我就像身处一个监控室中，眼前有几十上百个屏幕，我可以从中看到不同年龄孩子的状况。如果孩子的成长过程是一个时间轴，我可以同时看到在这个时间轴上的任意一点展开的画面。很多父母只能看到自己的孩子在当下年龄的那个点的画面，而心理咨询师能够看到一种育儿理论在孩子成长过程中的不同节点的验证。

例如面对一个处在青春期的患有抑郁症的孩子，可以追溯其童年关键时期和母亲分离的经历；面对正在和母亲分离的儿童，可以推断他们在青春期时可能会遇到的困难。这一个个案例的交互验证，可以帮助我们更好地理解这些理论，更好地理解其在实践中的应用。没有接触过心理咨询中活生生的例子，很难对理论有深入的了解。同理，案例验证匮乏的育儿理论也是经不起推敲的。

第四，看经验积累。

再完善的理论体系也要随着社会的变化而变化。在不同的文化背景下，在不同的社会发展时期，孩子在变化，家庭在变化，理论体系也要相应地吸收新的内容。我与团队研发的讲述儿童心理成长规律的课程"成长与陪伴"，已经开办了 8 年，有几百位父母学员学习过这个课程。在长期的咨询和授课中，我们不断从学员那里获取他们在自己的育儿过程中运用这些理论的反馈，征集他们对这些理论的不完善之处的建议，从而不断学习，重新认识、理解和补充这些理论。这些都是宝贵的财富，可以保证我们的课程受众是普通的家庭、普通的孩子，而不是局限于特定群体。

如果一个育儿课程或方法是僵化的，不允许更新和发展，便是有问题的。

## 了解孩子发育的不同阶段

凡是涉及儿童心理的理论，必须以年龄为前提。用一句玩笑话来说，凡是不提孩子的年龄只说概念的，都是"耍流氓"。例如有一种说法"要从小给孩子立规矩"，请问从小是多小？是 6 个月、1 岁，还是2 岁？立什么规矩？很多家长被这些概念误导：你看专家都说要从小给孩子立规矩，所以我就给我的孩子立规矩，要求孩子 1 岁不许经常哭，2 岁不许尿床，3 岁一定要和小朋友分享玩具。这就完全跑偏了。

孩子在每个年龄阶段有相应的心理发育目标和任务，父母要想给孩子提供良好的心理发育环境，就要根据孩子的年龄阶段，调动自己的资源。除了关注孩子的成长目标外，父母自身也需要与其进行匹配，完成身为父母在这个阶段应该完成的任务。简单来说，用10个字就可以概括父母在孩子成长过程中要匹配的重点，分别是本能、回忆、关系、底气、学习。

0～1岁：本能。

这里说的本能，特指作为母亲的本能。婴儿在这个阶段虽然已经离开母体，但是依旧与母亲保持最紧密的联结。

然而，在生活中，很多母亲并没有启动这个本能。我们必须承认，很多成年人只做好了恋爱准备，没有做好承担婚姻责任的准备，因此他们在婚后有各种问题需要处理；还有部分成年人做好了结婚的准备，但是没有做好成为父母的准备，因此他们在成为父母后，会遇到很多育儿问题。要当好父母，除了在生理上孕育一个孩子外，还必须在心理上启动做父母的本能。这一点对于夫妻二人同样重要，但是对于0～1岁的婴儿，母亲的本能是孩子更需要的，所以这里我着重强调作为母亲的本能。

这个阶段的孩子，最需要母亲的陪伴。这里的母亲，不仅是指把孩子带到这个世界上的生理角色，更重要的是指一个启动了母亲本能的心理角色。这个角色有温度、有气味、有声音、有"光芒"；这个角色像一盏聚光灯，一直打在孩子身上；这个角色欣赏孩子的一切，享受照顾孩子的乐趣，欣然接受自己从女孩到母亲的角色转换。

考古学家曾经发掘出一块4800年前母亲抱着婴儿的化石，尽管化石定格的是生命消逝的恐怖瞬间，但是化石中的母亲呈现出一种安详而愉悦的姿势，她凝视着怀中的孩子。每个孩子都通过母亲的眼光来证明自己是一个有价值的人。这是一个人最初、最核心的自我价值的形成。与此同时，母亲也通过孩子的眼光看到自己的价值，这对很多母亲有神奇的疗愈作用，可惜很多人浪费了这宝贵的资源。

人们常说"备孕"，即为怀孕做准备。从儿童心理发展的角度来说，如果想好好养育一个孩子，除了做生理上和物质上的准备，还需要做心理上的准备。如果一个女性没有准备好接受角色和身份的变化，没有准备好启动做母亲的本能，那孩子带来的恐怕只有勉强的辛劳和痛苦的感受。

### 1 ~ 3 岁：回忆。

这里说的回忆，是指父母的个体回忆，更具体一点，是指父母对自己当年作为一个 1 ~ 3 岁孩子的回忆。

有的朋友可能会疑惑，对自己这么小的时候的事情哪里记得起来啊？是的，绝大多数人都记不起来，包括我自己。其实这里的回忆不是指大脑皮层的意识层面的记忆，而是指潜意识层面的记忆，也可以称为身体的记忆。俗语"一朝被蛇咬，十年怕井绳"，说的就是身体的记忆。有人因为很多年前被蛇咬过，那种疼痛和濒临死亡的恐惧会深深地刻进身体里，当看到一段绳子的时候，还来不及用理性的分析判断这段绳子是否会伤害自己，其身体在第一时间就已经本能地激发出了原来的恐惧感。

一个孩子在 1 ～ 3 岁时，正处于生命力最旺盛的阶段。按照正常的生理和心理发育规律，这个阶段的孩子应该享有很多本能的自由。例如按照自己的方式吃饭，对抚养者说一些吓人的狠话，对不满意的人吐口水，不愿意和小朋友分享玩具和食物，喜欢玩攻击性的游戏，句句不离"屎尿屁"，一定要按自己的程序做事，等等。但是，现在的成年人大多没有在这个年龄阶段充分享受过这种自由，现在的父母、爷爷奶奶、外公外婆的童年，或经历社会的变迁，或历经资源的匮乏，或被自己的家长忽视。他们没有享受自由快乐的经历，身体里自然也没有相应的记忆。当他们作为父母或祖父母来抚养孩子时，孩子所表现出的那些正常、天然、本能的举动，就会被他们视为不听话、不正常、有毛病，甚至大逆不道。

一个人一生的核心心理基础都是在 1 ～ 3 岁奠定的，并且受到家庭中每天和孩子相处时间最长的成年抚养者的人格水平的影响。然而时光不能倒流，我们不可能重新回到 1 ～ 3 岁的童年，重新享受自由和快乐，然后回过头再来养育孩子。但是我们可以带着好奇心去了解孩子、陪伴孩子，感受孩子成长的乐趣，和孩子一起重新度过一段开心的时光，从而弥补自己的缺憾。在抚养孩子时，我们不要总是带着自己童年时期对饥饿和寒冷的恐惧，或者对健康和卫生的焦虑。我们如果带着这样的身体记忆，去面对一个生活在当下、物质极其丰富、对精神世界要求很高的孩子，一定会有很大的落差。正如温尼科特所说，每个孩子都是父母天然的心理治疗师。这句话提醒父母：**看起来是我们在抚养孩子，其实是孩子在疗愈我们。**

3 ～ 6 岁：关系。

这里说的关系，是指父母之间的夫妻关系。很多家庭有个错误的认知，认为照顾低龄的孩子是妈妈的事，等孩子上学了，爸爸再登场，进行严格教育，然后孩子就能成长得很好。这简直是痴人说梦。我在工作中见过很多从小缺乏爸爸陪伴的孩子，他们小时候看起来各方面发展得都不错，但到了青春期及成年以后往往就会出现很大的问题，尤其是在亲密关系方面。

3 ～ 6 岁的孩子需要完成一个非常重要的心理任务，即性别认同。每个人一出生，生理上的性别就一目了然，但是心理上的性别需要经历一个复杂的认同过程。这个过程需要爸爸妈妈协作，了解孩子在这个阶段心理发育的特点和重点，扮演好各自的角色，才能帮助孩子完成性别认同。

通常来说，孩子性别认同的过程包括 3 个阶段。

在第一个阶段，襁褓中的婴儿完全感受着妈妈的气息，认为自己和妈妈是一体的，在心理层面认为自己和妈妈一样，都是女性。

第二个阶段是 3 岁以后，婴儿长成了幼儿，可以自己走路，自己触碰周围的物体，开始对家庭中妈妈之外的角色感兴趣。在好奇心的带领下，他们喜欢和爸爸黏在一起。在心理层面，他们与妈妈分离，开始认同爸爸。不过孩子此时认同的爸爸形象往往是经过自己加工的，与爸爸实际的样子并没有多大的关系。如果听这个阶段的孩子说起爸爸，他们往往是用"力气比谁都大，跑得比谁都快"这种比较夸张的描述。在这个阶段，孩子与妈妈分离和开始认同爸爸是同时发生的，妈妈会发现孩子似乎更喜欢和爸爸待在一起，会感到不习惯，甚至会吃醋。而在孩子的认知中，和妈妈心理分离时，他们会带着一点歉疚和不安，并且将爸爸和妈妈进行对比，这时他们会发现两个人的不同，并逐渐形成对男性特质和女性特质的区分。如果这个时候爸爸是缺席的，或者父母之间的关系是严重失衡的，那么孩子就会感到混乱和模糊，有的女孩会替代父亲，具有过多的男性特质；有的男孩由于缺少父亲的榜样影响，会具有过多的女性特质。

孩子与父亲相处一段时间后，将进入第三个认同阶段。男孩发现自己与父亲相似，在生理和心理上达成一致，朝着男性的方向发展，完成又一次的认同；而女孩则越来越发现自己与父亲不同，开始对自己的喜好和行为有取舍、有选择，并最终与父亲进行分离，再一次认同母亲，朝着女性的方向发展。

可以说，在性别认同的过程中，男孩的心理经历了一次分离，两次认同，而女孩经历了两次分离，三次认同。在这个过程中，父亲和母亲需要相互配合。父母之间的关系是融洽的还是充满分歧的，是相互支持的还是相互指责的，都会影响这个阶段孩子的心理成长。

当然，我这里的论述，并不是强调男孩和女孩之间的性别差异，女孩不是必须柔弱，男孩也不是必须肌肉发达，我是想提醒父母在孩子性别认同形成的这个阶段，要为孩子提供完整清晰的性别认同对象。至于以后孩子自己想怎么表现性别特征，应该是在形成清晰认同之后进行的自由选择，而不是因为没有得到良好认同而做出的无奈之举。

6 ~ 10 岁：底气。

这个底气是指父母和孩子之间的亲子关系的底气，也就是彼此之间的相互信任。

此时的父母已经养育、陪伴了孩子 6 年的时间，看着孩子从一个初生的婴儿一点点长成一个小学生。孩子对喜怒哀乐的表达方式，孩子展现出的好奇心和创造力，孩子的人际交往能力，孩子的善良和纯真，这些都应该是父母心里最有数的，父母应该是这个世界上最了解孩子、最相信孩子的人，而不应该从其他人（如老师或其他家长）那里去了解孩子，用别人的标准去判断自己的孩子。例如老师告诉你，你家孩子在学校打人了，你凭着自己对孩子的了解和信任，第一时间应该想："不可能！我家孩子不是那种随便打人的人！如果他确实打人了，也一定是有原因的！我要先问问我家孩子到底发生了什么，这件事的前因后果是什么样的。"而不是第一时间就觉得孩子很讨厌，给自己添了麻烦，或者说很有羞耻感，觉得孩子打了人，自己身为家长没有教育好孩子。很多父母没有这个底气，是因为在孩子 6 岁之前，他们没有好好地陪伴孩子，没有付出时间和精力与孩子待在一起，对孩子缺乏了解和信任。

父母有了这份底气，就不容易被千奇百怪的育儿理念影响，就可以"任凭风浪起，稳坐钓鱼船"。而孩子如果对自己和父母的关系是有底气的，觉得自己和父母是彼此充分信任的，那他们在学校处理自己和老师、同学的关系时、评价自己时也是有底气的。他们不会一味地盲目服从老师，也不会刻意挑衅老师；不会欺凌同学，也不会忍气吞声；不会妄自尊大，也不会妄自菲薄。他们会觉得父母是相信自己的，父母是最稳定的依靠，父母是安全的根据地，父母是最好的朋友。

有了和父母之间相互信任的底气，孩子在面对学习的时候，是安心、快乐、自信的，所以学习效率自然就高。

在孩子这个阶段的成长过程中，这份相互信任的底气会经受各种各样的考验，父母要经得住考验，每次成功经受住考验都能令这份底气更足。

## 10 ~ 20 岁：学习。

这里强调的不是孩子的考试成绩，而是当孩子进入青春期时，父母必须学习。

现在的父母和青春期的孩子有两个时空方面的错位。

一个是同一空间下的年龄错位。父母和孩子虽然都生活在 2023 年 2 月的某天，但是父母四五十岁，孩子十四五岁，即使父母和孩子看见的是同一片天空，听见的是同一个声音，吃的是同样的食物，但是由于年龄的不同，他们看世界的角度是不同的，他们体内的激素水平、面临的内外压力、所感所想所知都不相同。

另一个是同一年龄下的空间错位。每一位父亲或母亲都经历过十四五岁的年纪，但是父母十四五岁时和今天的孩子十四五岁时，所面临的情况是完全不同的。其中最重要的原因是社会的巨大变化和发展。很多父母感到困惑，为什么自己的孩子和自己当年有这么大的差别？这是因为他们忽视了现在的社会和 30 年前有多大的差别。因此这种差别是必然存在的。

父母和孩子的成长经历有如此大的差异，就注定了彼此的青春期完全不同。

这两个时空方面的错位，一定会造成父母和孩子之间的所谓"代沟"。父母无法用当下身为中年人的阅历解读孩子的想法，也无法用当年自己青春期的经历体验孩子的感受。这不是父母的错，更不是孩子的错。

青春期的孩子处在一个内外交困的时期，内有激素的加速分泌，外有学业、社交、情感的重重压力，他们迫切需要父母的帮助，但父母又无法准确及时地识别他们发出的求助信号，所以双方之间就会出现很多冲突和矛盾。身为青春期孩子的父母，应该放下身段，放下自己的"偶像包袱"，主动地去学习，学习青春期孩子的生理和心理知识，了解青春期孩子的压力和烦恼；可以向书本学习，向专业人员学习，也可以向孩子学习。

世间万物都有其发展变化的规律，孩子的成长也不例外。

我们研发了一个面向普通父母的课程"成长与陪伴",讲解的是0～20岁孩子的心理发育规律。我们已经完成的18期课程得到了很多父母的积极反馈。大家都觉得,面对孩子的成长,掌握和了解了孩子的发展规律后,自己手里就像有了一个剧本,可以"料敌在先",当一个心里有底、"享受型"的父亲或母亲。我是这样告诉其他父母的,我也是这样养育女儿的。她没上过什么辅导班,开心快乐地度过了压力最大的高中时光,于2019年顺利考入大学,今年已经毕业。

养育孩子不是一个轻松的过程,但也绝不是一个痛苦的过程。有了孩子后,父母都会或主动或被动地经历第二次成长,大家要学会享受这个成长的过程,也要相信自己一定会收获幸福。

# 我们的身份不只是父母

## 为人子女是一种身份

人不是孙悟空，没法儿从石头里蹦出来。每个人来到世间，不管是顺产、剖宫产，还是早产、晚产、准时产，也不管是父母双全，还是遗腹子、孤儿，几乎都有其生理上的父母或法律上的父母，这个为人子、为人女的身份会伴随他一生。哪怕有朝一日我们都不在这个世上了，我们的身份可能还会被标记在某个载体上。

听一位朋友讲，他们家是孔子的学生曾参的后代，两千多年来，族谱一直没有断过。这真是一件不可思议的事情，两千多年，沧海桑田，风云流转，这个世界发生了多少变化，有多少朝代兴亡更迭，有多少历史无从考证，可是这么多人的身份却被清楚地标记在那个本子里，一代一代地传递下来。

我们经常听长辈诉说为人父母的艰难，其实为人子女也不容易。

过去几十年的发展，是历史长河中浓墨重彩的一笔。在汹涌澎湃的社会发展洪流中，每个人的身份都在不停地变化，其中也包括为人子女的身份。对已经成年的子女来说，在这个飞速变化的时代，无论是在思想的高度、见识的广度上，还是在知识的宽度、财富的厚度上，比起超过父母，不超过父母反而困难得多。

换句话说，如果以自己的子女为参照物，几乎所有的父母都是时代的落伍者。这种无法回避的现状和传统文化的理念及传承方式之间，形成了不可避免的冲突。

子女和父母之间有矛盾、有误会是正常的，重要的是我们在处理这些矛盾和误会时，能不能识别出那些干扰我们为人子女的身份的不和谐因素。

这些因素可以分为 3 类。

其一，身份的错位。

我在很多年前听说过一个故事。一位女大学生，在她的眼中，妈妈一直非常暴力，经常举着一把锄头追得爸爸满山"逃窜"。她学了心理学后，一面哀己不幸，一面叹父不争，一心想改善父母的关系，于是把他们骗到自己就读的大学，让老师为他们进行心理治疗。满心欢喜进城看女儿的妈妈发现这样的安排后，怒火中烧，在教学楼里上上下下追着女儿打，一堆人都拦不住，把大家都吓坏了。可是有人留意到在这一片混乱中，她父亲一直神情淡定地坐在角落里，脸上甚至露出孩子般羞怯的笑容。

其实她父亲可能并没有她想象的那么痛苦，这种你追我逃的模式，也许是他们夫妻双方都能接受甚至享受的一种沟通方式。这位学生初学乍练，功力不够，把自己的身份变成了父母，把父母的身份变成了需要帮助的孩子，发生了身份的错位，当然不会对"调节父母关系"起到好的作用。

其二，身份的单一。

关于清朝的嘉庆皇帝，民间流传着这么一段故事：据说，嘉庆皇帝在父亲乾隆皇帝驾崩后，立即动手惩治了贪官和珅，朝野上下一片欢呼，认为这个新皇帝一定会兴利除弊，大展身手，为这个已经开始衰落的帝国带来久违的勃勃生机。可惜嘉庆皇帝带来的新鲜劲儿如流星划过，转瞬即逝，他迅速缩回了父亲给他划定的框里，不敢越雷池半步。无论是国家大政方针的制定，还是重要官员的任免，他都要先去看看老爸原来是怎么说、怎么做的，老爸没有说过、没有做过，就去看爷爷是怎么说、怎么做的，一直往上找，只要祖上说过或做过的，他都照葫芦画瓢，贯彻执行，还美其名曰"体皇考之心为心，本皇考之治为治"。到了晚年，他的"守成"和"法祖"更是到了极致，每天都死按"实录"（清朝历代皇帝的档案记录）办事。他倒是省心了，后果却是让清王朝失去了最后一次振兴图强的机会，一路跌落到任人宰割的地步。

嘉庆皇帝虽然是当时清朝权力最大的人，但是把自己的身份单一地定位为"一个听话的儿子"。可惜曾奇峰老师生得太晚了，没有办法用"牛都听得懂"的方式让嘉庆皇帝知道，他的病根儿其实在于典型的俄狄浦斯冲突。

中华民族的传统文化里有丰富的营养，但是有的人却食古不化。《弟子规》中有"父母呼，应勿缓。父母命，行勿懒。父母教，须敬听。父母责，须顺承"，尊重父母当然是应该的，但是有的人却生硬地把这几句话当作衡量一切的标准，什么事都听父母的，不去思考、分辨和选择，最后只会陷入僵化，甚至走向执迷不悟。

"父母"只是人们的一重身份，他们的另一重身份是普通人。父母的知识、判断、表达都受到时代、环境、能力等的限制，没有谁的父母能够前知五百年、后知五百载。

子女面对父母，只想到单一的角色身份，最终的结果是陷入认知的极端之中。**把父母放到神坛上，利用自己做儿女的身份，什么都听父母的，这是对父母最大的攻击。**因为这样的子女最终都会用自己庸碌无为的一生去惩罚"永远正确"的父母——"你看我从小什么都听你们的，现在我混得这么惨不是我的错，是你们指的方向不对"。

其三，身份的僵化。

2011 年，广东深圳发生了一个新闻事件。一位常年住养老院的阿姨，每月的养老费突然断缴了。她的 5 个孩子的经济条件都不错，却没有一个人愿意承担这笔费用。为了帮助这位老人并消除不良的社会影响，市里组织了专业团队进行调解，我们工作室的陈珏老师应邀，以心理咨询师的身份参与了整个调解过程。

　　事情与我们事先的判断基本一致，其背后的原因不是经济问题，而是情感问题。5 个孩子都认为母亲当年对其他兄弟姐妹比对自己好，在大家经济条件都能承受的情况下，谁当年受到了额外的照顾，谁现在就应该多承担母亲的养老费用。但问题是 5 个人都这么想，结果母亲就在养老院没人管了。

　　这 5 个孩子都已经长大成人，当了父母，也早已事业有成、经济宽裕。可是在这件事情上，他们不约而同地把自己的身份定位成一个嗷嗷待哺的婴儿，张大嘴，睁大眼，希望能从母亲那里得到多一点的关心和照顾。他们忘记了"此妈已非彼妈"，他们想要的是当年那个掌握物质资源和情感资源的母亲的另眼相看，而不是眼前这位坐在轮椅上、时刻需要别人照顾和关心、垂垂老矣的妇人的欣赏垂青。

　　母亲的身份没有变，却又已经完全不一样了。

　　找到问题的根源，事情解决起来就顺畅多了。经过一天的调解，5 个孩子的心结解开了，一家人多年来第一次吃了顿团圆饭。第二天，《深圳晚报》还刊登了这个消息，这件事也算有了完满的结果。

　　现在的父母都很关注孩子的心理成长，知道孩子小时候的心理发育对其成年后有很大的影响，这本是很好的事情。但同时也有一些成年人把自己遇到的事业、婚姻、人际关系等方面的问题，都归结到父母身上，认为这都是当年父母养育自己时犯下的错误导致的，对父母一直耿耿于怀，不能原谅。

有一位研究生接触了心理学后，打电话把爸爸从外地叫到她工作的城市，却不让爸爸进门，而是隔着门训斥爸爸，把从小的委屈和不满全部单方面地倾诉出来。爸爸进退两难，也满腹无奈。其实这只是一种自以为是的宣泄，解决不了这位研究生的心理困扰。

从心理动力学流派的发展心理学的角度来说，一个人在童年的敏感期和关键期没有得到好的照顾和陪伴，的确会对其成年后的人格发育造成极大的影响，但把全部责任都推给父母，这不太公平。

如果要说影响，患有精神分裂症的母亲对孩子的成长应该会造成巨大的负面影响。但是有资料显示，很多在这样的母亲身边长大的孩子，成年后人格也发育得挺好，其社会功能的发展、对亲密关系的处理等也都不错，看起来没有受到太多的连累。

这个逻辑并不复杂，即使是患有精神分裂症的妈妈，也不是24小时都处于发病的状态。孩子在和妈妈朝夕相处的过程中逐渐适应了妈妈，学会了分辨妈妈的状态。当妈妈发病时，孩子就远离她，因为他们知道这个时候的妈妈是不正常的；当妈妈处于正常状态时，孩子就和妈妈亲近，从妈妈那里获得滋养。孩子在这个过程中学会了分辨和选择，慢慢地就会吸收妈妈身上好的东西，把它们变为自己的一部分；把妈妈身上不好的东西屏蔽掉，尽量减少它们对自己的影响。与正常家庭的孩子相比，他们虽然在成长的过程中可能会辛苦一点，但是适应能力也许会更强。

所以，一个成年人的现状，既受到父母抚养方式的影响，也受到自己自我修复、自我调整、自我提高的塑造。一味地把自己的问题推给父母，是把父母的身份僵化了。

很多父母在孩子小的时候的确有很多做错的地方，如夫妻关系不和、实施家庭暴力、家庭关系冷漠、重男轻女、把孩子送到别人家抚养等。这些理念和行为，以现在的标准来看，对孩子的心理发育确实会造成很大的影响。

需要特别指出的是，这是以现在的标准，而不是以当年的标准来衡量的。当年大部分的父母，在当时的物质条件下，在他们的知识框架内，在相似的环境中，都会把孩子吃饱、穿暖、不生病、顺利长大当作首要目标。他们无法顾及孩子成长过程中非常重要的心理需求，如陪伴、依恋、自尊、无条件的爱、独立等，因为他们没有这个能力，他们在经济、心理和知识 3 个方面的能力都是欠缺的。

从经济能力来说，一个每天从早劳作到晚都无法保证一家人填饱肚子的父亲，一个每天从白忙到黑都无法保证孩子体面干净的母亲，很难有耐心去认真听孩子表达他的委屈与烦恼，也很难咬咬牙拿出全月收入的十分之一给孩子买一个他日思夜想的玩具。

从心理能力来说，很多父母从小生活在物资匮乏的环境中，他们的家庭根本没有办法为他们提供稳定的生活环境。有的人甚至是孤儿。即使生活在完整健全的家庭中，他们的父母也是每日为生计奔波，没有"闲心"好好关注孩子。

按照发展心理学的理论，一个从小没有得到良好对待的孩子，长大后很难做好父母，因为他们的大脑和身体里没有储存这些具体的经验和美好的记忆，当需要的时候，他们没有资源可以调用。

从知识能力来说，我们父母一辈初为人父母时，以及之前很长一段时间内，很多人都是懵懵懂懂地就当了爹妈，连孩子生理上的东西都搞不清楚，更别说心理了。当时也鲜有专门的育儿书籍和课程，人们的育儿知识要么是从老一辈那里传下来的，要么是与同龄人相互交流得来的。儿科医生在当时就算是专家了。可是那个年代的儿科医生有几个听说过温尼科特、约翰·鲍尔比（John Bowlby）呢？各种育儿信息混杂在一起，出现差错是正常的。

子女在抱怨父母时，有没有想到以他们当年所处的环境和具备的能力，他们非不为也，实不能也！用现在的标准来看，他们不是合格的父母。如果能够回到从前，他们的身份应该是努力成为合格父母的父母。当然，如果从未来回头看现在，我们也不是完全合格的父母，我们的孩子对我们也会有不满意的地方。

每一代人都有自己的局限性，只要尽心尽力就可以了。

前几天和一位朋友聊天，她谈到小时候爸爸总是打她，她现在想起来还是很愤怒。我把前面提到的观点一一说给她，她释然了很多。她想起爸爸当年特别关注他们兄弟姐妹的身体健康，总是在家里备着鱼肝油、维生素等，每天提醒他们按时吃；每次他们生病，爸爸总是要陪着去看病，不放心妈妈一个人陪，担心妈妈粗心大意耽误了他们的病情。她看到了爸爸的另一重身份，原来对于爸爸强硬的、充满暴力的形象的认识也随之转变。

身份是不断流动和变化的，昨天我们是父母的子女，今天我们是孩子的父母，每个人的身份都在不同的关系和时空中不停地变化。与其天天抱怨父母小时候没把自己养好，不如把父母的身份放回他们当年所处的环境，看看他们尽心尽力做好爹妈的不易。与其把自己的身份定义为一个受伤的孩子，天天带着怨念舔伤口，不如多花时间去学习、思考和体验，把自己的身份打造成将来不被孩子抱怨的父母。

从普通人的角度来看，我们身兼为人子女和为人父母的双重身份。我们的父母就像一条河，夹裹着干流和支流的水从上游一路奔流而下，河里有能让我们生存、成长的水分和矿物质，也混合着我们不能消化和吸收的泥沙，还有有害的细菌、病毒。我们要做一个多功能的水坝，既能调节水量的大小，又能过滤、杀菌，让净化后的河水尽量平稳地流向下游，流向我们的孩子。绝对净化河水是不可能实现的，我们追求的是尽心与尽力。

尽心就是要有改变的决心、学习的用心、等待的耐心。

尽力就是不松懈、不妥协、不放弃。

所有的努力都是为了在精神层面上，把父母传给我们的好的东西继续传下去；把父母传给我们的不好的东西就此截断。我们追求的是，在精神层面上，让自己活得比父母自在一些，让孩子活得比自己自在一些，让孩子的孩子活得比孩子自在一些。我们当好了我们孩子的父母，也就证明了我们的父母还不错。我想这也算是一种精神层面的"孝"了。

## 父母是一种身份

我很喜欢听郭德纲先生的相声，他常说相声行当的规矩是"台上无大小，台下立规矩"。虽然他的徒弟们在台上表演的时候，用尽各种"损人"的招数来砸挂他，但是在台下见到他却十分尊敬。这其实就是对身份的变化最直接的诠释。

《红楼梦》里描写贵妃元春回贾府省亲，贾母、贾政、王夫人等都要向元春行跪拜大礼，等回到贾母的房间时，元春就要拜自己的祖母和父母。第一次是臣民拜皇帝的妃子，这是国礼；第二次是孙女拜奶奶、女儿拜父母，这是家礼。同样的人行不同的礼，也是因为身份的变化。

身份是个很有意思的东西，身份变了，一切都变了。身份的变化不仅发生在职业中，也发生在亲子关系中。

十月怀胎，一朝分娩，从此一位女性就多了一重身份，那就是孩子的母亲。在生理上成为一个母亲，相对来说是容易的，只要随着时间顺应生理变化就可以。在心理上主动接受一个母亲的身份，则不是那么简单的事。成为父亲虽然没有成为母亲那么剧烈的生理变化的推动，但是也会经历一场关于责任的心理拉锯。

作为值日生，只在特定的某一天上岗；作为学生，通常最多只有 20 年；而成为父母，则是一旦开了头，就永远没有下岗的那一天。

可见，父母的身份重要且长久，一不小心还容易出差错，常见的差错同样有 3 类。

其一，身份的错位。

现在很多家庭，在孩子刚出生时，都会请月嫂来帮助产妇照顾孩子，虽然这样可以帮助新手父母解决问题，但是也容易为新手父母带来身份的错位。

心理学家温尼科特把刚生孩子没多久的妈妈的状态，描述为"病态的正常状态"，这是个很有意思也很形象的说法。说妈妈是"病态"的，是因为在这个时期，一个合格的妈妈会把所有的注意力都放在孩子身上，周围的一切好像都与她无关了。她可能会蓬头垢面、日夜颠倒、丢三落四、魂不守舍，白天经常对着那个"睡神"连说带笑、自言自语，晚上孩子一有动静立刻翻身坐起。她以这种状态和没生孩子的时候比，怎么看都像一个病人。说妈妈是"正常状态"的，是因为大多数妈妈在这个时期都是一样的，用大多数妈妈做参照，这样的妈妈就是正常的。

在这个时候，婴儿会通过一种天生的特有的行为——微笑，与他们的主要照顾者互动。微笑的功能之一是唤醒母亲的母性行为。带过婴儿的人都会有这种感觉，如果和刚出生的孩子待得久一点，那个幼小的生命会用微笑把你融化掉，会勾起女性的母性本能。不仅如此，婴儿还能把照顾自己的男性的雄性激素水平降低很多，让男性清心寡欲、柔情似水。

如果这个时候，照顾孩子的是母亲，那么母亲的种种生理和心理变化会得到孩子的回应，也会和孩子建立起更深的联结。如果这个时候，照顾孩子的是月嫂，那么，她们的母性本能也会被激发出来，越是全情投入的月嫂越是如此。这个时候还没有完全进入角色的新手父母就有可能发生身份的错位，久久无法进入角色，也无法与孩子建立深层次的联结。

当然，我并不是反对请月嫂的行为，只是用月嫂来举例子，提醒将要为人父母的夫妻，要提前了解自己身份的转变；已经生完孩子的夫妻，要欣然接受自己身份的转变。当爸爸和妈妈这个活儿，最好亲力亲为。别人可以帮你做事，却无法替代你们"母亲"和"父亲"的身份。这重身份寄托着一份独一无二的情感。

如果一对夫妻，在怀孕、生产、哺乳期间，事业有很大进展，财富资源有了很多的积累，工作、社交、娱乐等都不耽误，自己只管生，其他和孩子相关的事情全都交给月嫂、保姆、老人去做，看起来轻松惬意，实际上隐患无穷。

此外，还有一种身份错位是将其他社会身份放在父母身份之前，这种情况最容易出现在职业身份和父母身份之间，例如父母用职业习惯对待孩子。我一位朋友的爸爸是儿科医生，这位爸爸医术不错，又认真负责，很受患者欢迎。他有了孩子以后，严格按照书上的说明定时定量给孩子喂奶粉：能够容忍的喂食时间误差不超过 5 分钟，奶粉用天平称，水用量杯量，水温用温度计控制；没到喂食时间，哪怕孩子哭得快断气也坚决不喂，剂量不准也坚决不喂。他的孩子（也就是我的这位朋友）身体养得挺好，可是成年后情感极度匮乏，原因就是这位爸爸的医生身份和父亲身份产生了错位。

还有一种错位是父母身份与孩子身份的错位。有的父母在和孩子相处的时候，一旦孩子没有顺从自己的意愿，就冷若冰霜，或怒火中烧，又或痛哭流涕。这便是父母身份和孩子身份的错位。曾奇峰老师说："在家庭关系中，谁使用智力越多，谁就是父母；谁使用情绪越多，谁就是孩子。"这句话说的就是身份的错位。

其二，身份的单一。

父母用自己的职业身份完全替代了父母身份，就会导致身份单一的错误。

我有几位来访者是教师的孩子，在和他们聊起成长经历的时候，他们说得最多的就是家里只有老师，没有父母。很多身为教师的父母会不由自主地把自己的孩子当成自己职业水平的标尺和证明，他们不能容忍自己的孩子不守规则，不能接受自己的孩子学习落后。有的孩子在班里被妈妈（也是班主任）当着全班同学的面打；有的孩子跟不上重点班的进度，妈妈（也是老师）宁可让他休学，也不允许他转到普通班上学。有的孩子父母都是教师，暑假第一天就收到一份学习计划表，上面详细列明每天的学习任务，每周还有一次小考。对这个孩子来说，这不是暑假，这是第三学期。在这些父母和孩子的关系中，父母只有一个老师的身份，孩子也只有一个学生的身份。这样的家是微缩的学校，不是让人放松的港湾。

我还接触过一个做警察的爸爸，他对自己青春期儿子说过最多的话就是："你这是犯罪！知道吗？！"这个爸爸也是只有单一身份的家长，他在单位是警察，回到家还是警察，看谁都像坏人，对待孩子就像对待犯罪嫌疑人一样。

我还有一位律师朋友，他在工作中十分擅长寻找对手的疏漏之处，非常犀利。他回家后面对自己的孩子，永远只看到孩子的缺点。在他眼中，仿佛家和法庭没区别，孩子和对方律师也没有区别。

我在刚接触心理学的时候，总喜欢把学到的技术用在自己孩子身上，例如孩子撒了个小"谎"，我一看，你这脸部左右颧肌不对称，眼轮匝肌不自然，说话中间有停顿，说的肯定不是真的。直到有次惹得女儿放声大哭，说："当你们的孩子真累！撒个谎都不行！"这才一语惊醒梦中人。在家里我的身份是父亲，不是专业人员，不能对家人使用专业技术。这是十分不专业的做法，也是违背心理咨询师伦理的做法。

鸭子从水里上岸的第一件事是抖一抖身上的水。建议从事司法、警察、医生、审计、教师等各行各业的父母，下班回家前也抖一抖，把职业身份暂时抖掉，换上父母身份。

其三，身份的僵化。

有位妈妈从孩子上小学一年级开始，每天晚上在孩子写作业的时候，都会切一些水果送到孩子的房间，表达对孩子的关心。对此孩子很开心，每次都会发自内心地表达对妈妈的谢意。直到孩子 14 岁上初二了，妈妈依旧每天送水果，有一天孩子突然对端着水果的妈妈说："你为什么总监视我？"妈妈气得肝疼："我送了 8 年水果，结果把自己送成了'特务'！"

其实这位妈妈没必要生气，因为在这个时候，妈还是原来的妈，娃已经不是原来的娃了。孩子进入了青春期，对独立的需求急剧增加，对隐私格外看重，他们和以前相比，多了一个身份，这个身份就是一个希望被理解和尊重、希望有自己私密空间、希望和父母平等对话的"准大人"。这是孩子生理和心理发育的正常现象。

**孩子的需求随着成长而变化，父母的身份内涵也要随之而变化。**父母要从最初无微不至的照顾者，逐渐过渡到可以被孩子选择性依赖的亲人，再慢慢过渡到孩子可以与之顺畅交流的朋友。双方变化的身份相互配合，才能让亲子关系保持和谐和有营养。

有的父母不能适应孩子的变化，始终用一种僵化的身份和孩子打交道，甚至把"父母呼，应勿缓。父母命，行勿懒"当作尚方宝剑挂在嘴边——"因为我是你爹妈，所以我是永远伟大、光荣、正确的"。

还有一种父母的理念是：我是你爹妈，我永远比你能力强，我要始终照顾你、帮助你，你必须听我的。于是他们在孩子年幼时给他喂水喂饭、穿衣穿鞋，在孩子上小学时天天监督他写作业，在孩子上初中时给他报各种补习班，在孩子上高中时帮着选大学、选专业，在孩子上大学时帮着选去哪里念研究生。我曾在一个留学生的妈妈群里看到，大家都在讨论孩子应该攻读什么专业的硕士和博士学位，替孩子做人生选择和规划。孩子毕业了帮着找工作，孩子工作了帮着找对象，孩子结婚了帮着买房，孩子买房了帮着装修，孩子离婚了帮着打官司，甚至孩子犯了法，父母还对媒体解释"他还是个孩子……"。

这种僵化的身份，只会让孩子永远是个"孩子"。

每个人都有多重的身份，身份是在关系中产生的。从生理上来说，父亲的精子和母亲的卵子结合诞生了孩子；从身份上来说，孩子让一个男人成为父亲，让一个女人成为母亲。所以亲子关系中父母和孩子的身份是双方共同创造的，虽相互依存但互不相欠。父母感到和孩子的关系不太融洽时，或许就是代入了错误的身份。

## 夫妻也是一种身份

这里我想和大家分享婚姻关系中夫妻的身份变化。

婚姻关系是人类最复杂的关系之一。从人类诞生以来，婚姻制度一直随着经济、文化、种族、政治等因素的变化而变化，从群婚制、多夫制、多妻制、伙婚制、内婚制、外婚制，一直到收继婚、对偶婚制、一夫一妻制。婚姻关系中的人的身份变化更是纷繁复杂。

在 1949 年以前，年轻的姑娘张小妹嫁给了邻村的小伙子吴有才，从此以后她就失去了原来的名字。村里熟人称她为"有才媳妇"，政府户籍登记簿上，她叫"吴张氏"，她和丈夫吵架时也会说："我生是你吴家的人，死是你吴家的鬼！"西方社会依然有很多人保持着类似的传统，结婚后女方随夫姓。改姓不是只对女性，时至今日，在有些欠发达地区，入赘的男性（俗称上门女婿）也要随女方改姓，否则无权继承女方家庭的财产。

婚姻中的身份转变远不止这些表面上能够看到的，还有很多潜藏在底下的暗流，这些暗流中的不和谐因素，有时会对婚姻双方的关系造成很大的影响。这些因素依旧表现在 3 个方面。

其一，身份的错位。

对许多失败的婚姻来说，身份的错位是一个很重要的原因。

对于一些单纯建立在对彼此外貌、权利或金钱的爱慕之上的婚姻来说，就存在着身份的错位。婚姻最重要的基础是感情。当一段婚姻缺乏这个基础时，就很容易因外在因素的变化而摇摇欲坠。

在婚姻中，对另一半不合理的期待也是一种身份的错位。比如对另一半冷漠，却要求另一半对自己体贴备至，包容一切缺点。

身份错位的婚姻，就像地基没有打好的楼房，盖得越高，倒得越快。

其二，身份的单一。

有位女大学生毕业后嫁给了自己的老师，没多长时间就离婚了，因为她的丈夫要求她每天写一篇总结交给他，并且他会逐字认真批改。这段婚姻很难长久，因为对这位女性来说，结婚和上学没啥区别，上学还能盼到毕业的那一天，结婚了这日子啥时候是个头啊！

有位军官从 17 岁入伍到转业离开部队，在军营中生活了 20 多年，退伍回到自己家和妻子过普通的日子了，却要求妻子把被子叠成豆腐块、各种生活用品摆放在固定位置，连牙刷的倾斜角度都要保持一致，每天还要检查内务、评定等级。他和妻子散步时抬头挺胸，目不斜视，决不允许妻子挽他的手臂。

很多年前，技工学校的毕业生进入企业，只能成为学徒工，他们必须跟随一位师傅至少学习两三年才能独立操作，成为合格的技术工人。徒弟技术的优劣，取决于自身的天赋与勤奋，也取决于师傅的水平和师傅是否用心教。有个男孩很幸运，遇到一位比他大不了几岁的高手女师傅，几年后出师，不但专业技术青出于蓝，一段姐弟恋也修成了正果。婚后这位师傅在生活上依然对男孩给予全方位的指导，包括性生活，没过多久男孩就患上了性功能障碍。

以上这些并不是戏剧桥段或道听途说的故事。面对婚姻中的伴侣，你在其他身份中的小习惯偶尔出现是一种情趣，可以增加你的魅力，但如果你只展现其他身份，而忽略了丈夫或妻子的身份，那么你的婚姻一定会出现问题。

其三，身份的僵化。

有的夫妻在婚姻关系中，一方可能在收入、学历、阅历等方面看起来比另一方有优势，于是就习惯性地扮演一个永远正确的角色，简单来说就是一方认为：我永远是正确的，即便我犯了错误，这个错误也是由于你的错误引起的。这个永远正确的一方使用了"点煤气灯"的心理防御机制 ①。

这种心理防御机制的套路是：一个人为了摆脱自己的困扰，故意引发他人的思维混乱或精神紊乱，使对方不知不觉地接受和内化这个混乱的说法。这种情况经常出现在有家庭暴力的夫妻关系中，施暴者每次实施暴力后，都会告诉被施暴者：我本来不想使用暴力，都是因为你的问题激发我使用暴力，所以是你不对。被施暴者逐渐也接了这种逻辑，每次被暴力对待后，都会先反省自己做错了什么。这种僵化的身份不打破，家暴的恶行就永远不会停止。

婚姻形成的关系在不断地流动和变化，婚姻中双方的身份自然也不是固定不变的，它随着关系的流动而流动，随着关系的变化而变化。

身份是分散式的，它分成各个部分，以适应不同的场景。

身份也是扮演出来的，每个人都是他人戏剧中的角色，没有人知道下一句台词是什么。有的人随机应变，努力演好自己的角色；

---

① 杰瑞姆·布莱克曼著，郭道寰译. 心灵的面具：101种心理防御 [M]. 上海：华东师范大学出版社，2011.

有的人刻板教条，迟迟不能进入角色。

　　有这样一段关于英国维多利亚女王和她的丈夫之间身份转换的戏说故事。一次，女王与丈夫发生了争吵，丈夫赌气回了卧室，不肯开门。女王发完火也后悔了，便来敲卧室的门。丈夫在房间里问："谁？"女王想也没想就回答道："女王。"没想到丈夫既不开门，也不理她。女王生气了，再次敲门。丈夫又问："谁？"女王答道："我是维多利亚。"丈夫依然不出声，也不开门。女王无奈，只好再敲。丈夫又问："谁？"女王这次温柔地说："我是你的妻子。"门开了。

　　在社会上，我们拥有自己的职业身份，承担一定的责任和义务。在家庭中，我们是孩子的父母，也是父母的孩子，是妻子的丈夫或丈夫的妻子。我们当然不会像英国女王和她的丈夫那样有如此特殊的身份，但是我们也需要不断地调整自己，尽力扮演好不同的角色，维系好社会关系。这着实不易，因此，我们不仅要提醒自己"你是一个有多重身份的人"，也要调整心态，不要给自己太多压力，从容地接受每个角色的自己。

# 第 4 节

## 致我们终将远离的子女

黎巴嫩诗人哈利勒·纪伯伦（Kahlil Gibran）曾写过一首诗——《论孩子》（*On Children*）。

Your children are not your children.[①]

你们的孩子，并不是你们的孩子。[②]

They are the sons and daughters of Life's longing for itself.

他们是生命自身渴求所得的儿女。

They come through you but not from you,

他们借由你们而来，却并不源于你们，

---

①　英文摘自纪伯伦1923年出版的散文集《先知》（*The Prohet*）。
②　纪伯伦著，王十九译. 先知 [M]. 南京：江苏凤凰文艺出版社，2019.

And though they are with you yet they belong not to you.

他们伴随你们左右，却不属于你们。

You may give them your love but not your thoughts,

你们可以给予他们关爱，而非思想。

For they have their own thoughts.

因为他们有自己的思想。

You may house their bodies but not their souls,

你们可以护佑他们的身体，而非灵魂，

For their souls dwell in the house of tomorrow, which you cannot visit, not even in your dreams.

因为他们的灵魂栖止于明日的居所，哪怕在梦中，你们也无法造访。

You may strive to be like them, but seek not to make them like you.

你们可以努力效仿他们，但不要千方百计把他们弄得像你们。

For life goes not backward nor tarries with yesterday.

因为生命从不回溯，也不与往日纠缠。

You are the bows from which your children as living arrows are sent forth.

你们是弓，你们的孩子是弓放出的活泼泼的箭。

The archer sees the mark upon the path of the infinite, and he bends you with his might that his arrows may go swift and far.

射手看准无尽之路上的标靶，用其伟力弯曲你们，好让他的箭飞得又快又远。

Let your bending in the archer's hand be for gladness;

愿你们在射手的掌中曲身而满怀喜悦；

For even as he loves the arrow that flies, so he loves also the bow that is stable.

因为他有多爱那疾飞的箭，就有多爱那沉稳的弓。

这首诗感动了全世界无数的父母，因为它触碰到了父母心中最柔软的部分。虽然全世界的人被国界、文化、地域、民族、肤色等划分成不同的族群，但人们的相同之处远远多过人们的差异，为人父母的感受就是其中之一。

读同一首诗，每个人的感受都是不一样的，这取决于个人的阅历和当下的情感。我特别喜欢这首诗，在各种场合给很多朋友推荐过。现在，我想从发展心理学的角度来解读一下这首诗，希望能和读过这首诗的朋友有一点共鸣，带来一点启发。

第一，关于孩子的归属。诗中认为孩子只是借由父母而来，并不源于父母，他在父母这里暂存一段时间，等他长大了，就要离开父母去独自面对这个世界了，所以孩子是一个独立的生命个体，而不是父母的私有财产；而一种错误的观点认为孩子是父母的私有物品，所以孩子的一切都应该由父母全权做主，不允许其他人干涉，他们的潜台词是：这是我的孩子，我要对他终生负责，这是我的使命。

这样的父母会给予孩子全部的资源和保护，但是也会给予孩子禁锢和管制。这种理念在过去的时代没有带来太大的冲突，许多人的祖祖辈辈都是这么过来的。但是随着社会的发展，有些理念需要调整和更新，这样父母才能跟上时代的步伐，跟上世界的潮流，跟上家庭结构的变化，跟上孩子成长的节奏。

我们经常会听到父母在我们不听话的时候抱怨："我一把屎一把尿地把你拉扯大……"其言外之意是父母为孩子付出了很多东西，

如金钱、精力等，放弃了自己娱乐的时间和事业发展的机会，父母是用自己的快乐换来了孩子的幸福。其实这种说法是不好的，会让孩子有一种莫名其妙、与生俱来的内疚感，总是觉得欠了父母很多东西，而且欠的这些东西永远也还不完。

说句玩笑话，孩子来到这个世界上，我们做父母的并没有征求孩子的意见。如果好好想想，其实孩子带给父母的远远多过父母付出的。孩子是出于父母自身的意愿而被带到这个世界上的。这个世界上有很多不孕不育的人为没有孩子而痛苦，所以孩子带给我们的首先是一个身份的确定，是孩子让我们成为父母，而不是我们让他成为一个孩子。

孩子让我们的生命得到了延续，是人类的本能让我们一代又一代地把基因传递下去，而不是一个孩子莫名其妙地来打扰了我们。

同时孩子也带给我们无限的欢乐，我们在陪孩子长大的过程中体会到了很多快乐。我们看到一个小生命在我们的陪伴下一点点长大，那份成就、那份感动、那份欢乐是什么也无法代替的。

很早以前的一部电影《侏罗纪公园》，里面有一句话给我留下了很深的印象："生命自会寻找出路。"我认为用这句话来解读这首诗很贴切，孩子自会寻找这个世界的路，父母只是把孩子带到了这个世界上，真正改变孩子的是他自己。我们经常听到一个说法：爸爸妈妈教会了孩子说话、教会了孩子走路、教会了孩子识字、教会了孩子懂道理。其实不是这样的，孩子作为一个生命，他是自己学会了说话、学会了走路、学会了很多很多东西。

第二，关于孩子的定位。父母用什么眼光去看孩子非常重要。有些人在看孩子的时候，经常会从孩子是自己的附属品或是自己的翻版的角度来看孩子，所以他们会给孩子设计很多的人生规划，但是这些规划里面往往包含了他们自己的私心。很多父母企图让孩子实现自己当年未完成的愿望，因为自己喜欢而让孩子去学钢琴、学舞蹈、学绘画、学书法、学击剑。父母可以问一下自己，让孩子学习的这些东西里，有哪些是出于孩子的兴趣，又有哪些是自己当年没有了却的心愿？曾奇峰老师说过一句话："有的父母是想让自己活两辈子，不让孩子活一辈子。"这句话可能说得有点重，有的人接受起来有点困难。但把话说得重一点，其实是想提醒父母，孩子是独立的生命个体，不是父母的工具，他的生命不是为了了却父母没有完成的心愿而存在的。

第三，关于父母对孩子的爱和指导。父母的爱不应该设立什么限定的条件，我们经常听到有的父母对孩子说："你要乖，不乖我就不爱你了。""你要是学习不好，我就不喜欢你了。"这些都是不合适的，他们所说的"爱"是附加了条件的爱。爱应该是没有条件的，就像阳光洒向大地；爱也应该是没有分别的，不管你的孩子有什么缺陷，有什么让你不满意的地方，都有资格得到没有条件的爱。

"你们可以给予他们关爱，而非思想。"这句话的意思是，父母不要用自己过去的经验、过去的教训、过去的痛苦去为孩子设计人生，这是徒劳的。因为我们永远无法预测未来的世界是什么样的，我们永远无法预测我们的孩子有什么特长、喜欢以什么样的方式生活在未来的世界，所以我们没有能力为他们设计人生，也没有必要如此。

孩子会用自己的眼睛去观察世界，用自己的耳朵去捕捉世界，用自己的手去触摸世界，用自己的脚去丈量世界，同时也会用自己的头脑去思考世界，他们会形成自己的世界观和价值观。孩子一天天长大，父母有时候会感到惆怅，因为你会发现你的思想远远跟不上他们。特别是青春期的孩子，很多时候父母只能"仰望"他们，因为他们的思想真的比父母的思想更超前、更有新意。

当孩子比较脆弱、年纪比较小的时候，父母可以用自己的能力保护他们的身体免受伤害，但是永远不要禁锢孩子的思想。人的创造力是天生的，不是后天培养的，人的创造力的顶峰在儿童时期。父母要让孩子敢于去幻想，敢于去做一些不着边际、不着调、稀奇古怪的事，给孩子一个可以充分展示自己创造力的环境，这样他们的灵魂才能充分地发展。不要为了保护他们的身体而限制了他们的思想，把保护变成了禁锢。

我在小时候就听过一句毛主席说的话："世界是你们的，也是我们的，但归根结底是你们的。"孩子的明天会发生什么，我们永远无法预知。就像我们的父母在我们小的时候，做梦也想不到我们现在会过这样的生活，同样的道理，我们也想象不到我们的孩子未来会是什么样子，想象不到他们会过什么样的生活，因为没有生活基础，所以无法加工成梦。

第四，关于孩子的成长。美国人类学家玛格丽特·米德（Margaret Mead）在 20 世纪写了一本书《文化与承诺：一项有关代沟问题的研究》，在书中把人类文化分为 3 种类型。第一种叫既成文化（postfigurative culture），晚辈向长辈学习，就像我们小时候一样，老师知道得比学生多，父母知道得比孩子多，所以学生要向老师学习，孩子要向父母学习。第二种叫互济文化（cofigurative culture），晚辈和长辈都向同龄人学习。例如改革开放后年轻人开始炒股，都是向同事、朋友学习的，因为父母不会；老年人跳广场舞，也是向同龄人学习的，因为他们的父母即使健在，也教不了他们。第三种叫未成文化（prefigurative culture），就是长辈向晚辈学习。社会发展到现在这个阶段，不管你愿不愿意，都已经进入了未成文化阶段。这是一个时代的变化，不以个人意志为转移，这个变化已经来到了我们的面前，所以我们要努力向孩子学习，跟上这个时代，而不是让孩子向我们学习，变得和我们一样，那样他们就会落后于这个时代。解决代沟的方法，就是老一辈向小一辈学习，我们要像孩童时那样保持童心和新鲜感，不要把孩子的创造力和生命力扼杀掉。

我们永远无法回到过去，也无法让时间停止，就像一个孩子永远不会只是个孩子，我们和孩子的生命就像一条生生不息的、向前流动的河流，我们要尽量让我们的孩子顺着这条河流自由地流淌，不能太快，也不能太慢。没有绝对的过去和未来，它们都只是生命的一段。

第五，关于亲子关系。父母和孩子的关系应该是弓和箭的关系，好弓才能射出飞得远、射得准的箭。几乎所有的爱都是为了在一起，只有父母对孩子的爱是为了分离。好弓就是为了让好箭以更快的速度、更好的角度和自己分开，好的父母就应该是这样的好弓，让儿女能够更好地从自己这里分离出去。

在孩子眼里，世界充满各种可能，未来握在他们自己手中，只要是目光所及范围，只要是在弓箭射程之内，他们都能到达。父母就是要让孩子有这样的勇气和魄力。

这首诗对我们传统的理念有强烈的冲击，却更符合现代的潮流。我们永远无法卸下父母的身份，但是我们与孩子的相处却有时间限制，从这个意义上来说，养育孩子是有"有效期"的。孩子终将远离我们而去，而我们对孩子的所有养育，都是为了让他们更好地离开我们，独立地面对自己的人生。想通了这一点，何尝不会获得另一种幸福。

# 第 2 章

# 给孩子专业的爱

父母能够正确地认识自己，并发现真正的自己的时候，就可以调整自己对于关系、家庭、养育的旧有认知，此时的父母相当于做好了成为好父母的自我准备。然而，这与后续的育儿实践之间还有一个重要的环节——做好育儿准备，正确理解"养育孩子"的相关理论，成为优秀的"理论型父母"。

# 孩子的心理是如何影响身体的

## 什么是心身疾病

很多家长都遇到过这样的情景：孩子早上起来，说自己肚子痛没有办法去上学，家长不得不给孩子请假，可是到了医院检查一番，却发现一切正常，甚至有时候还没到医院，孩子的病痛就消失了。家长怀疑孩子在说谎，只是找借口不想去上学，可是看孩子痛苦的模样又不像是说谎，不知道该怎么办才好。其实，这时的孩子可能出现了心身疾病。

心身疾病的相关研究属于目前比较前沿的医学学科，我国的医院虽然很早就开设了专门的科室，但很多人还太不了解这个概念，对此不太熟悉。

心身疾病简单说就是由心理问题或心理因素导致的身体疾病。

有资料显示，综合性医院内科的初诊病人（因为某种疾病第一次来就诊的病人）的分类统计中，大概有多于 1/3 的病人患的是身体疾病，如感冒发烧等；同时还有不到 1/3 的病人患的是心理疾病；剩下的 1/3 左右的病人，则患的是与心理因素密切相关的身体疾病，也就是所谓的心身疾病。

还有数据显示，综合性医院中大概有一半以上的就诊病人是需要专科医生和心理医生配合治疗的，很多病人多多少少有一些心理问题，它们会对疾病的产生或后续的治疗产生影响，所以二者配合治疗的效果会比较好。

其实我们的祖先早就发现了心理和身体的联系。《黄帝内经》里专门提到"怒伤肝，喜伤心，思伤脾，忧伤肺，恐伤肾""百病皆生于气"，很多人都是根据这些理论来调节自己的心理状态、保持身体健康的，其实这就是对心身疾病的传统理解方式。

"百病皆生于气"，用现代的说法来解释，这个"气"就是"情绪"，"情绪"会导致相应的疾病。例如"怒伤肝"，经常生气的人肝会不太好；"喜伤心"，经常兴奋过头的人心脏会不太好；"思伤脾"，经常思虑过多、焦虑的人会伤到脾脏等消化系统；"忧伤肺"，经常愁眉苦脸的人肺部容易出问题；"恐伤肾"，经常处于害怕恐惧状态的人肾脏会受到一些影响。常言道："斯人有斯疾"——什么样的人就会得什么样的病，**心理对人的身体往往有直接的影响。**

从临床上来说，心身疾病包括很多种类。例如转换现象，当人的内心感受到压力的时候，会把这种压力转换到身体上，出现慢性的疼痛现象；或者心身障碍，包括哮喘（特别是儿童哮喘）、胃溃疡、肠溃疡、结肠炎、高血压、眩晕及慢性的疼痛等；以及摄食障碍，如神经性厌食症、神经性贪食症、肥胖症等。我接触过这样一个案例，有一位 35 岁的女性，她的妈妈生病了，需要她长期照顾，可是她每次一进入妈妈的病房，上腹部胃的位置就会非常痛，而且怎么查都查不出原因，身体指标完全正常。最后通过综合治疗，包括心理治疗和咨询，发现这个病症和她的心理有直接关系。她从小和母亲的关系非常紧张，是在母亲的高压控制和威胁下长大的，现在她需要照顾母亲，而从前与母亲相处时的紧张情绪现在仍然存在，因此她产生了身体上的反应。她患的就是典型的心身疾病。

根据心理动力学的理论，孩子在婴幼儿时期的心理结构还没有充分地发展，没有成形，对外界压力的承受能力相对成年人来说比较弱，同时语言还没有发展起来，没有办法用语言跟成年人交流、表达情绪，所以婴幼儿对外界的刺激主要通过身体来做出反应。想象一下，一个六七个月大的孩子，还不会说话，当他感到焦虑、恐惧的时候，本能的反应就是哭。哭的同时，他可能会颤抖、干呕、肌肉紧张、拳头紧握、皮肤发红、身体紧绷，甚至还会排大小便。婴幼儿的这种反应可以理解为身体语言，他通过身体的反应来表达内心感受。

一个好的照顾者，能够准确地理解婴幼儿的身体语言，给他恰当的回应，缓解他的焦虑、恐惧、紧张等。但是如果一个婴幼儿长期处于无法得到照顾者理解和回应的状态，不能及时排解恐惧和紧张的感觉，那么他的身体便会不舒服，那种紧张、颤抖、惊恐的糟糕感觉就会积存下来。由于婴幼儿的大脑皮层还没有发育好，对于这些感觉的来龙去脉还无法记录在大脑皮层中，但是这种痛苦的感觉会储存在婴幼儿的身体里。一个语言已经开始发展的孩子能够表达自己的真实感受，例如遇到一个令人惊恐的东西，他会告诉妈妈："我很害怕，我吓得直抖！"这个记忆就能被记录在大脑皮层并被再次回忆起来：某年某月某日我遇到一个什么东西，那个东西把我吓得够呛。但是孩子语言发展前（前语言期）的感受，只能永远地保存在身体和潜意识里。

孩子长大一些以后，遇到相似的刺激源，就会产生和当年类似的挫折感和压力，身体里保存的前语言期的记忆就会被激活，就会感受到一种非理智、难以控制、神经质的不舒服和焦虑。孩子自己也不知道原因：我为什么看到这个东西会如此恐惧？到底发生了什么？为什么别人不紧张，而我一看到这个东西感觉大小便都快失禁了？这就是激活了潜意识的反应，唤起了身体的记忆，但是孩子自己在理智层面并没有办法进行解释。

这个过程被称为"再躯体化"，即早年留下来的身体器官语言的激活和重现，也就是后面形成心身疾病的基础。如果不了解孩子的这种反应机理的话，无论是医生还是照顾者，都可能搞不清楚为什么孩子本来好好的，突然会有这么大的反应，身体上为什么会出现这么严重的症状。我们反复强调儿童成长的基本规律，提醒家长在孩子小的时候一定要好好照顾孩子，陪伴孩子，特别是在 0 ~ 1 岁的年龄段，一定要尽全力满足孩子本能的需求，就是为了避免或减少孩子形成这种潜意识的痛苦记忆、避免对其成年后的生活造成极大的困扰。

## 如何应对孩子的心身疾病

还是以本节开篇的情景为例，家长听到孩子在上学前说肚子痛，该如何处理呢？

一般家长碰到这种情况，第一反应就是判断孩子说的痛是真的还是假的。因为我们有一个固化的思维方式：只有当一个人的肚子里有病灶，如溃疡、异物、肿瘤、炎症、伤口等时，他才会肚子痛；如果没有一个准确的原因，正常情况下人是不会肚子痛的。

这个想法其实并不准确。现代医学研究发现，人的痛感形成是有规律的。例如当一个人的脚被门夹了之后，他的皮肤、肌肉、血管感受到外力的袭击，于是传递一个信号到脑部，脑部接收到这个信号就形成疼痛的感觉，所以指挥肌肉赶快从门缝中把脚抽出来。这种情况下，疼痛起到保护人的反射作用。这种痛是真实地经受了外力作用而产生的痛。

但是当研究人员播放一个人的脚被门夹的视频的时候，观看者也会感到自己的脚很痛。研究人员在观看者看视频的同时扫描其脑部的变化情况，发现观看者和视频中那个真正被门夹到脚的人脑部的变化是相似的。也就是说，真正被门夹到脚的人和观看他人被门夹到脚的人，脑部对疼痛的反应是相似的。这个脚没有被门夹但是同样产生疼痛感的脑部信号传递过程叫作"仿佛回路"。虽然观看者的脚没有被门夹，但是其大脑自己制造了一个脚被门夹后收到疼痛信号的回路。换句话说，观看者脑部感受到的疼痛是真实的，与真正被门夹到脚的人的脑部信号回路是相似的，但是其脚被门夹的事情并没有发生。同理，孩子的肚子痛也是真实的，不论他们的肚子里有没有相应的病灶，他们的大脑都产生了与疼痛有关的变化和反应。

所以，家长首先要区分的是孩子的疼痛属于哪一种疼痛。

第一种是具体病灶引起的真痛，例如，孩子腹部有溃疡、有异物，或者受到外部的撞击等产生的腹痛。这种疼痛的原因是可以在医院通过化验、B 超、CT 等现代医学的检查方法检查出来的。这时家长遵循医嘱就好。

第二种是检查不出病灶的疼痛。孩子的腹部没有任何的病变、异物和外伤，但是他们的大脑中形成了肚子痛的信息传递回路。也就是说，腹痛的病灶不存在，但是痛感是真实的，所以孩子会觉得肚子真的很痛。如果仔细观察，会发现此刻孩子脸色发白，出冷汗，甚至痛得打滚。家长吓得赶紧带孩子去医院做检查，结果可能孩子没到医院就好了，活蹦乱跳，检查也查不出什么问题来。有的家长觉得既然来了医院，干脆就查一下、治一治吧。查不出原因，孩子又说痛，那就请医生开点助消化、缓解疼痛的药，或者扎个针灸疏通经络，或者用艾草熏一熏。这些方法我都不建议使用，因为孩子体内本身是没有病灶的。用这些方法只会让低龄的孩子感到紧张和害怕，他们觉得父母带他们去医院是为了惩罚他们：我是真的肚子痛，但是查不出原因，父母就用吃药、针灸的方式惩罚我。那么可能下次肚子痛的时候，孩子就不敢说了，或者采取其他的方式来表达。

孩子经常肚子痛和头痛的原因，如果排除了器质性的问题，那就还可能与孩子小时候，特别是在语言发展以前的经历有关。他们可能遇到了一些令他们感到惊恐、焦虑的问题，没办法用语言表达，只能把这些感受储存在身体里。当他们遭受外界压力的时候，例如作业没有写、跟同学关系紧张、跟老师关系紧张时，他们没办法消化这些压力，就会把压力转化为身体的症状。孩子早上起来肚子痛，可能是因为昨天晚上没有写作业，或者老师昨天批评了他，或者同学跟他闹掰了。

父母可以用陪伴的方式来应对这种现象。父母应该承认这个痛感是真的，不要指责孩子撒谎，同时可以慢慢地引导孩子不通过身体来表达压力，而是用其他办法。例如跟老师说明情况，或者帮助孩子重新跟同学建立关系，等等。让孩子尝试用其他合理的方式缓解焦虑和恐惧，而不是像小时候一样用身体表达。这样一来，孩子由于心理压力导致身体出现问题的频率就会越来越少，程度也会越来越轻，最后这种现象就慢慢消失了。

## 通过心理调节提高孩子的免疫力

除了先天性的免疫力低或其他的器质性问题外，在营养、卫生都正常的情况下，如果一个孩子经常出现感冒的症状，抵抗力弱、爱生病，可能是心理原因造成的。

当成年人面临比较大的压力时，身体的抵抗力（也就是免疫力）会下降。例如一个人本来身体挺好的，没什么问题，但是这段时间加班特别多，要完成一个项目，要赶进度，昼夜不停地加班，身体经常处于超负荷的状态，就很容易感冒，而且感冒以后很长时间都不能痊愈。一个房间有 5 个人，病毒在空气中传播，如果另外 4 个人都没事，只有你感冒了，就说明你的免疫力比较低。此时你免疫力低的原因可能就是压力比较大，焦虑值比较高，身体被透支。成年人是这样，孩子也一样。孩子频繁感冒发烧，可能是因为处于比较焦虑的状态，所以免疫力下降，容易被流感病毒侵袭。当然，感冒的原因有很多，这里我们着重分析与心理状态有关的情况。

孩子的焦虑从何而来呢？一般情况下都是来自周围的环境。具体来说，以下 3 种情况会增加孩子的焦虑感。

第一种情况，家里的照顾者频繁更换，尤其是对于低龄的孩子来说。这个保姆待了几个月就走了，那个阿姨待了几个月又走了；或者照顾孩子的老人频繁地更换，爷爷奶奶来家里待了两三个月就走了，换成外公外婆，外公外婆待了两三个月后又走了，换成另外的亲戚。这种依恋关系的断裂，会造成孩子紧张焦虑、睡眠不好、饮食不好。这个时候孩子免疫力就会下降，很容易生病，生病后恢复得也比较慢。

第二种情况，照顾者没有更换，但是家里的成年人之间经常发生争吵；或者一些大家族中孩子比较多，他们经常打闹、争斗，年龄小的、身体弱的孩子被年龄大的、身体强壮的孩子欺凌。这种情况下，孩子也会处于高度焦虑的状态，也非常容易生病。

第三种情况，照顾者与孩子的情感联结比较弱。有的照顾者只管孩子吃喝拉撒，不跟孩子进行情感交流，也会使孩子产生焦虑感，进而免疫力降低，容易生病。

如果孩子觉得"爸爸妈妈都忙于工作、没空理我，一旦我生病，他们就会来照顾我、陪伴我"，那么这种状态就会成为孩子操控大人的一种方式。这种现象在很多成年人身上也有，例如有的老人经常会告诉自己的儿女"我这里不舒服""我那里不舒服"，但是儿女带他们去医院检查，又查不出什么。其实就是老人觉得，当自己不舒服的时候，儿女都会放下工作来看他们、陪他们，他们通过这些病痛得到了一些"好处"。不管是孩子还是老人，他们不是有意识地装病，而是将心理需求通过身体反映出来，他们体验着真实的痛，如头痛、脚痛、胃痛。这种心身疾病也叫"继发性获益疾病"，在老人和孩子身上出现得相对多一点。我小的时候只要一生病，我妈妈就会给我买一个在当年来说还属于"奢侈品"的面包，所以我嘴馋的时候，也会感觉浑身不舒服。

我们一旦了解了孩子身体问题背后的心理原理，就会发现养育孩子其实是一件简单的事情。只要我们尽量让孩子生活在一个宽松、愉悦、有浓厚的正向情感交流的环境中，孩子是不太容易生病的。学龄前的孩子，一年患两三次感冒是正常的，因为感冒发烧除了与外界的病毒有关以外，还可能与长个子、换牙、打预防针等会让身体产生变化的事项有关，这些变化也会造成孩子短时间内免疫力相对低一些，这些都是正常的。除了这些因素以外，只要我们照顾得细致一点，例如及时换掉孩子汗湿的衣服，适当给孩子补充维生素，让孩子生活在快乐、轻松、情感浓厚的环境中，孩子就不会频繁地生病。当然，意外和外伤除外。

我自己也是用这种方法来抚养孩子的。我女儿一直都很少生病，偶尔感冒发烧，我也不会马上带她去医院，而是在家里密切观察她的情况。她的体温如果不是特别高，在37℃～38℃，就让她多喝水、多睡觉；如果再高一些，就给她口服退烧药。她基本上在三四天内都会痊愈。印象中大概有一两次我女儿发烧比较严重，都是在端午节前后，这个时候南方气候变化比较剧烈，孩子的免疫力相对较低。所以每年这个时候，我和孩子的妈妈都密切留意孩子的身体健康，少去人多的地方，尽量不让她吃太冷的食物。虽然我女儿的成长经验属于个例，仅供大家参考，不能完全照搬，每个孩子体质不同，必要时还是要及时就医，但是我想用这个经验来缓解部分父母面对孩子生病时的手足无措。

最后再分享一种比较常见的心身疾病：儿童哮喘。

儿童哮喘发作，有时会被诊断为过敏导致，或者是先天或外界的变应原造成的。但是从心理学的角度来看，儿童第一次哮喘发作可能是物理原因引起的，如花粉过敏等，而后续的哮喘间隔发作，则可能和心理原因有关。在心理动力学中，哮喘被称为"令人窒息的爱"。观察一下哮喘频繁发作的儿童，他们都有一些共同的特点：一个是被限制得比较多，缺少自由的空间；另一个是有过度的责任感，他们对自己周围发生的任何错误都会感到内疚，经常感到自己没有价值，需要自我惩罚，而哮喘就是他们对自己的惩罚。

我一位朋友的儿子在深圳出生、长大，两三岁的时候患有严重的哮喘，家里常备着一大堆药，当孩子哮喘发作时随时要用药。孩子五六岁时的一个春季，全家需要回北方老家探亲。父母很焦虑，因为北方在这个季节比较干燥，风沙也大，有哮喘的人在那个环境中更危险。孩子在深圳温润的环境中都经常哮喘发作，回到老家怕他更受不了。但是当时他们必须回去，朋友权衡再三还是冒险带孩子回去了，同时带了一大箱药以防万一。结果回到老家后，大人忙得没空管孩子，孩子跟着当地其他的孩子在草原上玩得很开心，那段时间哮喘一次都没有发作过。孩子哮喘没有发作的原因就是，父母没有时间管他，他待在宽松舒服的环境中，从心理上把哮喘的诱因解除了。这个真实的例子可以充分说明心理对身体的影响。

所以作为有哮喘的孩子的家长，一方面要随时备好药物，帮助孩子缓解症状，另一方面也要关注孩子的成长环境，尽可能排除前面这些因素，或者带孩子找专业的心理治疗人员看看，配合其他治疗，这样可能对治疗孩子的哮喘更有帮助。

简单地总结一下，在孩子的语言能力发展起来之前，父母要特别仔细地去照顾孩子，及时满足孩子本能的需求，把孩子实际存在的恐惧和焦虑及其想象中的恐惧和焦虑尽量排除。这样孩子就不容易把它们储存、记忆在身体里，长大以后就不会用这些自己都不知道的潜意识里的记忆来抵抗现实存在的焦虑，就不容易出现查不出原因的慢性疼痛的症状。另外，让孩子尽量生活在愉悦、放松、有丰富情感交流的环境中，孩子的免疫力自然就比较高，就不太容易生病。

# 第 2 节

# 无条件的爱

## 无条件的爱和有条件的爱

很多父母都以为自己是无条件地爱着孩子，但实际上他们在养育孩子的时候并不理解这句话，也很少能够真正地做到这一点。很多年前我就知道了这句话，当时以为自己已经理解，但这十几年来，我对这句话的理解一直都在更新，从来都没停止过。因为，有条件的爱总是充满迷惑性，让人们误以为那是无条件的爱。

有的父母从怀孕阶段开始，就在最好的医院做检查，孩子出生后，给孩子打最贵的疫苗、买最贵的奶粉、用最好的尿不湿，只要是对孩子好的事情，自己无论多辛苦都去满足。他们问我，为孩子准备了这么多最好的东西，是不是就是给了孩子无条件的爱？我的答案是：不一定。

无条件的爱是不会索取的，父母只希望孩子幸福快乐，并不期待孩子给自己带来荣耀和情感回报；无条件的爱是完全包容的，无论孩子成绩如何，有没有遵循父母的安排，是否做出了让父母失望的事情，父母都不会强迫孩子改变，而是尊重孩子的感受；无条件的爱是爱孩子原本的样子。很多父母认为自己就是这样的，但是他们的做法却完全相反，他们对孩子做出的行为和反馈不是无条件的，而是有条件的。

例如，一个孩子刚刚出生不久，妈妈从外面回来，看到孩子躺在床上睡得很熟，妈妈轻轻蹲在小床边，看着孩子脸上愉悦的、踏实的神情，觉得自己的孩子像个天使一样，看着看着眼眶湿润了，感觉身体里有股暖流在涌动。这时孩子的手脚突然动了一下，好像马上要醒过来的样子，妈妈脱口而出："宝贝儿！你千万不要醒啊，你醒了妈妈就不爱你了！"这个孩子一天天长大了，要参加高考了，他觉得心情很烦躁，压力很大，就对爸爸说："爸爸我好难过，难受得不得了。"爸爸则很严肃地对他说："孩子，你坚持一下，一切都等高考结束了再说。"

有些人会说，这位妈妈只是在开玩笑或自嘲，这位爸爸只是希望孩子以学业为重。可是，这些反应由孩子理解起来，并不是这样。事实上，这导致孩子与父母之间建立起来的联系是有条件的。因为这位妈妈传递出的信息是："如果你躺在那里睡觉，你就特别可爱，因为你不会打扰我享受这一刻的美好时光。如果你醒了，你哭了，我要哄你；你饿了，我要喂你；你尿了，我要给你换尿布，还要给你擦洗。这样我的整个生活都被打乱了，我这一刻的好心情全都没有了，我要迫不得已地忙碌起来。所以我希望你不要醒，也就是说，我跟你之间的关系，最好是建立在你不要烦我、不要打扰我、不要影响我的生活的基础上。"而这位爸爸传递出的信息是："与此刻你的心情相比，更重要的是你要好好参加高考。"

我有一个朋友回忆自己当年高考前一天的晚上，妈妈帮他减压，说："孩子你放轻松，不要给自己太大的压力，考差了又能怎么样，不能读好的大学又能怎么样……"朋友心里觉得挺温暖的，不料妈妈又说出来另外一句话："大不了我就当没你这个儿子！"结果这句话让朋友一直耿耿于怀。

现实生活中，父母总是以为自己在无条件地爱孩子，其实他们正在做有条件的爱的表达，而孩子对父母的爱的接收，则是在这些表达中获得的。

在 20 世纪 20 年代到 50 年代，美国和英国流行一种叫作"哭声免疫法"的育儿方法，就是在孩子刚出生时，他哭的时候母亲不要抱他，等他不哭的时候再抱他，重复多次，孩子就会形成一种条件反射——哭不会有人抱，不哭才会有人抱，这样他就不太容易哭了。经过这种训练的孩子比较好带，孩子哭得少，妈妈也能休息一下。可能对一个新手妈妈来说，这确实挺方便的，可以让自己睡得好一点，但是它违背了一个最基本的原则：孩子和成年人是有区别的。把一个刚出生的孩子当作一个成年人，通过行为训练的方式来建立条件反射，这种训练对孩子最大的伤害就是，在孩子的心中构成了这样的一种认知：无论我是饿了、困了，还是难受，都是不能哭的，一哭就没有人来安慰我；我不能哭，我要强忍着，我要憋着，才会有人来安慰我，才会有人来喂我吃的。这样孩子最基础的自我发育就被严重地破坏了。这个方法后来受到很多儿童专家、医生和心理学家的强烈批判，最终被人们摒弃。

哭声免疫法的根本错误是，将父母与孩子之间的情感，用孩子是否让父母舒服、是否听父母的话、是否给父母添麻烦这样的标准来衡量。现在的父母虽然具有一定的知识基础，不会再使用这种方法，但在教育孩子的过程中，依旧会无意识地使用这种衡量方法。

孩子在 1 ~ 3 岁时，非常活泼，在大人看来真是调皮捣蛋，十分难管。于是经常会看到很多带孩子的家长，包括父母、爷爷奶奶、外公外婆、保姆等，对孩子说得最多的一句话就是"你不乖我就不喜欢你了"或者"你不听话我就不爱你了"。孩子上幼儿园的时候，有的家长会对孩子说："如果你今天得了小红花，周末就会带你去游乐场。"结果孩子放学的时候，家长一看孩子没有得到小红花，脸就垮下来了。尤其是在喂孩子吃饭的时候，家长经常会开出各种各样的条件，"你好好吃饭我就让你看两集动画片""你好好吃饭我就给你买冰激凌"……还有吓唬孩子的，"你再不吃饭，从今天起我再也不给你做饭了""你不好好吃饭，我就把你的玩具送人"……这样会让孩子觉得关于吃饭这件事，一定要拿条件来交换。

到了孩子上小学的时候，有些父母还会向孩子释放一个信号：

如果你考试成绩好，我就会觉得你是可爱的；如果你考试成绩不好，我就觉得你没那么可爱了。孩子上学以后，发现学习好或不好变成了爸爸妈妈是否爱他的一个先决条件。有的父母可能会说：哎呀，我只是嘴上说一说，其实心里没有那么想。但是站在孩子的角度来看，学习好坏成了父母爱不爱自己的前提。

这背后其实就是哭声免疫法的逻辑在发挥作用，这是在用孩子是否让父母舒服为标准定义父母对孩子的爱。因此，父母与孩子之间存在一个条件，这就是有条件的爱。

我年轻的时候特别爱看王朔的书，王朔曾经在《致女儿书》中回忆自己的成长过程和女儿的成长过程，这可以给父母提供一些借鉴。

王朔在谈到一些中国人的家庭关系时，这样写道："你（父母）说你爱我，其实我很清楚你骨子里是脏心眼，是叫我将来在你老了失去劳动能力后保障你——你（孩子）不肯学习意味着你将来不打算为我（父母）的衰老负责任。……您这不是爱，爱是不能交换的，无条件付出，不要回报，想都不想，起这念已是罪恶了，（父母）付出中已经达成次级回报——快乐奖赏了……"

**父母在陪伴孩子长大的过程中已经得到了最好的回报，这个回报就是父母得到了快乐。**这才是对父母最好的奖赏，而不是说父母养孩子是为了孩子将来能在物质或者其他方面报答父母。如果父母给孩子的爱是有条件的，父母养孩子是为了将来孩子能够回报自己，能保证自己老了有东西吃、有地方住、有钱花，那么孩子将来回报父母也一定是有条件的："你不是希望我将来养你吗？等你老了，我只要给你提供必需的物质条件就行了，我们之间是不需要情感交流的。"有条件的爱最终会扭曲父母和孩子之间的关系，对彼此造成很大的伤害，孩子小时伤孩子，父母老了伤父母。

## 孩子与父母之间的关系，会影响孩子与其他人之间的关系

心理学的依恋理论认为，一个人的人格，或者通俗点说是性格，是在早年和父母的关系中形成的。人是关系的产物。从严格意义上来说，人只有一种关系，就是早年跟自己的妈妈和爸爸的关系。这个早年，是孩子 6 岁以前，甚至早到 3 岁以前。这种关系奠定了一个人未来和所有人的关系。也就是说，一个人在成年以后和所有人的关系，都只不过是早年跟妈妈、爸爸的关系的翻版而已。从一个成年人与周边同事朋友的关系、与自己亲密伴侣的关系、与自己孩子的关系当中，都能看到他早年与妈妈、爸爸的关系的影子。

如果一个孩子跟父母的关系是一种需要以条件作为交换的关系，这种关系日复一日会形成固定的模式，他长大成人后，跟其他人之间的关系都会自然而然地按照这种模式来加工。当有人向他告白，表达爱慕之意，他的第一反应就是："这个人看上我什么了？是看上了我的身材？还是看上了我的容貌？或是看上了我的钱？要么是看上了我的工作？反正一定是看上了我的某个条件，绝对不会是纯粹

地喜欢我这个人。因为在我跟父母的关系中，是不存在这种没有条件的喜欢的，一定是有一个客观的原因使得他喜欢我。"当这个孩子工作后，有几个同事对他很友好，他的第一反应会是："这个人是不是希望我在领导面前说他好话？这个人是不是想找我借钱？这个人是不是希望我在评奖的时候能让一步？"

当一个人永远以这样的方式跟周围人打交道时，他会活得非常累，他可能有非常好的先天条件，如高智商、好容貌或好运气，但是他跟周围人始终不能建立那种无条件的关系，等到他自己当了父母以后，他跟孩子之间也依然会持续这种有条件的关系，并把这种关系模式传递给孩子。

美国的西尔维娅·布洛迪（Sylvia Brody）博士在20世纪70年代做了一项长达30年的研究。她在纽约某地区征集了一百多名儿童，从他们出生开始就按照计划做跟踪式的访谈、录像、研究。一代又一代心理学家不断接力，一直跟踪到这些研究对象长到30岁，研究项目才宣告结束。项目结束时，除去已经搬离这个地区的研究对象，还剩下70多位研究对象。在这30年的研究中，研究人员积累了详细的资料，得出的研究结论包括一个人在童年时的成长环境对其成年后到底会产生哪些影响，其中哪些因素是关键的，哪些因素是无足轻重的。

在布洛迪博士的研究资料中有两段特别的案例影像。

第一段影像是在拍摄对象6周大的时候，观察员观察到孩子的妈妈把孩子放在桌子上的摇篮里，然后自己站在离孩子大概一臂之远的地方，手里拿着一个奶瓶放进孩子的嘴里。这位妈妈一边扶着奶瓶给孩子喂奶，一边环顾房间四周，看上去非常无聊和烦闷。一旦孩子把奶嘴吐掉了，这位妈妈就不耐烦地把孩子的头拉回原来吃奶的那个位置，又把奶瓶杵到孩子的嘴里，孩子的头朝前倾斜着，脸上露出痛苦的表情，好像要哭了，但是因为奶瓶在嘴里塞得太紧了，孩子哭不出来。不难发现，这位妈妈跟孩子之间的情感联结是很弱的。如果从妈妈的角度给这段影像配个画外音，我觉得大概是这样的："你好好吃奶，你就是个好孩子；如果你不好好吃奶，你就是一个让我非常不喜欢的孩子。"

　　第二段影像是在一个女孩刚出生几天时，妈妈就说："我可不会要一个不听话的孩子。"在这个女孩几周大的时候，只要家里的沙发、床单、地毯被女孩弄脏了，妈妈就会很不耐烦地在那里擦，一边擦一边说："宠爱孩子是一个弱点，孩子会发现你有这样的弱点。"（这句话的意思是，你不能太喜欢你的孩子，你不能太惯着他。）到女孩上小学的时候，女孩自己说："我能想到的让我最不爽的事都是关于我自己的，因为我太糟糕了。"女孩十几岁的时候，又说："我压根不知道拥有爱是什么样的感觉。"这个孩子在 30 岁时接受心理专家的访谈，她说："我尽量微笑，试着对别人比父母当初对我好一点。"这个女孩从小对与妈妈之间关系的认知是：我要乖，我要听话，我不能给妈妈添麻烦，我不能把东西搞脏。在一天天长大的过程中，她就形成了一个认知模式：别人不会喜欢我，因为我很糟糕；我只有把一切事情做好，不给别人添任何麻烦，别人才能对我好一点；我不会无条件地得到别人的欣赏，得到别人的爱。这就是有条件的母女关系对孩子成年后造成的影响。

## 无条件的爱，就是母亲眼中发射出的爱的光芒

到底怎样做才是无条件的爱呢？我前几天看到一个小故事，它很贴切地形容了父母跟孩子之间的无条件的爱：一个孩子牵着妈妈的手在大街上走，摸着她手上厚厚的老茧，一阵心酸，想到这是妈妈为了养育自己，多年来辛苦操劳留下的印记，于是问妈妈手上的老茧是怎么来的，结果妈妈淡淡地回答是打麻将磨的。这才是真正的无条件的爱：我为养育你付出再多的辛苦都是我心甘情愿的，跟你没关系；我在这个过程中已经得到了快乐，我不需要你感恩，不需要你内疚；你感受到我对你的这种爱，你就好好地过你的生活，将来你也能跟别人建立起无条件的爱。

心理学家科胡特曾说，母亲眼中发射出的爱的光芒，呼应了孩子展示自己的游戏。

无条件的爱，就是母亲眼中发射出的爱的光芒，就是父母一想到自己的孩子，就打心眼儿里喜欢。不管他长什么样子，不管他是不是调皮捣蛋，不管他考试成绩如何，不管他是不是总跟我顶嘴，只要我一看到他，甚至没有看到他，只要一想到他，我就觉得特别

开心和舒服。至于他是不是干了不好的事情，等我先开心一下，再去处理这件不好的事情。这种爱的光芒始终如一。不管发生什么事情，爱的光芒都在。

爱的光芒要由心而发，这类似大家经常听到的赏识教育。很多父母了解了赏识教育的作用以后，会经常夸孩子："你真棒！"但是他们说这句话的时候总是不由自主地咬紧后槽牙，因为他们觉得孩子实在是不咋地，他们这样说只是因为专家说要多夸孩子，要多赏识孩子。虽然自己并不赏识孩子，但是没办法，只能为了完成赏识的行为而赏识。事实上，孩子的情绪感受能力在其很小的时候就已经接近成年人的水平，孩子能够感受到父母的言不由衷。违心的赏识不会达到父母期待的教育效果，也无法产生爱的光芒。

如何让爱的光芒由心而发？有一个技巧——背着孩子夸孩子。

具体的方法就是当孩子不在身边的时候，父母之间，或者父母跟其他人经常夸一夸孩子。例如孩子去上学了，夫妻俩没事儿在家闲聊："我发现咱家孩子真棒！你看他脑瓜怎么那么灵光！你看他那件事情怎么做得那么好！你看他那句话怎么说得这么巧妙！他总是那么善良！……"如果父母经常处于这种背着孩子夸孩子的状态，孩子就能从父母的眼睛里看到爱的光芒。

例如妈妈正在对爸爸夸孩子，夸得正开心的时候，孩子放学一推门，两口子停下不说了，妈妈对孩子说："宝贝儿，快去写作业吧！"孩子一看这两个人的眼睛，就知道他们刚才一定又在夸自己，就会特别开心：因为我不在场时你们都在夸我，说明你们是真的喜欢我，这种喜欢是无条件的。

还是同样的场景，如果妈妈正在跟爸爸发牢骚："你看老师今天又给我说孩子作业没交，跟同学打架，成绩又下滑了。都怪你平常老是不管孩子！"爸爸也不甘示弱："孩子变成这个样子，你就一点责任都没有？！"两个人正在互相指责，孩子放学回来了，夫妻俩赶快互相使个眼色，意思是别说了，小心孩子听见。接着两个人一起说："宝贝儿，你真棒！你真好！你真可爱！你快去写作业吧。"孩子一看，你们俩脸上的肌肉都不对称，皮笑肉不笑，夸我都不走心。这一刻孩子是无法从父母眼中感受到爱的光芒的。

父母可以经常想一想：自己的眼中有没有爱的光芒？这种光芒是始终如一，还是时有时无？是越来越强，还是越来越淡？这也许能帮助我们确认一下，我们对孩子的爱，到底是有条件的还是无条件的。

心理学中有一个词叫心智化。关于心智化，有各种各样的解释，它也是一种心理治疗的技术。通俗地讲，心智化就是一个孩子不仅是一个肉体上的存在，更是一个心理上的存在，其肉体和心理是同时成长的。在肉体层面上，他是一点点长大的；在心理层面上，他也是一点点发育的，从刚出生的懵懵懂懂到一点点实现自我的发育、能力的发育、性别的认同等。

孩子在成长的过程中，身边有很多亲近的人，包括妈妈、爸爸、爷爷、奶奶等。作为孩子亲近的人，他们为孩子提供吃、穿、用的物品，供养孩子上学，为孩子创造机会。但是对孩子来说，这些并不是最重要的；对孩子来说，最重要的是在成长的过程中，身边的成年人把他们看作一个心理上单独存在的个体。成年人在心理层面需要的东西，孩子也同样需要。不管他年龄多大，他都需要他人的尊重、倾听、理解。他需要和父母建立一种没有任何交易、没有任何利害关系、没有任何前提条件的纯粹的爱的关系，这种独特的关系就是无条件的爱。孩子将来要用这种关系做基础，跟其他人建立各种各样的关系。

无条件的爱就像父母留给孩子的一笔财富，幸运的人就相当于"富二代"。如果你运气不太好，没机会当"富二代"，那就努力去当个"富一代"，也许更有成就感。当然，为人父母本就不易，没有父母能做到对孩子的爱永远都是无条件的。父母能做的，就是不断地学习、不断地调整、不断地反省，尽量给孩子多一点无条件的爱，少一点有条件的爱。这样孩子将来跟其他人打交道的时候，也能常常放射出爱的光芒，也能多一些无条件的爱给别人，同时他们也能更多地收获别人给他们的无条件的爱。

虽然本章一直在强调，一个人跟父母的关系奠定了他一生跟所有人的关系，他跟其他人的关系都是跟父母关系的翻版，都有跟父母关系的影子，但是父母也不必感到过度焦虑或绝望。即使父母因为各种原因没能给予孩子无条件的爱，给孩子的童年留下了阴影，这个孩子在以后的成长过程中，也可以通过不断学习、不断领悟、不断尝试、不断调整，慢慢地把那些阴影擦得越来越淡。只是这个过程可能会历时比较久，有时候还需要专业的心理医生和心理咨询师的帮助。虽然孩子不能完全抹掉那些阴影，但可以尽量少受它们的影响。

# 第 3 节

# 真正的亲子陪伴

## 亲子陪伴要传递感情

有一年劳动节的时候，我们一家三口出去玩。在商场的游戏区，我看到一个有意思的画面：很多不同年龄的孩子在玩蹦床，他们的父母在旁边陪着。可是那些坐在蹦床旁边的父母大多都在看手机、聊天，父母虽然人在孩子旁边，但是注意力并不在孩子身上。

如果现在你是一个孩子，你会喜欢父母的这种陪伴吗？

陪伴，看似简单，其实是件非常复杂的事情。关于父母陪伴孩子，市面上有很多的书籍和课程，其内容往往偏重于方法，多指导父母陪伴孩子要如何操作，要怎么去跟孩子互动。知识和方法固然重要，但是有效的亲子陪伴是一种有感情投入的陪伴。缺少感情投入，再精妙的技法也难以发挥效用。所有亲子陪伴的知识和方法，都应该为传递父母和孩子之间的情感服务。

在现代育儿过程中，人们对父母的教育模式做了一些总结。例如，"丧偶式育儿"，指家庭教育中一方（多指父亲）缺失；"外包式育儿"，指父母出钱把孩子交给别人（例如老人或保姆）去带，虽然减轻了父母的压力，但是忽略了亲子之间的沟通；"抄作业式育儿"，指别的父母怎么做，自己就怎么做，完全不变通；"快进式育儿"，指父母着急焦虑，总希望自己的孩子成长的速度比其他的孩子快一点。像这种孩子在玩，父母却在旁边玩手机的情况，我把它称为"打卡式育儿"。父母知道要陪伴孩子，要尽到做父母的责任和义务，但是他们陪伴的时候，并不情愿，孩子玩孩子的，他们看他们的手机，反正他们带孩子来过了，玩过了，"打个卡"就行了。"打卡"是现在在年轻人中流行的一种行为，往往只是在向他人展示"我做过了"。例如旅游"打卡"，来过某个地方就可以，不用带情感；吃东西"打卡"，不合口味也无所谓，拍照好看就行。但是带孩子不能"打卡"，我们要时刻注意孩子的安全和需要，要全身心地投入。

父母的陪伴，是一个孩子成长的水之源、木之本。要想让水源源不断，要想让树的根基更扎实，核心就是父母要科学陪伴孩子。这是发展心理学和儿童心理学所证实的科学规律。真正的亲子陪伴就是父母在了解孩子成长规律的前提下，给予孩子恰当的回应，同时与孩子相互认同，让孩子的天赋得到充分发挥。

以陪伴孩子玩蹦床为例，具体而言，父母要注意以下几个方面。

首先，陪孩子出来玩并不是父母对孩子的赏赐，而是孩子的权利，任何一个孩子都有权利得到父母的陪伴。很多父母觉得自己上班很辛苦，到了周末不能休息，还要陪着孩子出来玩。这个时候父母就像在完成一件不情愿完成的任务，所以随时寻找机会解放自己，不断要求孩子必须乖、不能惹麻烦。在这种状态下，父母传递出的都是不耐烦和抱怨的负面情绪，孩子和父母都无法享受在一起的快乐。如果父母实在感到辛苦，可以与孩子平等地对话，说明情况，改成一起在家里玩。毕竟孩子想要出去玩，往往渴望的不是游戏本身，而是被父母完全关注，获得真心陪伴所传递出的情感。

其次，在陪伴过程中给予孩子恰当的回应。每个孩子在玩的过程中都对父母有期待。例如孩子在蹦床上迅速向空中弹起的时候，通常会感到紧张和刺激，有的孩子还会感到一点恐惧；玩得很好的孩子，希望能够被别人，特别是被自己认为最重要的那个人看到。这个时候他们想要的恰当的回应，就是父母把目光投在自己身上，跟自己有眼神交流，脸上带着惊喜与欣赏，发出惊叹："哇，你太棒了，你飞上去了"……这不仅是父母的一种肯定，也是亲子之间的一种相互认同。父母看到孩子优秀的一面，欣赏和鼓励孩子，孩子得到父母的认可，会感到幸福。

再次，寻找机会让孩子的天赋得到充分的发挥。孩子在玩蹦床的过程中，从对蹦床产生兴趣开始，到向你提出要求，再到在蹦床上扣好安全带，一点点去尝试让自己蹦得更高，在蹦的过程中克服胆怯、享受冒险，用语言表达自己的心理变化。这个过程离不开父母的陪伴与支持。而父母在陪伴孩子成长的过程中，就像自己重回孩子这个年龄段，重新活了一遍。如果父母在幼年时没有体会过孩子的这种快乐，那么在陪伴孩子成长的过程中，可以将这一部分缺憾填补起来，让自己的人格更加完善。

最后，回应的过程就是真正的陪伴。父母陪孩子玩蹦床，整件事情是一个过程，这个过程给孩子带来了什么？给父母带来了什么？给父母和孩子的关系带来了什么？这就要提到我们说的回应的过程。父母陪伴孩子，就是在这样一个个的过程中传递情感。父母把自己对孩子的爱、欣赏、赞美传递给孩子，孩子把自己对父母的喜欢、信赖及被父母赞美后的自豪呈现给父母。

父母在陪伴孩子成长的过程中，除了要积累知识、掌握方法、花费时间，更重要的是用科学的方式启动情感，这不仅对孩子的成长有特别好的作用，同时对父母修复自己的人格缺陷也有很大的好处。所以，陪伴孩子成长，绝对不是父母单向地消耗了时间、精力、金钱等，而是一个亲子相互学习、相互认同、相互成就的过程。在亲子陪伴的过程中，父母越来越会当父母，孩子则从父母那里吸收到自己成长过程中所需要的养分，会成长得更好。这些比孩子考试多考了几分，或者排名提前了多少、会背几首唐诗，要重要得多。因为它奠定了孩子最核心的人格，能够让孩子成为一个人格健全的人，让孩子在今后的成长道路上经受得住更多的风雨。环境给孩子传递的压力，父母没有办法回避，父母能做的就是让自己的孩子变得更结实，能扛得住更多的压力。

## 了解孩子的心理成长规律

**"陪伴"不等于"陪着"，陪伴需要心灵的交流，而不只是空间位置上的陪着。**

陪伴孩子，养育孩子，首先要了解孩子，了解孩子成长的规律，了解教育发展的规律，了解社会发展的规律。熟悉孩子心理发展规律的父母能够"料敌在先"，享受养育过程；对孩子心理发展规律一知半解的父母只能仓皇应对，养育过程也是忍受的过程；而不懂孩子成长相关规律的父母，往往无计可施，在养育过程中只有难受；违背孩子成长规律的父母，则倒行逆施，在养育过程中表现得就像"怪兽"。

在这里，我用儿童成长的时间轴结合心理动力学的理论，给大家分享不同阶段孩子的心理发展规律。

0 岁以前（胎儿期）：我要快乐。

胎儿在母亲肚子里的时候，就已经开始通过母亲感知世界。心理学研究表明，母亲对一个胎儿的存在是否接受和认同，以及接受的程度（是无条件接受的还是有条件接受的），这些信息都会在胎儿期时就存储在孩子的潜意识里。如果这个时期的胎儿对母亲产生不信任感，其会留在潜意识中，甚至在以后的人际交往模式中反复出现。所以，怀孕时的母亲需要向胎儿展示两种能力：其一，身体能力——能够怀孕和分娩；其二，心理能力——能够在第一时间把自己调整到完全接受初生儿。

0 ~ 1 岁（口唇期）：我是好的。

温尼科特说过，这个世界上没有独立存在的婴儿，看见婴儿，一定会看见婴儿的"妈妈"（或其他充当母亲角色的主要养育者，为便于行文，统一写作妈妈）。孩子仰望妈妈的脸，其实看到的是孩子自己。

和婴儿进行眼神、语言交流的时候，如果妈妈是乐观向上的，婴儿必然积极回应；如果妈妈是抑郁低沉的，婴儿也必然消极回应。用爱的眼神和宝宝交流，这是最温暖的陪伴。0 ~ 1 岁期间，孩子获得快感和建立关系的核心部位就是嘴唇。这个时期的婴儿，用嘴巴探索世界、表达喜爱、缓解焦虑，同时发动攻击。当宝宝见东西就咬，拿到什么都往嘴巴里放，在保证安全的前提下，父母不必过多干预，陪他顺利度过口唇期即可。

1 ~ 3 岁（肛欲期）：我挺行的。

在肛欲期，孩子开始表现得独立自主。1 岁多的时候，婴儿开始对"尿""大便"非常感兴趣。对他来说，大便是他身体的一部分，排出大便相当于做出"贡献"或献出"礼物"，而且通过排便，他可以表达自己对环境的积极服从，而憋住则表达的是他不肯屈服。孩子拉完大便，别急着将其冲走，让孩子好好"欣赏"一下，他甚至很想用手去把玩他的"杰作"，这些都是非常正常的行为。父母可以买一些方便清洗的颜料（在孩子眼里，颜料和大便是一样的），让他去涂涂画画，不用担心弄脏衣服，天马行空的想象力才是最可贵的。做一个好爸爸、好妈妈，陪孩子一起疯，和孩子一起做点"出格"的事情，很有必要！在肛欲期，孩子的想象力和创造力开始萌芽，作为父母，比培养想象力更重要的，是保护好孩子的想象力。

3 ~ 6 岁（性蕾期）：我是男是女。

3 岁左右的孩子处于一个性心理发展的特殊阶段。在这个阶段，孩子会产生性好奇、性骄傲、触摸生殖器、性别认同混乱等现象，心理学上将这个阶段称为"性蕾期"。父母在这个阶段要陪伴得当，引导孩子的性心理良性发展，否则会对孩子产生较为深远的负面影响。男孩女孩的性别认同也会有相应的差异，详见第 1 章第 2 节的相关内容。

6 ~ 10 岁（潜伏期）：我是对是错。

6 ~ 10 岁的孩子成长的关键词是友谊、环境、情绪、阅读。在这一时期，孩子对亲人的依恋程度降低，把朋友置于更重要的位置，对老师说的话几乎言听计从。他们学习与同龄人交往，对大自然充满好奇，语言能力进一步提升。他们喜欢观察大自然，喜欢和同龄人辩论，他们像海绵一样吸收着各种知识。在这一时期，大量阅读显得尤为重要，可以带着孩子读万卷书、行万里路，让他们体验自然、感受科学，而不是要求他们考试考 100 分。拓展孩子的阅读视野，让孩子与书连接，会让他们一生受益。这一时期的阅读会给孩子的小学、中学，甚至大学学习奠定非常坚实的基础。

10 ～ 20 岁（青春期）：我要做一个和父母不一样的人。

青春期是一个非常重要的时期，是孩子重整关系的宝贵时期。青春期的孩子最明显的特质就是叛逆。叛逆本身不是坏事，关键是父母如何接受并引导。青少年因为在生理上激素分泌激增，在心理上需要独立，充满了原始的攻击性，但是他本身不具备独立的能力，所以这种攻击性非常危险，必须排除。而排除危险的最好方法就是：父母自愿当靶子，从而释放青春期孩子内部的攻击性。**不成熟是青少年的本质。青少年的不成熟是神圣的。治疗不成熟的药方只有一个，那就是时间。**

就像布洛迪博士所说，儿童不是由父母培养大的，不是父母教会他们如何成长，而是儿童自己从父母那里"捕捉"到了成长所需的东西。

陪伴孩子，是一件奢侈的事情；陪伴孩子，是一件光荣的事情；陪伴孩子，是一件学问很深的事情。做父母的最高境界是让我们的孩子尽可能地发挥自己的天赋和潜能，在更高的境界中生活。

相互认同的陪伴才是真正的陪伴，孩子把一生中最美好的时光都给了你，请不要辜负他。

# 多子女的养育法则

## 养育二胎的准备攻略

我曾经遇到一位准备生二孩的妈妈,她家的老大快 5 岁了。为了提前做好准备,妈妈就告诉老大:"等你 5 岁的时候,我们就给你生个弟弟或者妹妹。而且那个时候,你就要一个人去另外一个房间睡。"结果孩子听到妈妈这样说以后,变得非常惧怕 5 岁的到来。他在幼儿园的时候天天对老师说:"我不要 5 岁,我不要 5 岁。"老师开始还以为他说不要午睡,后来才知道他是不要到 5 岁,不要过 5 岁的生日。孩子在家天天跟妈妈闹,不要弟弟妹妹。当他知道这件事无法避免的时候,就开始"要挟"和"勒索"父母——"我同意你给我生弟弟妹妹,但是你要给我买瓶酸奶""我同意你生弟弟妹妹,但是你要给我买饼干"等,搞得父母哭笑不得。

其实,二胎的到来,会给家庭中每一个成员带来新的变化。

首先是给妈妈带来的变化。

考虑生二胎的妈妈，如果身在职场，往往在职场中已经有了一定的成绩。这个时候准备生二胎可能会与她的职业规划产生冲突，甚至会彻底改变她与职场之间的关系。每个人对职场的需求不同，追求自我实现的方式也不同。生二胎所承受的抉择压力有时候会让一个妈妈陷入严重的负面感受中。

生二胎并不是妈妈一个人的事情，需要父母两个人共同面对。因此在考虑生二胎的时候，需要了解另一半对这件事的全部感受。有的夫妻在养育第一个孩子的时候意识到彼此的关系出现了问题，但是没有找到真正的原因，为了拉近和维系彼此的关系而准备生第二个孩子，这是很糟糕的。

其次是给爸爸带来的变化。

有的爸爸很期待二胎；有的爸爸感到无所谓；有的爸爸则非常抗拒二胎。这种抗拒，不仅源自现实的经济压力，还有一种源自心理层面的抗拒，对被忽略的抗拒。很多家庭要求丈夫是坚强的，有担当的，能够付出的。这是对某种社会角色的期待，但是扮演这个社会角色的个人也会感到难过、悲伤、被忽略、被冷落。很多夫妻有了孩子以后，会将重心全部放在亲子关系上，却忽视了夫妻关系。所以二胎的到来，也为很多家庭中丈夫和妻子之间的关系带来了新考验。

再次是给长辈带来的变化。

现在很多孩子都有被隔代抚养的经历。只要长辈身体条件允许，他们都会帮忙带孩子。可是，对于第一个孩子，长辈可能是期待和兴奋的，但是对于第二个孩子，长辈则可能是紧张和焦虑的。因为此时的长辈本来已经松了一口气，准备享受自己的晚年生活，却发现自己的计划和安排被打乱了。此外，长辈的身体状况是时刻变化的，他们可能已经处于力不从心的状态。因此，长辈也可能对二胎的到来感到焦虑。

最后是给老大带来的变化。

二胎对老大的影响非常复杂和难以捉摸。随着二胎进入这个家庭，从看到妈妈备孕开始，到看着妈妈的肚子一天天的变化，再到看到新生儿出生，在这一系列的变化过程中，老大的心理也会随之出现较大的变化。其中有恐惧与担忧，有恨意与攻击，有退行与争夺，还有乖巧与迎合，这些感受也随时在变化着。有的父母会觉得困惑，明明在弟弟 / 妹妹出生前，我们跟老大商量过的，老大也同意了，为什么弟弟 / 妹妹出生以后，老大会有这么强烈的反应呢？其实这是父母自己想得太天真了。一个几岁的孩子，无法估计弟弟 / 妹妹出生以后，父母会怎样对待弟弟 / 妹妹，自己的生活会发生什么样的变化。起初，他只是觉得家里多了一个小伙伴，很好玩。但是看到父母把全部精力都放在另一个孩子身上的时候，他开始感到嫉妒和难过，甚至后悔。如果第一个孩子在小的时候由于各种原因没有和父母建立起相互信任的关系，父母需要用更多的时间、精力、情感去消除其产生的影响。安全感相对比较弱的孩子，总是担心跟父母之间的关系不牢靠。当弟弟 / 妹妹出生了以后，看到弟弟 / 妹妹一直生活在父母身边，孩子有了对比，就会对弟弟 / 妹妹非常嫉妒，对父母非常愤怒。

因此，我总结了以下几个养育二胎的攻略，希望可以帮助大家尽量减少可能会遇到的问题。

第一，在养育二胎之前，有可能参与二胎成长的所有成员最好达成一致意见。首先是所有承担养育任务的成年人，大家对于二胎的态度要达成一致，这将减少很多冲突与矛盾。其次是要与老大充分地沟通。如果老大还是个低龄的孩子，可能不知道老二的出生对他意味着什么，父母可以告诉孩子，不论他有什么样的想法都可以告诉父母。父母要做的是倾听与陪伴，而不是劝解或隐瞒。这里所说的全家达成一致的意见，并不是指所有人都对二胎充满期待，而是指对于二胎出生所带来的问题和困难，全家人都愿意一起去面对。

第二，做好人员的准备。生二胎不是妈妈一个人的事情，是全家人的事情，每个人都要对这件事做好准备。例如妈妈的身心准备和新的职业规划；爸爸的身心调节，压力调适；老大的心理转变；对老人的身体状况与教育理念的了解，是否请保姆等。

第三，做好物质的准备。这涉及家庭的经济能力和物质积累。很多家庭可能会考虑换一辆大一点的车，或者一套大一点的房子。

做好物质的准备往往能够缓解一部分父母由于二胎产生的焦虑感。

第四，做好心理的准备。这是最重要的准备工作。父母不仅要准备好面对多养育一个孩子可能遇到的困难，还要想清楚为什么要再养育一个孩子。有的父母觉得老大的表现不太理想，学习不好，调皮、不听话，于是就会带着一种"这把没和，推倒重来"的"打麻将"心理去生二胎，这是极其不合适的。这样想不仅会让自己对老二寄予过高的期望，还会给老大带来巨大的打击。老大会觉得，因为我太让父母失望了，所以他们生了弟弟／妹妹，有了弟弟／妹妹就意味着我不重要了。有的父母则是想通过再生一个孩子来维系摇摇欲坠的婚姻，这是更糟糕的情况。婚姻有问题，要先解决婚姻的问题，这样老二才会出生在一个和谐的、愉悦的环境中。如果想用老二来解决婚姻问题，结果往往是满盘皆输。

第五，做好关系的准备。家庭中存在很多关系，当一个新的成员要加入的时候，很多原本的关系都可能发生改变。例如老人怎么理解老二的到来，怎么处理与老二的关系，丈夫怎么处理与老二的关系，妻子怎么处理与老二的关系，老大怎么处理与老二的关系。帮助老大处理与老二的关系令很多父母手足无措。我们可以给老大做一个心理建设，例如引导老大观察弟弟／妹妹带来的快乐，逐渐接受兄弟姐妹之间的相处。父母还可以给老大提供专属时间，例如每天在一个固定的时间陪伴老大，并且一直持续到老二出生以后。让老大觉得老二的到来使自己与爸爸妈妈的关系更亲密了，那么老大就更容易接受老二。此外，强化对老大的爱，给老大独特的感受也是可行的。例如妈妈可以和老大一起回顾他小时候的照片、视频，用语言、行为和眼神告诉老大，在怀他的时候或者生他的时候，妈妈的憧憬、希望、担忧、欣喜，让老大觉得：虽然弟弟 / 妹妹出生了，父母的关注重点会多放在弟弟 / 妹妹身上，但是我带给妈妈和爸爸那份独特的感受，是任何人都不能替代的，我是独一无二的，我在爸爸妈妈心中有独特的地位，这个地位是任何人都无法取代的。老大有了专属的时间，又不断地得到重复强化的独特的感受以后，就更容易接受老二的到来，甚至会把对老二的妒忌和恨转化成对老二的爱。

养育二胎不是一个简单随意的冲动决定，父母既然要养育一个孩子，就一定要为他负责。父母要提前做好准备，考虑到家庭中每一个成员感受，这样才能让即将迎接二胎到来的家庭更加温馨和幸福。

## 对多子女的爱，不需要平均

从心理学的角度来讲，父母是每个孩子独自创造出来的，是只属于孩子自己的私有财产，包括形象和情感。这句话的意思是说，虽然父母的姓名、身高、体重、衣着对一个家庭中的每个孩子来说是一样的，但是他们在每个孩子心中的形象和情感有着很大的差别。父母要理解这一点，不要觉得自己给予了每个孩子一样的爱，孩子就应该感受到父母对他们的爱是完全一样的。

这是绝对不可能的！

孩子的这种感觉和父母做得好不好没有太大关系。父母哪怕做得再完美，孩子也会觉得，他眼中的父母，跟哥哥、姐姐、弟弟、妹妹眼中的父母，是不一样的，如果完全一样反而是不正常的。所以在孩子成长的过程中，父母要做的不是一碗水绝对地端平，不是买东西要买一模一样的，而是要能够理解孩子的这种心理特质，从而帮助孩子充分地"使用"父母。

"使用"这个词可能大家听着有点别扭，其实就是要教会孩子怎么样更好地"使用"父母这个"资源"来帮助自己成长。

对多子女家庭来说，父母的表现可以被划分为 4 个层级。

第一个层级是最成功的父母。

他们给每一个孩子的感觉是："我爱你们**每个人**，但我**最爱你**。"每个孩子都会感到父母很爱自己的兄弟姐妹，但是他们最爱自己。

第二个层级是合格的父母。

他们给每一个孩子的感觉是："我爱你们每个人。"孩子会觉得：父母爱我们每个人，我们在父母眼里都是一样的，没有什么差别，也没有什么独特之处。

第三个层级是失败的父母。

他们给每一个孩子的感觉是："我不爱你们每个人。"孩子觉得：父母对我们没什么情感，只是尽义务抚养我们，我们给父母添了很多麻烦。

最糟糕的是第四个层级——最失败的父母。

他们给每个孩子的感觉是："我最爱你的弟弟 / 妹妹或哥哥 / 姐姐，最不爱你。"当一个孩子感觉到父母最爱其他的兄弟姐妹，最不爱自己的时候，这个孩子心理上的自我就会变得扭曲。他一方面觉得自卑，另一方面又总是在拼命地讨好父母，吸引父母的注意力，全力争夺父母的爱。如果只有一个孩子有这种感觉，还情有可原。如果家里三四个孩子都有这种感觉，都觉得父母是最不爱自己的，是最爱其他人的，那父母就需要调整自己的养育方式了。

近代思想家梁启超是一位优秀的学者，他共有 9 个子女。在养育子女的过程中，他使用了一套方法，让性格各不相同的 9 个孩子都感受到了他们所期待的父爱，同时也让每个孩子都确信自己是父亲心中最特殊的一个。这 9 个孩子快乐地长大，也都非常优秀，有的是院士，有的成了所在领域的专家。

梁启超给他的大女儿取了一个爱称叫"大宝贝"，称她为"我最爱的孩子"。他给三女儿梁思懿取了个外号叫"司马懿"，给小儿子取了个代号叫"老白鼻"，就是老"baby"的谐音。他的长子是大名鼎鼎的建筑学家、院士梁思成。在梁思成和林徽因结婚前，梁启超说："你们如果在教堂结婚的话，老大梁思成就可以用我的全名，按外国人的习惯就是思成·梁启超，表示你以长子的资格继承我全部的人格和名誉。"这是一位父亲对孩子最大的认可。对二女儿梁思庄，他在给她的一封信中"肉麻"地写："小宝贝庄庄，我想你得很。所以我把这得意之作裱成小巧的精美手卷寄给你。"作为现代人的我们读到这些记录和信件的时候，也和他的 9 个子女一样，依旧能够感受到父亲对子女那份独特的爱。

今天的父母，特别是父亲，让他们对自己年龄稍大一点的孩子，用小宝贝、老"baby"这样的称谓来表达情感，他们都未必能顺畅地说出口。梁启超先生作为近代学者，受教于传统文化，能用这样的方式表达父亲对儿女的情感，实在是一件非常了不起的事。他的 9 个子女之所以个个都有出息，和有这么一位出色的父亲是分不开的。梁启超涉猎很广，是百科全书式的学者，作为父亲，他也同样优秀，他能够把自己心里真挚的情感传递给 9 个子女，让每个孩子都能感受到自己是父亲心中的最爱。9 个子女在成年后能够做到自我实现与此有直接关系。

梁启超先生就是第一个层级的最成功的父母，能让孩子感受到"我爱你们每个人，但我最爱你"。这看似直白简单，实际上做起来并不容易。假设你有两个孩子，其中一个问你："爸爸 / 妈妈，你最爱谁？"我想作为父母都会犹豫，思考该怎么回答这个问题。其实你并不需要为难，如果老大问你，你说最爱老大；如果老二问你，你说最爱老二。那如果老大、老二同时问你最爱谁的时候，你怎么回答？这时你千万不要犹豫，要毫不迟疑地、理直气壮地告诉孩子："我最爱你们两个人！"

孩子并不是在期待一个完美又符合逻辑的答案，他们想要的就是最直接的、最真诚的互动，他们想感受爸爸、妈妈是怎样对待自己的，他们的眼神是怎样看自己的，他们的肢体动作是怎样接触自己的，感受到这些就得到了答案。孩子不是研究者，并不是一定要得出一个精确的结论，他们只是期待得到爱的、不自信的小朋友，他们要的就是一种被一次又一次验证的"被爱着"的感觉。

建立这种感觉的方法其实有很多。例如在有两个及以上孩子的家庭中，父母可以设计几套不同的称呼孩子的方法，而不是没有差别地把孩子都叫"宝贝儿"。对老大可以叫"宝儿贝"（儿化音在前面），老大一听，就知道是在叫他；对老二可以叫"宝贝儿"（儿化音在后面），老二一听，就知道是在叫他。每个孩子听到的是父母和自己之间的一套独特的联络系统，感受到的是自己在父母心中有一个独特的位置。

此外，父母在对其他人描述老大、老二的时候也可以用不同的语言："我家老二就是跑步特别快！我爱死他了！""我家老大就是嘴巴特别能说，我特别喜欢他这一点！"父母把两个孩子的不同特点夸得清清楚楚、明明白白，两个孩子就能知道，爸爸妈妈爱他们两个人，但是最爱自己，最爱自己身上的某个特点。这样他们之间的关系也会非常融洽，因为他们不需要刻意地去争夺父母的爱，而且知道自己在父母心中跟弟弟／妹妹或哥哥／姐姐有不一样的、被欣赏的地方。

　　有时候，父母会误以为用完全一样的方式对待每个孩子，才是养育多子女的好方式。这个想法既对，也不对。把时间、物资这些东西完全平均地分给每个孩子，分配得绝对公平、完全一样，这不是真正的同等对待。真正的同等对待，主要在于父母的心。父母知道两个孩子都很重要，他们有各自的特点，在跟任何一个孩子相处的时候都要投注所有的情感和全部的关注。父母对孩子，不是将爱像切蛋糕一样进行分配，其中一个得到的多一些，其他孩子得到的就会变少；而是对每个孩子都付出百分之百的心，否则每个孩子感受到的只有零。因为每个孩子的需求不一样，所以平衡不平衡、公平不公平，主要是看孩子的感受，而不是看父母做的是不是绝对公平。把握这个原则，不论父母如何分配时间和物资，给予孩子的爱都是平衡的。

　　只要父母在这些细节上多加关注，持之以恒，孩子就能感受到父母对他们有共同的爱，同时又对他们每个人有一份独特的爱，孩子将会更加健康地成长。知道自己在父母心中有重要的位置，孩子将会更加自信，还能把多子女相对于独生子女的各种优势充分地表现出来。

## 不要忘记，老大是个英雄

　　曾经有几位妈妈分享了一个引起所有家长共鸣的话题：她们觉得自己是在生了第二个孩子以后，才真正地感到自己进入了妈妈的角色和状态，有了当妈妈的神奇感觉。就像很多家长自嘲式地说："老大都是用来练手的。""老大随便养、老二照书养。"父母在养育老大或老二的时候意识到自己在养育孩子方面的不足，于是都补偿给新出生的孩子。

还有的家长在谈及自己生二胎、三胎的时候，说他们最大的苦恼都来自老大，老大是否能理解、是否同意，老大做了什么出格的事情或什么暖心的事情，似乎都会改变多子女家庭的平衡。

老大承受了很多期待和压力，因为不论家庭中有多少个孩子，老大永远在家庭中有着最特殊的位置。可以说，老大是一个家庭中的英雄。

老大的出现，赋予了夫妻双方父亲和母亲的社会角色。一对青年组成一个家庭，这个时候他们是夫妻关系，他们之间有的更多的是伴侣之间的情感。随着第一个孩子的诞生，他们两个人之间的关系就会发生非常大的变化，之后的生活和以前只有两个人的生活是完全不一样的。所以，老大是一个英雄，因为他把一个男性变成了父亲，把一个女性变成了母亲，他改变了这个家庭中的关系。

老大的出现促进了父母的第二次成长。因为人们第一次当父母的时候，对于养育孩子的技能和心理的准备都是非常不充分的。这个时候，老大用自己把新手妈妈磨炼成了一个熟手妈妈，把新手爸爸磨炼成了一个熟手爸爸。我经常会引用这样一个比喻，父母就像一张砂纸，高水平的父母是那种颗粒很细的砂纸，用这种砂纸打磨木头、石头，时间久了木头和石头都非常光滑；不太成熟的父母，相当于颗粒比较粗的砂纸，用这种砂纸打磨以后，木头或石头依旧有一点扎手。老大就相当于一块木头或石头的原始材料，他一边被父母这张砂纸打磨，一边反过来打磨父母这张砂纸，直到把新手父母变成熟手父母。父母积累的不仅是养育孩子的操作技巧，还包括养育孩子的心态、情绪、对父母身份的认同等，所以老大是家庭中很重要的一个成员，是家庭中的英雄。

老大需要被独特地对待，或者说需要父母为其提供专属的陪伴。有这样一位妈妈，有一天她让保姆把老二带出去玩，然后她跟老大躲在书房里看了一部电影，老大特别开心，因为其间妈妈专门陪着他。老二中途回来了，在外面敲门，想进来凑个热闹，妈妈却没让老二进来。这个时候老大会感到妈妈很公平，并且体会到了妈妈对自己的特别关爱。而对老二来说，这样的拒绝也会让他感知到，他和哥哥/姐姐在妈妈眼中是一样的。妈妈不会因为某个孩子年龄更小或更听她的话，更会撒娇或哭声更大，而格外宠爱他。如果父母给每个孩子的都是百分之百的爱，那么他们就不会争夺和比较谁离妈妈更近，谁和爸爸待在一起的时间更多。

孩子对父母的情感需求，不是父母爱自己多过爱其他的孩子，而是父母全心全意地爱着自己。这也就是前文提到过的"无条件的爱"——妈妈和爸爸眼中放射出的爱的光芒。当你看见孩子的时候，你由衷地喜欢他，不管他穿什么衣服，长得多高，考试成绩怎么样，不管他有没有打碎你心爱的东西，不管他是否能够包容弟弟 / 妹妹，是否能够成为你生活中的小帮手。反正你看到他、想到他，甚至做梦梦到他的时候，你都呈现出特别开心、愉悦、舒服的状态。当你想到孩子，你的眼睛是不由自主地放光的。这就是你的孩子最需要的。

　　所以，父母不要忘记，老大是个英雄，在生活中请记住他做出的牺牲。父母对每个子女的爱，不需要刻意保持平衡，更不用刻意地度量。凭着本心去爱孩子，孩子自然会感觉到父母百分之百的爱意。父母要无条件地爱每个孩子，要想到他们就感到开心，而不是因为他们做了什么或者说了什么才开心。遵循这些养育法则，父母就能够缓解养育多子女而产生的压力。

# 隔代抚养，难也不难

## 隔代抚养的难处

隔代抚养是现代家庭不可避免的一种情境。然而提到隔代抚养，很多出于各种原因而照顾孩子的老人，以及出于各种原因而请老人帮忙照顾孩子的年轻父母，心里都充满了矛盾。几乎在每一个老人参与养育的家庭中，年轻父母一方面离不开老人的帮助，一方面又为隔代抚养带来的副作用而头疼；老人则一方面忍受着带孩子而产生的精力与体力的消耗，另一方面又承受着与年轻父母因养育理念不同而产生的压力。

我根据多年的工作经验，对其中的矛盾进行了梳理。其实，隔代抚养容易出现问题的原因大致有以下几个方面。

第一，角色定位有差异。

从理论上讲，最适合陪伴孩子成长的角色应该是父母，这是自然规律，不以人的意志为转移。除了极特殊的情况，父母都应该是抚养孩子的第一责任人。

由于这种不可更改的身份角色，父母在和孩子相处的时候，心态会更平稳一些。孩子磕了、碰了、绊了、摔了，饥一顿、饱一顿，淋点儿雨、吹点儿风、破点儿皮、流点儿血，父母都可以当作意外，并且由此造成的后果自己都能够承担。

对老人来讲，孩子就像子女交给自己代为保管的"重器"，不容许出现任何差错，而孩子出现任何问题，自己无法向他们的"第一责任人"交代，同时还会承担极大的心理压力。所以很多老人在带孩子的时候，经常会把孩子置于"过保护"状态。老人宁可牺牲孩子的活动自由和探索需求，也要确保万无一失。

小孩子有探索的天性，到了一定年龄会喜欢在沙发背上爬来爬去。这时候老人首先想到的可能是，我要对得起儿女的信任，要避免孩子受伤，于是张着双手，想尽办法让孩子回到安全的环境中；而父母首先想到的则是，这是孩子成长的契机，要鼓励孩子探索，于是并不打算干涉。如此，矛盾就不可避免地出现了。

第二，知识体系不同步。

不论现在的父母成长的环境如何，与老人之间的信任和依赖程度如何，每一对年轻父母与老人之间永远有着不同的成长经历、教育背景、生活经验，永远处于两种知识体系中。这是时代发展的需要，如果年轻一代的知识理念与老一代完全相同，社会就无法发展和进步。于是，在隔代抚养的过程中，这些差异就体现在了冲突中，导致年轻父母和老人都陷入难处。

　　知识体系之间的最大差异，就是老人所信奉的"传统"与年轻父母的"科学方法"之间的不同步。例如，有的老人觉得孩子出生后必须把双腿并拢并捆绑起来，否则会影响孩子长大后的腿形，而年轻父母则认为要让新生儿自由活动，这样的绑缚不但让孩子很不舒服，而且可能会影响先天性髋关节脱位的早期发现；老人觉得自己的经验是经过现实检验的，是一代又一代传承下来的，年轻父母则认为现在自己拥有了丰富的医疗资源和生活条件，已经不再需要那些在物资匮乏的时代所使用的方法，要与时俱进。

　　这种知识体系的不同步，不仅表现在抚养孩子方面，还表现在生活的很多方面，例如对工作的选择和对生活方式的选择。有时候，这不仅是隔代抚养导致的冲突，还是年轻父母与老人之间全方位的"三观"不合导致的冲突，只是以前大家没有像现在这样长时间地在一起生活，很多问题没有暴露出来。

　　第三，生活习惯不匹配。

　　以前的家庭中大部分成员都来自一个地区，有着相同的生活习惯。现在很多家庭中的夫妻可能来自不同的城市、省份，甚至不同的国家，生活习惯会有很大的差异。一位妈妈吐槽，她的婆婆从西北来广东帮忙带孩子，非常用心，就是有一件事让她这个广东人实在受不了，婆婆经常几天才给孩子洗一次澡，最久的时候一周洗一次，她委婉地提了几次，婆婆每次都会说孩子洗澡太频繁对身体不好，容易感冒。

有位老人有洁癖，平时不让孩子摸沙子、摸小草，后来更是发展到除非经过老人允许，不然孩子什么都不能摸，老人还经常对周围人夸奖说："我家孩子特别爱干净。"

还有的老人不喜欢小动物，一看到孩子接近别人养的宠物，立刻紧张万分，一把抓起孩子就走。宠物没有吓到孩子，老人的举动倒把孩子吓得不轻。

有个孩子想养兔子，妈妈买了一只回家。奶奶很生气，把兔子丢到阳台上，后来兔子生病死了，孩子很伤心，专门画了一张画，又在兔笼旁边摆放了鲜花来纪念它。奶奶却说："这孩子真傻，以前家里养兔子都是用来吃肉的。"

第四，身体精力不达标。

现在的年轻父母结婚生子越来越晚，带孩子的老人年龄也随之越来越大。现在的孩子营养越来越好，身体越来越棒，精力越来越旺盛。老人自身体力下降，而孩子精力飙升，让老人带孩子面临巨大的挑战，如果再加上二胎，这个任务就更加困难。

孩子小的时候，抱一抱、喂一喂、哄一哄，老人尚能应对。到了孩子能够独立行动，开始攀爬、奔跑、跳跃、追逐、探索的时候，老人的体力和精力就跟不上了。走到任何一个小区，都能见到孩子在前面跑，老人在后面一边费力地追赶，一边焦急地喊："慢点儿！慢点儿！"其实不要说老人，几年前我和一个 4 岁的小男孩玩了大约 2 个小时，不停地蹲下、站起，当时没觉得有什么异样，后来大腿内侧的肌肉痛了整整一周。

老人跟不上孩子节奏的时候，就会通过让孩子看电视、看平板电脑、玩手机等方式来让自己喘口气，这又会带来新的问题。大部分老人中午固定要睡午觉，就会强制孩子也睡午觉，而且睡的时间很长，导致孩子晚上很晚都不想睡觉，因为孩子不困。

人年龄大了，新陈代谢的速度相应减慢，这是自然规律。有人做过调查研究，发现老年人的体温平均比青年人低大约 0.5℃，也就是说，在同样的环境温度下，老人的体感温度比年轻人要低一些，如果和活动量惊人的孩子相比，可能低更多。老人按照自己的感觉给孩子穿衣服，往往比孩子实际需要穿的要多。有位妈妈每次回家总是发现老人偷着给孩子加盖被子、加穿衣服，提醒的时候，老人都是一口答应，妈妈一走就恢复原样，搞得孩子总是满身汗、频繁感冒。

第五，成长乐趣难体会。

一个孩子的成长过程，也是父母的成长过程。陪伴一个小生命从孕育到诞生、长大，是一种奇妙的体验。孩子的第一次胎动，第一次啼哭，第一次微笑，第一次说话，第一次站立，第一次行走，第一次上幼儿园，第一次上小学……这些点点滴滴，串起了父母的欣喜和感动，也串成了伴随父母一生的美好回忆。

老人已经见证过自己孩子的成长过程，有的还不止见证过一次，而且孙辈的孩子也不是自己孕育的，所以没有第一次当父母的那种感觉。他们虽然也很爱孩子，也会从孩子的成长中得到快乐，但是这份快乐和年轻父母见证孩子成长的快乐是无法相提并论的。

第六，自我价值难体现。

很多老人在年轻的时候是一代人中的精英翘楚，有的是劳动模范，有的是高级教师，有的是领导干部，有的是文艺骨干，有的心灵手巧，有的能说会道，很受周围人看重。这些老人来到子女身边帮忙带孩子，时代的发展让他们感觉自己落伍了，自己擅长的东西没人欣赏了，学习年轻人通用的技能（如网络购物、智能家居、开车等）对他们来说又困难重重。

这就导致老人产生了两种心态。

一种情况是，当子女不停挑剔和指责老人在带孩子过程中出现的问题时，这种打击会降低老人的自我价值感，他们会对带孩子失去信心，失去乐趣。

还有一种情况是老人不认输，希望通过带孩子来体现和维持自我价值。于是老人会尽量把孩子的父母和孩子隔离开来，甚至取代父母的角色，让自己变成孩子最依恋的人，让孩子离不开自己。

有位男孩是他奶奶一手带大的，吃饭时奶奶不喂他就不吃，睡觉时奶奶不陪他就不睡，而且一定要左手抓着奶奶头发，右手摸着奶奶耳朵，才能睡着。孩子好不容易上了幼儿园，早上起来他稍微表示了一下不开心，奶奶就说："不想上就别上了！反正我在家也没事，就带着他吧。"孩子从小是奶奶带大的，自然能读懂奶奶释放的信号，于是就会全方位地配合奶奶，时刻表现出无法独立生活的状态，让奶奶成为一个任何人都无法替代的照顾者，从而体现奶奶的自我价值。

这种看起来你情我愿的祖孙关系，对孩子的成长是有负面影响的。因为它是在满足大人的需要，而不是在满足孩子的需要。

说这么多，不是为了全盘否定隔代抚养。

每一个帮助子女带孩子的老人都是非常不容易的，他们需要付出极大的精力、体力、财力，需要放弃很多自己的爱好、乐趣，甚至梦寐以求的退休生活方式。年轻父母在竞争激烈的社会环境中忙工作、忙事业，现实是，很多家庭如果没有老人帮忙，年轻父母很难兼顾家庭和事业。

希望通过以上分析，年轻父母和老人都能够从新的角度看待两代人之间关于抚养孩子的冲突，做到相互理解，找到其中真正的难处与症结，从而避免隔代抚养的副作用，把隔代抚养的有利之处发挥得更好。

## 隔代抚养也不难

科学的认知让我们了解到我们与父母之间的代际差异将会一直存在，同时也能帮助我们寻找到调和冲突的方法。和谐的隔代抚养方式应该做到以下几点。

第一，目标一致。

**两代人的目标应该是绝对一致的，就是一切为了孩子更好地成长。**可能有人会说，这不是废话吗？还真不是。我在工作中遇到过很多隔代抚养的家庭，老人和年轻父母之间有很多分歧和冲突，结果孩子夹在中间变成了人质和筹码，大家都用孩子来表达对彼此的不满。例如家庭中最常见的婆媳矛盾，媳妇不好意思明着表达对婆婆的不满，就通过批评婆婆抚养孩子的方式来旁敲侧击；婆婆不甘示弱，就通过在孩子面前贬损媳妇来出气。

现实生活中，在抚养孩子的时候，老人和年轻父母的目标并不完全一致。有的年轻父母只是希望老人做一个看护者，给孩子提供衣食，可是老人却期待能够给孩子提供一些教导；有的老人期待通过养育孙辈证明自己的价值，有的年轻父母则希望老人能够替自己承担父母的责任。

这种冲突是深层次的，表现出来则是双方相互的否定和指责。老人和年轻父母之间的冲突，将来会变成孩子内心的冲突，也就是孩子自己跟自己的冲突。遇到事情时，他会犹豫：我是应该按照爸爸妈妈的标准去做，还是按照爷爷奶奶的标准去做？结果就是孩子不知道自己怎么做才是对的。这会使孩子产生极大的内耗。

所以两代人必须先统一目标，明确大家做的一切都应该是为了孩子好，而不是出于其他的目的。

第二，理念统一。

统一了目标，紧接着就要统一理念。

用什么样的理念和方法来养育孩子，两代人要提前达成一致的意见。年轻父母不但要自己学习科学的育儿理念，还要创造条件和老人一起学习，要告诉老人为什么要这样养育孩子，而不是一味地指责老人带孩子的方法不对。

很多老人学习能力很强，有了接触新的讯息和学习的机会，他们很快就能够接受新的理念。他们其实并没有那么固执，只是不适应现代社会信息更替的速度，没有及时更新信息的能力。如果有合适的机会和渠道，老人是非常愿意学习的。

在我的"成长与陪伴"课堂上，曾经来过好几位老人，他们学习非常认真，领悟力也很强，分享心得体会的时候让年轻人都非常感动。曾经的他们受到工作、环境的限制，无法接触心理学、社会学的知识，这并不代表他们无法理解。我一直鼓励年轻父母和老人一起系统地学习，共同了解孩子身心发展的客观规律。或许，这样做还可以消除年轻父母与老人之间一直以来存在的隔阂。

在家庭中，并不是新的知识一定优于旧的知识，实践才是检验真理的唯一标准。理念统一了，矛盾和冲突就少了。不是要分辨出谁的方法对，谁的方法错，而是大家一起学习孩子成长的科学规律，大家都服从科学规律，不是服从哪个人。

第三，角色定位清晰。

老人即使学习了全部的关于孩子成长的生理、心理知识，也要明确自己的角色定位。对孩子的成长来说，父母是不变的主角，老人是协助的配角。对于老人来说，这个定位一定要非常清晰，界限也要划分清楚。

老人要尊重年轻父母的教育基调，认真执行抚养孩子的方案，切忌随意变更，更不能替代父母，反而要有意识地把父母和孩子拉到一起，给他们制造相处的机会，这对孩子和父母都有极大的好处。

年轻父母也不能因为工作忙、事情多，看到老人带孩子带得挺好，就乐得做个甩手掌柜。有的年轻父母即使有时间，也泡在游戏、聊天上，不愿意花时间陪伴孩子。父母看似图了一时清闲，将来却要付出巨大的代价。我们的咨询室几乎每天都有这样的父母来寻求帮助。

我曾经问过我的一位德国老师，他作为心理学家，当了外公以后，会不会指导女儿如何养育孩子，他毫不犹豫地说："不会！因为她是妈妈！"我还不死心，又问："如果你发现她养孩子的时候出现了重大差错，你还不干预吗？"他淡定地说："我相信自己是个不错的爸爸，所以我也相信她会成为一个好妈妈。"

第四，分工明确。

角色定位清晰了，分工就要相应明确。

老人的主要工作就是照顾孩子的生活，如做饭、接送、看护等。

父母的主要工作就是和孩子交流情感，培养孩子的人格。

例如孩子小的时候，哺乳当然要妈妈亲自来，如果没有母乳，最好由妈妈抱着喂奶粉。因为哺乳不仅是营养物质的输送过程，更是情感交流的过程。孩子晚上睡觉也应该由爸爸妈妈陪伴，因为爸爸妈妈的声音、气味、触摸对孩子依恋关系的建立具有无法替代的作用。

孩子长大一点后，父母每天也需要陪孩子玩耍，给孩子讲故事、读绘本，带孩子接触外面的世界，陪伴孩子面对各种挫折等。这些都是父母的工作，再忙再累都不能推给别人。

第五，阶段调整。

随着孩子不断成长，父母抚养孩子、陪伴孩子的方式也要相应转变。

在孩子小的时候，老人的精力主要放在照顾孩子的生活上面。孩子上了幼儿园，老人的时间一下就多了起来，这时老人就要主动调整自己的生活重心，寻找新的生活乐趣和自我价值，例如和同龄人多交流，跳跳广场舞，打打太极拳，学学书法、篆刻，出去旅游，等等。这样老人就不至于因为孩子对自己的需要降低了，而觉得自身价值感也降低了。

年轻父母也要主动帮助老人转型，发现和肯定老人在其他方面的价值。例如下班回家，吃到热乎的饭菜，带着感恩的心，好好夸一夸家里的老人，他们会很受用。

第六，多元沟通。

有人的地方就一定有差异、有误会、有矛盾。老人和年轻父母之间，因为孩子的抚养问题出现意见不一致是再正常不过的事情。

老人不要因为自己年纪大，面子上过不去而过分执拗。有的老人说得最多的一句话就是："我当年也这样带你们，不是也带得挺好？"往往噎得年轻父母无话可说。其实这句话是禁不起推敲的。可以比较一下：当年您多少岁？当年您的育儿知识是从哪里获得的？当年您的身体和精力如何？当年您有这么怕孩子磕着碰着吗？当年您有这么多的时间陪孩子吗？当年您对孩子的期望是什么？当年您孩子的竞争对手是哪些人？

父母带孩子带得好不好，父母说了不算，孩子说了算。孩子长大后，在工作中，在人际交往中，在亲密关系中，有哪些软肋和痛点，有哪些困扰和束缚，孩子自己最清楚。这些都和孩子小时候的成长环境和经历有直接的关系。

年轻父母也不要因为自己掌握的知识多而轻视老人，每个人都不能脱离时代而存在，换作我们自己，在当年那个时代不一定有他们做得好。

带着这种互相学习、互相尊重的心态，家庭可以定期开例会，讨论一下近期大家在抚养孩子的过程中，有哪些地方做得比较好，还有哪些地方需要调整，孩子下一个阶段的心理活动会有哪些新的特点，大家要如何共同面对。这样就会减少很多不必要的误会。

第 3 章

# 培养孩子的安全感

父母只有知悉孩子心理发展的规律，才能获得养育孩子的胜任力，才能把握孩子成长的最佳时机。

本章将帮助父母进一步理解孩子发展的规律，并指导父母进行实践，以给予孩子合适的成长引领和陪伴。

第 1 节

# 儿童的独立与依恋

## 妈妈是孩子的安全基地

孩子的成长是一个既迅速又漫长的过程。有时候父母会觉得自己还没有做好准备，孩子却好像一下子就长大了；也有的父母会觉得孩子长得好慢啊，这个让人痛苦纠结的阶段怎么还在持续，每天都希望孩子长得快一点，好让自己能够轻松一点。

其实，孩子的成长过程，无论是生理方面还是心理方面，都有一个预设的固定程序——基因。大自然在人类的基因中预设了一个固定的程序，孩子按照这个程序来成长，到了什么样的年龄就要经历什么样的过程，就要发育什么样的特质。大致在两岁半的时候，孩子的独立程序就启动了。这一点所有的孩子都是同步的。独立就是孩子慢慢尝试离开父母，特别是离开妈妈，向外做一些探索的行为。独立是每个孩子的必经阶段。这个时候孩子表现出的想要离开妈妈的一切行为都是正常的。如果孩子在这个年龄没有做出相应的行为，很有可能是出了某些状况。

一个孩子的心理发育得好不好，人格发育得好不好，取决于两个因素。第一个因素是基因，即预设的程序；第二个因素是环境。孩子随着年龄增长，会准时出现发育基因中预设的"特质"，但是这些"特质"发育得如何，是否受到阻碍，则取决于孩子当前所处的环境。对于一岁到两岁半的孩子来说，其成长环境中最重要的影响因素是母亲。因为在孩子两岁半之前，通常由母亲担任主要的陪伴者。这三年多的时间里，孩子从在母亲的身体里孕育到出生，到开始掌握语言，学习走路，都有母亲的陪伴。

在这个过程中，如果母亲掌握孩子成长变化的节奏，就能够做到"与时俱进"，也就是母亲的角色会随着孩子的成长而变化。例如孩子刚出生的时候，要满足孩子的全部需求，全天 24 小时陪伴；随着孩子慢慢长大，母亲要慢慢地往后退，给孩子多一点独立探索的空间。孩子也会从刚开始时所有的事情都依靠母亲，慢慢地成长为把母亲作为一个安全基地来使用。

"安全基地"是心理学中与儿童依恋有关的专有名词，同时也是一个军事名词。在战争中，每个部队都会建立自己的安全基地。部队要想打仗打得好，安全基地很重要。打赢了，部队要回到安全基地庆功、修整、补充装备、总结经验；打输了，部队要回到安全基地暂避，治疗伤员、补充兵员、总结教训、调整战术，然后出去战斗。安全基地越稳固，部队在外面打仗的成功率就越高。这就像妈妈对每个孩子的意义。**妈妈要成为孩子的安全基地。**

孩子在两岁半左右的时候，开始尝试离开母亲，探索周围的环境。探索行为的重要前提是，在两岁半之前，孩子跟母亲之间建立了一种安全的正向的依恋。依恋关系越好，孩子向外的探索行为就越积极，否则孩子的探索行为就是消极的。依恋和探索这两个行为，指向母亲与孩子关系的两个相反方向——依恋指向合，探索指向离，但是它们彼此又是相辅相成的。

这种状态可以用一个例子来说明。猎人在冬天要出去打猎，冬天户外的温度是零下三四十摄氏度，为了应对这种恶劣的天气，猎人在出发之前要在家里围着火炉烤火，把自己浑身烤热，把衣服烤干，从里面的内衣内裤、秋衣秋裤、毛衣毛裤、绒衣绒裤到外面的皮衣皮裤全部烤干，烤得暖暖和和的，再到外面去打猎。这样，尽管外面很冷，但是他身体的温度和衣服的干爽暖和都能够帮助他抵抗寒冷，从而到达更远的地方，打到更多的猎物。如果一个猎人在出门之前没有把所有衣服烤干，只是烤了一小会儿，把外面的衣服烤干了，而里面的毛衣毛裤、绒衣绒裤、秋衣秋裤、内衣内裤全都是湿的，他穿着这些衣服到了外面，冷风一吹，衣服就会结冰，他会冻得瑟瑟发抖甚至感冒发烧，走不了多远就得赶快回去，不然就会生病，甚至有生命危险。依恋行为就相当于在家烤火，探索行为就相当于出门打猎。人在家没烤暖和，依恋行为没有得到满足，出门打猎就跑不远，也打不到多少猎物，探索行为就无法完成。但是如果一个人只在家里烤火，从来不出门打猎，那么他烤得再暖和干爽，也没有任何意义。好好烤火是为了更好地外出打猎，外出打猎的效果反过来又证明了烤火的质量。

## 孩子的独立过程

孩子对母亲的依赖是从绝对依赖到相对依赖，从双重依赖到单一依赖的过程。绝对依赖是指孩子的生活完全不能自理，吃喝拉撒睡全都需要母亲照顾；相对依赖是指孩子自己能吃、能睡、能走，但是不会自己上厕所、不会独立吃饭，还有一部分行动需要母亲的协助。双重依赖是指孩子对母亲的依赖既有生理依赖又有心理依赖。孩子从小和母亲生活在一起，依赖母亲给他提供的生存所需的物资，依赖母亲为他提供的保护和安全感。随着孩子的成长，独立的本能要求他们逐渐离开母亲，于是他们会首先解除生理依赖。孩子从 9 个月开始断母乳，到了一岁半左右学习独立吃东西，就是在解除生理依赖。随后他们会慢慢地减少心理依赖。超越了这两重依赖以后，孩子将走向真正的独立。

这个超越的过程也是孩子能力形成的过程。由于这个时候孩子的能力还不够，他跑不了多远，所以两岁半左右的孩子的内心是充满矛盾冲突的，他既想自己去闯世界，又离不开妈妈。

心理学家约翰·罗伯特·安德森（John Robert Anderson）曾做过一个实验，他在实验中邀请一些妈妈坐在公园草地中间的椅子上，然后让她们的孩子在周围活动。这些孩子出生才 15～30 个月。安德森观察发现，孩子通常会以母亲为圆心在周围活动，有的走路，有的爬。即使有的孩子越走越远，但是走到一定距离就不会再走远了，开始往母亲的方向折返靠近。按照安德森的统计，走得最远的孩子从离开妈妈开始算起，向远离妈妈的方向走出去的总步数均少于 200 步。其中最少的步数是零，孩子一步都不走，全程抓着妈妈的衣服不放手。

　　安德森经过进一步研究发现，孩子跟妈妈的关系越好，就会走得越远，但是不会超过一个范围，因为孩子这个时候还不具备完全离开妈妈去独立探索外部环境的能力。这个实验直观地呈现了孩子跟妈妈之间那种既独立又依恋的复杂而冲突的关系。

　　妈妈如果能够理解孩子内心的冲突，就比较容易和孩子相处。如果妈妈不理解，就会想："这个孩子到底是想要我陪着还是不想要我陪着？"孩子一会儿喊着"妈妈，妈妈"，一会儿又说"不要妈妈，不要妈妈"，让妈妈陷入纠结。孩子在这个时候自己也搞不清楚到底要不要妈妈陪在身边。如果我们了解孩子，就会明白，此刻的孩子就像一部手机，他向外探索的时候在耗电，依赖妈妈的时候就是电快耗尽了，要及时回到妈妈身边充电。了解了孩子，妈妈就知道怎样陪伴孩子：在孩子离开的时候鼓励他，在孩子回来的时候拥抱他。

　　**在孩子两岁半之前，妈妈要充分满足孩子的依恋行为。**妈妈在这方面做得越好，孩子将来独立探索的能力就越强，就好像电充得越足，手机续航的时间就越长。如果依恋关系没有建立好，孩子两岁半之后就会特别黏人，离不开妈妈。这不是孩子淘气和不听话，而是孩子之前的心理发育没有充分完成阶段性的任务，需要妈妈多一些耐心，补上这个部分。

这时候，妈妈一方面要补偿之前的缺失，跟孩子建立更好的依恋关系，另一方面要努力鼓励孩子独立，给孩子足够的支持，可以对孩子说："你行的，没事，妈妈就在这里，妈妈陪着你。"通过这样的方式鼓励孩子，孩子就会越来越独立，用自己的方式去探索外部世界。

所以这个阶段的家长要注意以下两点。

其一，母亲要允许孩子独立。

有的母亲自己心理不是特别独立，在孩子独立的时候会有很深的焦虑。她不能允许或者不能接受孩子离开她，于是会对孩子发出各种各样的心理暗示，来表达"你不能离开我"。如果这个时候孩子读懂了母亲潜意识的信号，就会表现出很黏人、不能独立的行为。**这看起来像孩子的问题，其实是母亲的问题，是母亲离不开孩子，而不是孩子离不开母亲。**

其中的原因可能在于母亲在自己的成长过程中存在没有处理好的情结，也可能是母亲将这个阶段的自我价值完全放在了孩子身上，担心孩子独立了，离开了自己的怀抱，自己就失去了价值，所以不允许、不同意、不接受孩子从身边离开，会紧紧抓住孩子，破坏孩子的独立。如果母亲无法察觉自己行为背后的原因，则会做出适得其反的行为：看起来给了孩子无微不至的照顾，但是越照顾，孩子的独立能力越差。

其二，父亲的角色要及时介入。

父亲的角色介入能够帮助孩子和母亲更好地分离。孩子要独立，但是又害怕离开母亲，这个时候父亲就像一座桥，连接依恋和独立的两岸，让孩子觉得：虽然我离开妈妈有点害怕，但是爸爸能支撑我、保护我；爸爸虽然没有像妈妈一样把我照顾得无微不至，但爸爸是个熟悉、安全的人，他也会保护我，所以我可以大胆地离开妈妈，我可以借助爸爸的保护，更好地跟妈妈分开。

孩子处在既依恋又独立的转换过程中的时候，父亲的角色可以起到很好的帮助作用。

第 2 节

# 依恋模式对孩子的影响

## 安全型依恋

我是土生土长的关中人，虽然出生在西安城里，但祖祖辈辈都是西安城东边的临潼人，我爸爸的老家何寨镇和我妈妈的老家零口镇位于白鹿原偏东北方向，直线距离不到 30 千米。我上小学以前，曾经在妈妈的老家跟外婆一起生活过一段时间，所以第一次看《白鹿原》这本小说时，我一下子就被震撼了——那些熟悉的场景，仿佛带我回到了外婆的村庄；那些鲜活的人物，似乎掮着犁、牵着牛、端着一碗面正从我身边走过；那些亲切的文字，用我熟悉的关中方言娓娓讲述着那块土地上发生的故事。

然而，在这本接近 50 万字的小说中，最让我惊叹的是描写朱先生去世前的这一段。我摘抄了下来，分享给大家。

朱白氏从台阶上的针线蒲篮里取来花镜套到脸上，一只手按着丈夫的头，另一只手拔拉着头发，从前额搜寻到后脑勺，再从左耳根搜上头顶搜到右耳根。朱先生把额头抵搭在妻子的大腿面上，乖觉温顺地听任她的手指翻转他的脑袋拔拉他的发根，忽然回想起小时候母亲给他在头发里捉虱子的情景。母亲把他的头按压在大腿上，分开马鬃毛似的头发寻逮蠕蠕窜逃的虱子，嘴里不住地嘟囔着，啊呀呀，头发上的虮子跟稻穗子一样稠咧……朱先生的脸颊贴着妻子温热的大腿，忍不住说："我想叫你一声妈——"朱白氏惊讶地停住了双手："你老了，老糊涂了不是？"怀仁尴尬地垂下了头，怀义红着脸扭过头去瞅着别处，大儿媳佯装喂奶按着孩子的头。朱先生扬起头诚恳地说："我心里孤清得受不了，就盼有个妈！"说罢竟然紧紧盯瞅着朱白氏的眼睛叫了一声"妈——"两行泪珠滚滚而下。朱白氏身子一颤，不再觉得难为情，真如慈母似的盯着有些可怜的丈夫，然后再把他的脑袋按压到弓曲着的大腿上，继续拔拉发根搜寻黑色的头发。朱先生安静下来了。……[①]

　　我不知道陈忠实先生是否涉猎过心理学的知识，但他对人心理的观察和理解，通透得惊为天人，这一段描写朱先生将死之前的真情流露，其实是在讲述孩子和母亲的依恋关系。

　　英国精神病学家约翰·鲍尔比，在 20 世纪 50 年代经过大量的实验和研究，对儿童对母亲的依恋行为进行了详细的阐述，提出了

---

① 摘自1993年人民文学出版社出版的图书《白鹿原》。

著名的依恋理论。他的同事玛丽·爱斯沃斯（Mary Ainsworth）设计了一个标准场景的陌生情境测验（strange situations test），对 12 个月大的婴儿及其母亲进行观察，用来研究婴儿和母亲的依恋关系。

经过多年大量的实验观察，研究人员把婴儿和母亲的依恋分为 4 种类型，分别是安全型依恋（secure attachment）、不安全回避型依恋（avoidant attachment）、不安全矛盾型 / 焦虑 - 抗拒型依恋（resistant attachment）、不安全混乱型依恋（disorganized/disoriented attachment）。除了安全型依恋，其他 3 种类型的依恋都会对孩子的心理成长带来一定程度的阻碍。

对于安全型依恋的婴儿，在陌生环境里，母亲在场的时候，会感到安全，也能够积极地在环境中探索；如果母亲离开，他们会愤怒和哭泣，但是持续的时间会很短，陌生人可以让他们平静下来继续游戏；母亲回来的时候，他们看到母亲会很高兴，会在母亲的陪伴下继续探索周围的环境。

对于不安全回避型依恋的婴儿，在陌生环境里，母亲是否在场都不会引起他们特别的反应，他们看起来很淡定。母亲离开的时候，他们不会表现得紧张，也不会哭闹，但也不与陌生人交流；母亲回来的时候，他们不怎么理会母亲。他们对母亲的态度是"爱来就来，爱走就走，不关我事"。

对于不安全矛盾型依恋的婴儿，在陌生环境里，他们会有很明显的焦虑表现。如果母亲离开，婴儿会表现得非常不稳定，如反抗、哭闹、拍打房门等，陌生人无法让他们平静下来；母亲回来后，他们会表现出想要亲近母亲却又厌恶、拒绝的行为，态度很矛盾，这时母亲也无法让他们平静下来。

对于不安全混乱型依恋的婴儿，在陌生环境里，他们的行为和表现都是反常的、混乱的、没有规律的。他们表现出僵硬和纠结、犹豫不决的特点，他们也会有很刻板的动作，有时会强迫他人亲近自己，但是不对任何一个特定的人有依恋行为。

婴儿所表现出的依恋类型，最初的基础取决于母亲在孩子6～18个月的时候对孩子的回应方式。能给儿童提供安全型依恋关系的母亲有着以下共同特点。

1. 完全认同自己的母亲角色。

欣然接受妈妈的角色，享受与孩子互动中的乐趣，而不是常常感叹孩子让自己身材变了形，抱怨孩子耽误了自己的职场晋升，烦恼孩子影响了自己逛街和聚会。

2. 对孩子发出的信号极为敏感。

尤其在孩子还没学会使用语言表达的时候，妈妈把注意力完全放在孩子身上。妈妈能够及时回应孩子的目光，及时安抚孩子的情绪，随时捕捉孩子发出的身体信号，了解孩子皱眉、瞪眼、努嘴、憋气分别表示什么意思，并准确地予以回应，及时喂奶、哄睡、聊天、换尿布。

3. 根据孩子的需要来喂食，而不是刻板地定时喂食。

4.允许孩子表现出符合其年龄阶段的自主性和探索性。

5.和孩子灵活地亲近：双方既有各自的独立活动，又能随时保持交流。

在这样的陪伴下，孩子就会感觉到自己和妈妈的依恋关系是安全的。

结合依恋关系的理论，我们可以推断出朱先生和妈妈的依恋关系是安全型的。

在那个年代，在北方农村的生活环境中，孩子头上长虱子是司空见惯的事情，可是怎么处理，不同的父母有不同的招数。朱先生的妈妈把儿子满是虱子的脑袋放在自己的大腿面上，丝毫不担心虱子会跑到自己身上，一边在儿子的头上从前到后、从左到右仔细搜寻虱子，一边和儿子愉悦地开着玩笑。

靠在妈妈的大腿上，脸颊感受着妈妈身体的温度，头发感受着妈妈手指的温柔，鼻子嗅着妈妈熟悉的气味，耳朵听着妈妈的呢喃细语，对孩子来说，这是最安心的一刻，也是最能温暖一生的一刻。

这种情感联结是孩子与妈妈之间独有的，任何关系都无法替代。人在遇到惊吓的时候，总是条件反射式地大叫一声："哎呀，我的妈呀！"几乎没有人会喊："哎呀，我的爹呀！哎呀，我的姨呀！"这甚至与是否从小与母亲生活在一起无关。可见母亲的不可替代性。

## 安全型依恋的长久影响

依恋关系不但能让一个孩子在童年的时候得到心理上的滋养，还能帮助孩子在今后的人际交往中建立各种关系的原始模型和起点，它决定了一个人的处世方式。如果一个孩子感到妈妈是安全可靠的，那么对他来说世界就是安全可靠的；如果一个孩子感到妈妈是危险而不可控的，那么对他来说世界就是危险而不可控的。

《白鹿原》中朱先生敢冒天下之大不韪，为了建白鹿书院，在众人惊恐的注视下，亲自动手推倒了"四吕庵"中的 4 座野路子神像泥胎，不怕什么鬼神报应；他有一夫当关的英勇，手无寸铁，一个人独闯清军大营，劝退 20 万清兵，避免了一场血雨腥风的战争，拯救了一城百姓；他无畏，用两条恶狗拦住登门拜访的杀气腾腾的镇嵩军刘军长，并直言不讳地预测他打不进西安城；他自信坦荡，生前特意留下遗嘱"不蒙蒙脸纸，不用棺材，不要吹鼓手，不向亲人报丧，不接待任何吊孝者"。朱先生的学生在赠给他的挽联中，引用了王阳明的挽联："自信平生无愧事，死后方敢对青天。"

在我个人看来，小说中朱先生的每个行为都并非源于他胆大包天、特立独行的人格特质，而是他始终相信这个世界是安全的、有公理的，只要坚持对的事情，就可以实现目标，这都源于他从小和妈妈建立的依恋关系。

安全型依恋关系，不仅能帮助一个人成就这些惊天动地的大事，也是亲密关系的基础。小时候和妈妈的关系是安全的，长大后和亲密伴侣的关系就是安全的。这种安全的亲密关系，让两个人既不害怕表露自己对对方的魂牵梦绕，也能准确体会对方对自己的柔情蜜意。

对一个男人来说，不管是和恋人的关系，还是和妻子的关系，都是根据和妈妈的关系定下的调子。小说中的朱先生也是如此，他在涝池边第一眼看中妻子，不是瞅中了她的模样，而是瞅中了那双眼睛。他之前看过媒人介绍的七八个女子，有的眼大无神，有的媚气太重，有的流于俗气。直到看到妻子的眼睛时，他心里一颤，这才是自己苦苦追寻的感觉：刚柔相济！其实这就是他妈妈身上一直就有的一种独特的气质，他在妻子的眼睛里找到了相似的东西。

小说中还有这样一个细节，在和另外 7 位老先生抱着必死的决心，准备奔赴抗日战场的前夜，朱先生挽着妻子的手臂将她扶坐到壮行的宴席上，给她敬上一杯酒，坦坦荡荡地说："我一生不说悄悄话，今日把我谢恩的话当着同仁们说出来：你要是不嫌弃我，我下辈子还寻你……"我言传我心，言真心更真，今日权相谢，来世再报恩。

依恋关系将长久地影响每个孩子，直至其成年，并终其一生。回顾我们的童年，那些与母亲之间的互动模式，往往影响着现在的我们。我相信，以依恋关系为基础，佐以经史子集、对圣贤书的学习，每个孩子都可以充满自信地、坦然磊落地度过自己的一生。

第 3 节

# 如何培养孩子的安全感

## 什么是安全感

"安全感"是一个在日常生活中经常被讨论的心理学专有名词，但是由于频繁地使用，人们对"安全感"的理解往往是主观的，并不专业。

我认识一对从事金融工作的夫妻，他们从事的这个行业使他们对外部环境极其敏感。在外部环境不好的情况下，丈夫总是觉得做什么都无法改变现状，人生就是被大环境的洪流裹挟向前的，在洪流中做什么都没有任何意义，所以非常焦虑和迷茫，不知道该做什么，也不知道该向哪个方向去；而妻子与丈夫的感受却不同，她认为经济环境跟人生是一样的，有波峰、有波谷，都很正常。外部环境的改变丝毫没有影响她对自己的认知，她认为即使在经济环境不太好，大家都过得不那么好的时候，她也是不好的里面那个相对比较好的，只要挺过这段低谷，一切就会好转。妻子认为，她与丈夫的差异，源自对世界的理解不同。世界是不是安全的？我是不是好的？夫妻二人对这两个问题的回答不一样，就说明他们的安全感不一样。这对夫妻对行业感受的差异，其实反映了他们的安全感的差异。**世界是一样的，环境是一样的，或许只是你对它的理解不一样。**

鲍尔比认为，成年人的人格是个人在生命不成熟的时期与关键人物的互动产生的结果。一个人有幸成长在平常的好家庭中，拥有平常的、有爱心的父母，那他就总是能知道，我可以从什么人那里寻求帮助、寻求舒适和寻求保护，并且知道可以在哪里找到他的期待。他的期待深植于童年时期良好的依赖关系，这些期待又反复地被验证。这可以让个体确信，无论何时何地，只要他处于困难之中，身边都会有可信赖的人给予他帮助，因此这个个体会满怀信心地接近这个世界，在面对有潜在危险的状况的时候能够有效地处理问题或寻求帮助。

这也是安全感的定义。安全感对一个人来说非常重要，甚至超过了一个人的出身、学历、财富、地位，直接决定了一个人活着的质量。有一位德国亿万富翁，名叫阿道夫·默克勒，曾经位列《福布斯》杂志 2008 年全球富豪榜第 94 名。他从年轻的时候开始经商，一直都很成功。可是在 2008 年的全球金融危机中，他判断失误，导致企业面临巨大的危机，万念俱灰之下，他在 2009 年 1 月 5 日晚上卧轨自杀了，当时他 74 岁。可能很多人无法理解，商业失败了，并不是世界末日，所谓"留得青山在，不怕没柴烧"。可是对于这位亿万富翁来说，商业的失败就意味着对他这个人的彻底否决。如果换一种角度来看这件事，我认为，商业的失败可能只是表面的诱因，更深层的原因是这位富翁丧失了安全感。

## 安全感形成的要素

安全感通常是在孩子成长的过程中形成的。根据鲍尔比的理论，孩子安全感的形成离不开 3 个要素。

第一个要素是时间。

人的安全感来自生命尚不成熟的婴幼儿时期。常言道："3 岁看大，7 岁看老。"这句话就是说一个人在幼年期所形成的人格特质（如聪明、勇敢、喜欢与人交往等），将影响其一生的行为。心理学的研究数据也表明，一个孩子的人格发展水平决定了其一生的成就。人格就是一个人遇到人或事情的时候的第一反应。安全感是人格最重要的组成部分。从某种意义上来说，幼年期所形成的安全感也影响着一个孩子成年后的行为，甚至决定了他未来可能取得的成就。

婴幼儿时期的发展对一个人很重要，就如同混凝土的加工过程对修筑建筑一样重要。我们都知道，盖房子、修路都要用到混凝土，人们把干水泥、水、沙子、石子等搅拌混合在一起，将其作为最基本的建筑材料，建筑行业将其简称为"砼"。婴幼儿时期的孩子就像混凝土，刚刚搅拌好的时候想把它塑造成什么形状都可以，方的、圆的、长的、扁的、三棱的都可以。这个时候如果没弄好可以立刻推翻重来，因为它还没有成型。混凝土塑造好形状，固定一段时间，一旦凝固成型了，再想改变形状就非常困难了。因为它非常坚硬，非常结实，只有用强大的外力（如铁锤、电钻、风炮等）打碎才行，但是打碎后的这些渣块，已经不可能再回收使用了，必须重新去找新的混凝土材料来制作想要的东西。

因此，在一个孩子的婴幼儿时期，抚养者要把握正确的时机帮助孩子形成安全感，这一时期的每年、每季度、每月、每周、每天，甚至每分钟都很重要，正所谓"一寸光阴一寸金"，这句形容尤其贴切，一点都不为过。

心理学家曾经用同卵双胞胎做过相关的研究。同卵双胞胎的遗传基因完全相同，对比和分析他们的成长经历，往往会发现很多规律。有一对两岁左右的双胞胎，老大总爱黏着妈妈，离开妈妈一两分钟都不行；老二就很淡定，可以愉快地接受和妈妈的分离。两个遗传基因相同、成长环境相同的孩子，安全感却存在显著的差别。进一步对比分析发现，在两个孩子出生的时候，老大因为新生儿窒息，在保温箱里观察了一周左右才回到妈妈身边；而老二一切正常，一直在妈妈身边。这一周的差别使他们形成了不同的安全感，而这种差异有可能会伴随两个孩子的一生。

每个家庭所拥有的物资资源不同，每一对父母都愿意倾尽自己的全部去抚养孩子，但是比物质资源更重要的是时间和精力——父母投入养育孩子的时间和精力。既然选择了当父母，就要进入角色，全心全意地去承担自己角色的责任。父母在孩子小的时候越用心、越尽力，孩子的成长才会越顺利，父母也就会越省心。如果父母在这个时候没有用心尽力，而是等孩子大了以后，再腾出时间好好地抓孩子的学习，好好地训练、培养孩子，那么父母和孩子都会觉得很吃力，而且效果会很差。就像前面说的混凝土，它已经凝固了，已经变成一个坚硬的整体，再去修整它，会非常困难。

第二个要素是人物。

鲍尔比在安全感的定义中提到，安全感与关键人物有直接关系，这个关键人物就是孩子的依恋对象。从自然规律上来讲，依恋对象最早是母亲，因为孩子是在母亲的身体里孕育的，出生以后要依靠母亲的哺育来存活，要在母亲的保护和照顾下一天天长大。只有在特殊的情况下，孩子才会把母亲的替代者当成依恋对象，如祖父母、保姆、其他亲属、收养家庭的父母、福利院的工作人员等。随着孩子年龄的增长，孩子的依恋对象会逐渐从母亲扩展到父亲，然后才是其他人。

所以首先要明确母亲在抚育孩子成长过程中的位置，这个位置是自然规律决定的，任何人都不要跟母亲"争夺"这个位置。例如有的老人可能会说："我反正闲着没事，我也比你更会带孩子，来来来，你快去休息，你快去工作，孩子就交给我带吧。"这其实是不合适的，违背了自然规律，对母亲和孩子都不好。尽管老人的本意不是要替代母亲，但是这样的行为就是一种"争夺"。不管是谁，哪怕再会带孩子，都不要去跟母亲抢这个位置。做母亲的也不要谦让："你喜欢带孩子，那你就去带吧，我就不带了。"这不是客气的时候，母亲在这个时候千万不能谦让，更不能认为有人帮忙带孩子，自己乐得省心。抚养刚出生的孩子是母亲的职责，任何人不能替代（当然要排除极特殊的情况，例如母亲有身体疾病、有严重的心理问题或者精神不正常等，这是迫不得已的替代）。如果婴幼儿时期，"母亲"被替代了，孩子长大以后就容易缺乏安全感，人格也容易出现问题。

只明确母亲的位置还不够，家庭中的其他成员还要全力帮助母亲做好抚育工作，帮助母亲发挥这个位置的功能。

很多因素对母亲发挥功能都有影响。

第一种因素是母亲在被忽视的家庭中长大。很多女性在作为婴幼儿被抚养的过程中，经常遭到情感忽视。对于从小被情感忽视的人来说，如果在后续的成长过程中没有得到弥补、修复或自我调整，等她当了妈妈的时候，让她在妈妈的位置上发挥好妈妈的功能是很困难的。一个从小没好好当过孩子的女性，长大以后很难好好当一个妈妈，因为她没有这部分最原始的、最初的记忆。这个记忆不是停留在大脑皮层意识层面的记忆，而是储存在身体里的记忆，是情绪和身体的自然反应。这部分记忆在正常状态下是无法感知的，就像每个人都回忆不起自己1岁前的事情。只有在遇到类似刺激的时候，它才会出现。一个女性刚当妈妈的时候，怀里的婴儿会把她自己婴儿时期的那部分身体记忆激发出来。如果这部分记忆是温暖的、安全的，那她就能比较容易地进入妈妈的位置，发挥妈妈的功能；如果这部分记忆是痛苦的、恐惧的，那她就很难进入妈妈的位置，发挥妈妈的功能。很多女性当了妈妈以后，觉得自己对孩子爱不起来，启动不了当母亲的情感，这和她们婴儿时期被情感忽视有直接的关系。

第二种因素是一部分母亲本身是独生女。她们的父母除了把情感都投注在孩子身上，还对孩子的事情大包大揽，这阻碍了孩子培养独立思考和独立行动的能力。从小在父母 360 度全方位无死角照顾下长大的女性，在第一次当妈妈的时候，常常表现得非常害怕承担责任，"我做不了，我平常在家里被子都不叠，碗都不洗，现在突然弄一个孩子给我，又哭又闹，又要喂奶，又要哄睡觉，又要换尿布——"她觉得压力太大，承受不了，就拱手把这个任务转交给其他人，转交的对象包括老人、月嫂、保姆等。第一次当妈妈的时候感觉自己没有经验、缺少能力是很正常的，寻求协助也是一种明智的选择，但是把陪伴和照顾孩子的任务全部丢给其他人则是一种"脱岗"行为。

第三种因素是母亲对自我价值实现途径的选择。有的女性认为，相对于事业的成功，把精力和时间投注在孩子身上是低价值的，甚至是没有价值的。这个观念也让很多女性选择尽快把母亲的职能移交给他人，自己尽早回到职场，以免丧失了自己原来的价值。

第四种因素是当前的法律和制度对母亲的照顾和保护还不够完善。现在法律规定的产假已经延长到了 6 个月左右，这虽然是一个巨大的进步，但是还不够。如果完全参照科学规律，产假应该是 1 ~ 2 年，这对孩子的成长才是最有利的。对于这一点，专业人员一直在呼吁，国家也一直在努力改善。

第五种因素是家庭关系。在家庭中，女性能否得到好的保护和照顾，也会影响她们承担母亲责任、发挥母亲功能的效果。如果婚后是妻子搬入丈夫的家庭，丈夫需要适应的东西不多，对他来说环境变化也不太大，因为他就是在这个环境中成长起来的，但是妻子要适应的东西很多，而这个适应的过程如果不顺利，母亲的负面情绪会影响刚出生的孩子。如果母亲在家庭中不能得到很好的保护和照顾，则会出现负面情绪，而孩子也会受到负面情绪的影响。

许多研究数据和现实案例都证明了一个缺乏安全感的母亲容易养育出缺乏安全感的孩子，所以安全感形成的第二个要素人物，其实就是母亲。女性在决定成为母亲之前，除了评估自己的身体条件，更重要的是要评估一下自己的心理状况。女性如果有很多安全感方面的问题还没有完全处理好，或者安全感没有维持在一个相对较高的水平，那么在考虑生孩子的时候就要特别慎重。母亲遇到问题时，需要全家人，包括父亲、爷爷奶奶、外公外婆等共同协助，帮助她缓解焦虑与不安，肯定她的付出与辛苦，给予她足够的支持与理解。

第三个要素是关系。

时间与人物是形成孩子良好安全感的硬件，但不足以保证孩子形成良好的安全感。要让硬件运转起来，还需要一个软件，那就是关系。在恰当的时间与关键人物之间的互动关系，最终决定了孩子安全感的质量。

心理学内化理论认为，孩子在生命最初的几年会建立 3 个模型，分别是有关母亲及其对待自己的方式的模型，有关父亲及其对待自己的方式的模型，孩子与父母互动的模型。这 3 个模型一起成为富有影响力的结构，决定了个体如何看待父母，如何看待自己，以及希望父母如何对待自己，自己用什么样的方式去回应父母。这些模型都建立在孩子与父母日常互动的、点点滴滴的、真实的生活经历的基础之上。

在 3 个要素中，最难掌控的就是关系。关系是在生活中的细微之处一点一点组建出来的，没有办法用一个客观、详细的标准来衡量。例如一个孩子刚出生时，妈妈最好每天跟孩子单独相处 8 小时以上。其中的相处时间和主要人物都是可以衡量的，也是一目了然的，但是相处的质量、互动关系如何却无法确定。实际上很多家长在陪伴孩子的过程中是"人在心不在"，如果是这样，8 个小时相处的质量就是非常差的。

一个孩子的人格的主要部分会与母亲能够识别和给予回应的那部分人格分离开来。这句话的意思是，妈妈识别和回应孩子的哪一部分人格特质，孩子就会看到自己那部分相应的人格特质。换言之，**母亲不能在孩子身上看到的品质，孩子自己也不可能看到。**

例如一位妈妈刚生了孩子，孩子健康、聪明、睡觉安稳、吃东西很快，但是没多久出现了新生儿湿疹，很长时间没有痊愈。这位妈妈看不到孩子那些健康的方面，却总是盯着孩子的湿疹，一看到孩子就很烦恼："别的孩子都粉粉嫩嫩的，怎么我的孩子脸上就长着一片片的湿疹？身上也长！还流黄黄的水，看着好恶心，怎么治都治不好！"孩子每次看到妈妈那种嫌弃的、厌恶的眼神和表情，慢慢就会觉得，我可能是一个不好的孩子，所以妈妈看见我老是做出那样的表情。这个孩子也就看不到自己是一个其他方面都很不错的健康孩子。

还有一位妈妈每次看到自己的孩子，就会由衷欢喜："哎呀，你好可爱！你好棒哦！"哪怕孩子在外面玩得满身是泥，鼻涕拖得很长，妈妈每次看到他都很开心，这个孩子就会觉得我是一个很不错的人。一天、两天，一月、两月，一年、两年，这样不断累积，以后他遇到任何状况，首先会觉得自己是一个挺不错的人，这就是高质量的安全感。这可以帮助他在遇到困难和危险的时候有坚定的信心："我是个不错的人，世界对我来说是安全的，我一定能挺过去。"

如果一个母亲只对孩子的某种情感交流做出积极的回应，而对其他的部分视而不见，那么这个孩子就会建立一种模型来认同得到积极回应的那部分，同时否认其他部分。例如一个孩子不哭的时候，妈妈就会很开心，会笑着面对他，会抱他、亲他，而一旦哭了，妈妈就会很冷漠，把他丢在一边，那么这个孩子就会建立一种模型："我不能哭！我哭了，就会被冷漠地对待。我必须笑，哪怕我这个时候很难受，笑不出来，我也要假装笑，因为笑了才能得到妈妈好的回应。"孩子长大以后，在很悲伤、很难受的时候，他就不敢哭、不会哭、不想哭，因为他认为，哭是糟糕的，是不被人喜欢的。他有了悲伤、难受的情绪，都会深深地压抑下去，而不敢、不愿或者耻于把它呈现出来。在现实生活中，很多人在悲伤的时候不敢、不会表达，只敢表达那种迎合他人标准的、虚假的情感。这很可能是其小的时候被选择性对待的结果。这种人的安全感也是不足的。

孩子跟父母之间的这种关系模型一旦建立了，就像混凝土凝固了，它稳定地存在于孩子的潜意识（也称无意识）层面，在孩子的一生中不断运行，决定着孩子的人格发展。

拥有较强安全感的孩子不断长大，即使父母对待他的方式有了一些变化，他也会在这个稳定的基础上去调整、更新他的模型，继续保持与父母之间的良性互动。当孩子到了青春期，父母和孩子之间都会有一些冲突，父母觉得孩子没有小时候听话了，孩子觉得父母没有小时候那么令人崇拜了。安全感较强的孩子会把自己的安全感维持下去，同时主动适应这种变化，寻找与父母更适合的沟通模式。

拥有较弱安全感的孩子也会逐渐长大，但他就不太敢更新自己的关系模型，因为他最初建立的关系模型是不稳的、脆弱的，当父母对待他的方式有一些变化的时候，他就会害怕，感觉是对原来模型的破坏，所以就拒绝调整原来的模型。就像一个连窝头都不够吃的人，当他看见旁边的篮子里有包子，是不敢放下手里的窝头去拿包子吃的，因为他非常担心，万一拿不到包子，连手里的窝头都没有了，所以宁可不吃包子，也不放下手里的窝头。他会守着过去的"窝头模型"不变。当他跟父母之外的人交往的时候，即使别人没有像父母那样用挑剔、冷漠、选择性回应的方式来对待他，他也会因为模型没有更新，还是用跟父母建立的模型去跟别人打交道。

例如有的孩子上了幼儿园以后，总是去打别的孩子。这个孩子看起来好像太霸道，其实这类孩子往往安全感比较弱。因为他在跟同学相处的时候，总是害怕别人会伤害自己，所以就先下手为强，去伤害别人。这种模型就来自他和父母的关系，他在家里总是担心父母会伤害他，在幼儿园也总是担心别人会伤害他。他在家里不敢攻击父母，在幼儿园就敢去攻击其他小朋友了。或者说父母对待他的方式是"你不听我话，我就打你"，他就会认为打人是一种解决问题的方式。他带着这种不稳的、脆弱的关系模型，去跟其他人打交道，人际关系就会比较差。一直到成年以后，在亲密关系中，他也是习惯性地用这种伤害和被伤害的方式和对方相处，导致亲密关系也不好。

## 培养安全感的 4 个程序

在孩子小的时候，母亲跟孩子之间进行什么样的互动，才能更好地帮助孩子形成良好的安全感呢？培养安全感通常需要以下 4 个程序。

第一，捕捉信号。

在母婴互动中，婴儿虽然不会说话、不会写字，但是他们倾向于按照自己的生命节律来调整自己的行为。他们这时只能通过咿咿呀呀的声音、通过哭来反映自己的需求，这时候母亲应该根据婴儿发出的这些信号来调整自己的行为。只有敏感的母亲才能及时捕捉到孩子发出的这些非语言信号。

很多女性当了母亲以后会掌握一些神奇的能力。例如孩子在房间睡觉，门关得很严实，母亲坐在客厅里，突然会产生某种直觉——孩子可能醒了，于是母亲赶快走过去，一开门，发现孩子刚刚醒过来，正看向母亲。有的人会以为这只是巧合而已，其实这就是母亲的敏感，是母亲的本能，她察觉到了房间里气场的变化。

然而，有的母亲在这方面的能力有所欠缺。孩子可能在房间里哭得稀里哗啦，大小便把尿布都洇透了，她在客厅还不知道，她可能忙着看手机、看电视，或者忙于其他的事情，这就是不敏感的母亲。这类母亲不能及时地捕捉婴儿发出的信号，对孩子的成长可能会造成某些阻碍。

第二，准确解读。

妈妈捕捉到孩子发出的信号，推开门走到孩子旁边，但是这个时候妈妈不知道孩子要什么，因为她读不懂孩子发出的信号。例如孩子在哭或者咿咿呀呀的，妈妈不知道他是想吃、想喝，还是想召唤别人来跟他玩儿一会儿，或者想要换尿布。只是捕捉到了信号，但是读不懂信号，也是不行的。要想读懂孩子发出的信号，就要在敏感的基础上，满怀热情，不断地尝试。这没有多少技巧，只要多试几次就搞清楚了。

第三，及时回应。

捕捉到了信号，读懂了信号，妈妈还要给孩子一个准确的回应。例如妈妈读懂是孩子的尿不湿脏了，就要赶快给他换一个，把他擦洗得干干净净，然后安慰安慰他，这样孩子就会觉得妈妈知道自己的需要，妈妈让自己感到安全、值得自己信赖。

第四，进行确认。

做完这些事情以后，妈妈要确认自己做得对不对。例如孩子哭，妈妈估计他是饿了，就喂他吃，孩子吃了以后就不哭了，很舒服地睡着了，那就可以确认妈妈的这个回应是非常正确的。有的妈妈，孩子一哭就认为孩子是饿了，然后喂孩子吃。然而孩子并不是饿了，而是不舒服。如果不做任何区分，可能会把孩子喂得消化不良。这就是缺了一个确认的程序。

这 4 个程序——捕捉信号、准确解读、及时回应、进行确认，需要不断循环，不断重复，这样孩子对母亲的感受就会越来越好。他会觉得：在我需要的时候，一定有这么一个关键人物（妈妈），能够及时地来到我身边，及时地理解我的需求，及时地帮助我解决问题。在这样一天一天的互动中，孩子就形成了较强的安全感。

　　一项统计资料显示，在婴儿出生后的第一年，如果母亲对孩子发出的信号足够敏感，孩子在第一年的下半年会哭得更少。也就是说，如果孩子从出生开始每次哭都能基本得到正确的回应，孩子在6～12个月大的时候就会哭得很少，不但哭得少，孩子还更愿意配合、满足父母的愿望。例如父母哄10个月左右大的孩子睡觉，父母困了，拍拍孩子说："爸爸妈妈困了，你睡觉吧，好不好？"孩子就能听懂，就会满足父母的愿望。这些资料都说明，良好的互动关系，会让孩子变得比较好抚养。妈妈如果能及时回应孩子，孩子也会愿意及时回应妈妈，因为他觉得很安全，没必要哭得那么大声，没必要通过剧烈挥动手脚来表达需要，他只要轻轻发出一个信号，就一定会有人来帮助他，一定会有人来满足他。

　　大概1岁以后，父母要给孩子提供一个安全基地。这个安全基地也是在每天良好的互动中形成的。安全基地能够让孩子安心地探索外面的世界，让孩子知道自己后面是有人的、有靠山的，那个安全基地的大门是永远对自己敞开的。当他感到难受、感到痛苦的时候，他就可以跑回去休息休息，充充电；当他受到惊吓的时候，他可以在那里得到安慰，他的身心可以得到滋养。养育孩子的核心理念，就是形成良好的互动关系，提供一个心理上的安全基地。

随着孩子越长越大，他们就可以离开安全基地，到更远的地方去冒险，冒险的时间也会不断增加。所谓的冒险就是探索外部世界，跑到这儿看看，跑到那儿看看，尝试这个或那个。父母提供的安全基地越安全，对孩子的需求回应越及时，孩子就会越自信。父母总是积极地鼓励孩子的自主性、探索性，及时地回应孩子的需求，孩子就会表现得情绪稳定，更能够把握机会。孩子想去做一件事情，父母觉得是可行的，没有太大问题，会说"你去做吧"，然后用鼓励的眼光看着孩子，孩子就会更有信心、更专注、做得更好。

两三岁的孩子到公园里去，看到很多新奇的东西，树、石头、水、花草等，就想去摸一摸。这个时候孩子会先回头看一眼自己的父母，如果父母这个时候用鼓励赞赏的眼光看着孩子，孩子就会大胆尝试；如果父母这个时候一看孩子往那个方向走，马上就大喊"停下，不许跑！那个东西脏，那个东西会伤到你"，孩子就会被吓到，以后就不太敢去尝试了。如果在后面这种环境中长大，孩子今后遇到新奇的、自己没有经历过的、有一定挑战性的东西，就不太敢去尝试了。这样的孩子的安全感通常都是比较弱的。

人不管处于哪个人生阶段，在困难来临的时候，如果确信自己的身后会站着一个或多个可以给自己提供帮助的、值得信赖的人，那他就是最兴奋、最快乐、能把自己的潜力发挥到极限的人。一个人在遇到困难的时候很淡定，那么不难推测他的安全感是比较强的。

只有对世界有安全感的人，才能做到泰山崩于前而色不变，沧海横流方显英雄本色。

　　安全感强的人和安全感弱的人，在同样的资源和环境下，可能会表现出很大的差别。有一些具备非常好的外部资源的人，在安全感不够强的时候，也很难发挥自己全部的潜力和才能。父母如果希望自己的孩子将来有更远大的前途，就要从小帮助孩子形成较强的安全感。正如鲍尔比所说，健康快乐、自力更生的青年人，来自稳定的家庭。在这样的家庭中，父母为孩子付出了大量的时间，给予了孩子很多的关注。

　　父母培养孩子安全感的能力需要学习。所有这些养育孩子的细节都是一点一点积累起来的，并不是知道了如何操作，就能马上做到。我们小的时候，成长环境受到各种因素的限制，包括受到我们父母的知识水平的限制，如果重新衡量的话，我们很多人的安全感是不够强的。要为孩子提供一个有足够强的安全感的好环境，我们自身需要去学习、去改变。

　　也正如鲍尔比所说，不管现在是否被理解，总有一天我们的付出会得到很好的回报。我们真心地付出时间与精力，与我们的孩子发生互动，一定会给孩子的成长带去积极的影响。

第 4 章

# 让孩子在游戏中成长

游戏对于促进孩子成长来说具有重要作用。游戏不仅能够给孩子带来快乐的体验，还能解放孩子的天性，同时游戏也是他们认识世界、改造世界的起点。本章将为家长讲解游戏对孩子成长的重要意义，以及如何跟孩子一起玩游戏，如何帮助孩子在游戏中成长和学习。

# 第 1 节

## 游戏的意义

我常常很羡慕现在的孩子，他们吃着世界各地的美味食物，穿着各种款式的时尚衣服，住着冬暖夏凉的宽敞房子，用着时尚的智能手机，很多人小小年纪就游遍了世界各地。我也常常很同情现在的孩子，他们没吃过树上雪白的槐花，没穿过自己加工的滑冰鞋，没睡过铺在树荫下的竹凉席，没看过租来的连环画。

然而，我最同情他们的，是他们的游戏和玩具不够丰富。现在孩子们的玩具无非是乐高、魔方、变形金刚，以及各种电子游戏。我小时候不算是很会玩的孩子，但是玩过的游戏也有上百种，有不用器材的，如捉迷藏、老鹰捉小鸡、斗鸡、骑马打仗、掰手腕；有就地取材的，如捉蝌蚪、挖知了猴、扣鸟、挖陷阱、打水仗、打雪仗、溜冰、垒房子、爬树；有自制器材的，如放风筝、滚铁环、丢沙包、打猴（抽陀螺）、弹球、摔烟盒、拍画片、打弹弓、玩火柴枪、玩橡皮筋枪等。

对我们那个年代的孩子来说，这些花样繁多的游戏就像空气和阳光，无处不在。一个人有一个人的玩法，一群人有一群人的乐趣；从白天到黑夜，从寒冬到酷暑，从室内到室外，从家里到学校，从马路到田野；从小屁孩到半大小子，从小男孩到野丫头。基本上我们幼儿园和小学阶段的回忆除了玩，还是玩。可是现在的孩子，能够自由玩耍和游戏的时间似乎越来越少。

游戏对孩子来说非常重要，尤其对孩子的心理成长具有重要意义。孩子的自发游戏，与成年人安排的游戏有很大区别。孩子的自发游戏（free play）有以下 6 种。

第一种是无所事事。孩子基本上没有特别的行动，看似漫无目的地走来走去、动来动去，玩这种游戏的孩子比较少。

第二种是单独游戏。孩子自己玩自己的，好像没有注意到其他的孩子，这种情况在两三岁的孩子身上非常常见。

第三种是看别人玩。孩子对其他孩子玩的游戏非常感兴趣，例如旁观其他的孩子画画、做手工、下棋，他并不参与，只是偶尔聊聊天、问些问题，大部分的时间都在观看。

第四种是平行游戏。孩子模仿其他孩子的游戏，但是他不主动加入他们。例如一个孩子在玩布娃娃，另一个孩子也会拿着布娃娃在旁边玩，但是他都是独立行动的，不会加入其他孩子的游戏中，也就是大家各玩各的，互相不掺和。

第五种是联合游戏。前面 4 种游戏相对比较简单，低龄的孩子玩得多一点，因为不需要和他人互动。随着年龄的增加，孩子的游戏慢慢地复杂起来。联合游戏需要很多孩子一起玩，是需要互动的游戏，特别是同龄小伙伴之间的社会性互动。这种游戏对于孩子来说，跟谁玩比玩什么更有意思、更让他感兴趣。

第六种是合作游戏。这是最高级的游戏，这种游戏需要一定的组织和目标，孩子们也有不同的分工，他们分别担任一些角色，要配合起来行动。例如老鹰捉小鸡的游戏，有人要扮演老鹰，有人要扮演小鸡，有人要扮演母鸡，每个人都要演好自己的角色，要互相配合，这个游戏才能成功。再如跳大绳的游戏，有人要摇绳，有人要去跳，大家要排好队，要跳得又快又多。

随着游戏逐渐复杂，孩子的心理也逐渐发展。心理学家总结了游戏对孩子的几个重要作用。

第一，游戏是创造力的载体。孩子的创造力的形成和发展，都是通过游戏来完成的。游戏的时候，孩子脑海中充满丰富的想象。他们从来不会被手中的玩具或道具限制，例如有的孩子会把一些废弃纸筒一个一个地组合起来，加工成枪，加工成椅子，加工成望远镜，加工成储物盒，还会用来盖房子。只要孩子愿意，他们可以进行各种实物的或虚拟的想象。很多成年人在观看孩子游戏的时候，都会感慨孩子天马行空的想象力。因为孩子在游戏中是自由的，不受限制的，游戏是他们源源不断的灵感所在。不会玩的孩子，创造力和想象力也是匮乏的。

第二，游戏是情感发展的结果。孩子在玩游戏的时候会表达情感，例如爱恨、亲密、疏远等，这些情感都是孩子通过游戏的过程表达出来的。有个女孩刚 3 岁，她从小和两个小伙伴一起长大。她们家一个月后要搬家了，所以最近 3 个小朋友特别黏糊，每天不但要一起玩，还要一起吃饭，父母让他们回家吃饭的时候，3 个人都会大哭大闹，不愿意分开，晚上更是要一起睡觉，少一个人都睡不着。这其实是孩子在用游戏的方式缓解分离的焦虑，为即将到来的分离做准备。

第三，游戏能够释放孩子的攻击本能。孩子具有攻击性，这与性别、个性无关，与孩子的本能有关。只是由于孩子体力和体质的不同，有的攻击性是主动的，有的攻击性是被动的。孩子需要通过游戏不断地释放这种本能。在释放这种本能的过程中，孩子是愉快的，这也是我们在孩子的游戏里经常会看到打斗、争执、竞争、胜利、失败或者发泄之类情景的原因。如果能够在游戏中把这些内心的本能释放出去，对孩子来说是一件特别好的事情。

如果一个孩子没有办法通过游戏的方式释放攻击本能，就必然会将其释放到不合适的地方。我们经常会听说有的孩子在幼儿园里特别爱打人，这就说明这个孩子在其他的环境中没有办法将攻击本能释放出来，所以就释放在别的孩子身上。我们试想一下，如果这个孩子每天有大量的时间在玩老鹰捉小鸡的游戏，在踢足球，在搬运较重的东西，在把一个东西摇来摇去的，在把一些东西撕成两半但又不是破坏性的，那么他的攻击本能就可以通过这些游戏一点一点地释放出去，他就不会再通过肢体攻击别人的方式来释放攻击冲动。游戏有利于孩子在熟悉的环境中用规则允许的方式释放自己的攻击冲动。

第四，游戏具有帮助孩子适应社会的功能。孩子通过游戏把外在世界的、真实社会的环境慢慢融入自己的认知里，也就是说游戏是孩子学习、适应、模拟一个现实的、真实的社会的过程。

例如一群孩子在玩老鹰捉小鸡的游戏，扮演老鹰的孩子要想捉到小鸡，那他一定要破除障碍，因为对面的母鸡会保护小鸡，他必须动脑筋、想办法，把体力和智力全部发挥出来；扮演母鸡的孩子就要去保护小鸡，要拼命地拦住老鹰的攻击，要发挥自己最大的能量；扮演小鸡的孩子要躲在母鸡的后面，要注意观察母鸡运动的轨迹，同时还要盯着老鹰的运动轨迹，自己还要和队伍成员打配合。这个游戏模拟了真实社会中的角色扮演，任何角色演不好都会连累整个团队，所以这是对现实社会的预演。这个游戏看起来是孩子在随便玩，其实它的规则和成人社会的规则是一样的。

孩子是通过玩游戏的方式来让自己更了解自身的社会定位、角色、人格的，成年人只不过是换了一种方式。例如一个大学刚毕业的实习生，他在单位与同事、部门主管、老板的互动过程中，可能会吃一些亏、会犯错误等，但是他会增长见识、获得经验、发展自己的人格。成年人是用生活经验来发展自我的，孩子是用游戏来发展自我的，这些有殊途同归之妙。

第五，游戏表达了孩子的内心世界。游戏相当于一种投射，孩子心里想的事情，会通过游戏表达出来。孩子同时活在两个世界里，一个是与其他人分享的现实世界，另一个则是自己独享的想象世界。这两个世界开始是相互独立的，彼此不同却彼此需要。随着年龄的增长，孩子逐渐了解两个世界的不同，这两个世界也慢慢靠近，逐渐有了重叠的区域。孩子也慢慢从自己独享的想象世界，通过这个重叠的区域进入和其他人分享的现实世界。这个过程并不那么容易，因为想象的世界很"丰满"，现实的世界却很"骨感"。

在孩子的想象世界中，他永远是主角，他是无所不能的，他是能控制一切的，而在现实世界中，他往往不能一直如意。例如在想象世界中，孩子想让妈妈永远陪在自己身边，而在现实世界中，妈妈要去上班、出差、和闺蜜逛街。孩子不想让妈妈离开自己，但是又控制不了妈妈。这两个世界之间的巨大反差，会让孩子产生焦虑。为了缓解这种焦虑，孩子就要想办法。这个办法就是玩游戏。有的孩子会画一幅画，里面有妈妈、有孩子；有的孩子会玩过家家的游戏，让其他人来扮演妈妈；有的孩子会穿上妈妈的鞋子、戴上妈妈的围巾；有的孩子会找一本《我妈妈》的绘本来看；有的孩子会把自己的泰迪熊玩具使劲摔在桌子上，借此发泄对妈妈的不满。

我有位朋友因为担心影响女儿的健康，不让3岁多的女儿喝饮料，孩子就偷偷把所有饮料盒上的吸管全部拿下来扔掉，大人喝饮料的时候只能干着急。还是这位朋友，她家里的空调遥控器失踪好多天了，怎么找也找不到。直到有一天，女儿讲故事给她听："妈妈，有一天有一个人把遥控器放在沙发下面，接着那个遥控器就不见了！"朋友大惊："宝贝，是不是你把家里的空调遥控器藏到沙发下面了？"演技派"熊孩子"一脸无辜地对她说："不是啊！真的不是我！"拉锯很久之后，孩子才说："因为吹空调对身体不好，可是爸爸每天都要吹，我不想爸爸生病。"拔吸管、藏空调遥控器在孩子眼里其实都是一种游戏。游戏的形式虽然五花八门，但孩子游戏的目的都一样，就是让自己舒服一点。

在某种程度上，游戏是孩子保护自己的心理防御机制。防御机制是心理学中的专业术语，简单来说就是每个人在成长过程中，都发展出了一整套保护自己的措施。这些措施可以是成熟的、强大的，也可以是不成熟的、脆弱的。这些措施就是防御机制。游戏从来都是心理学家观察孩子的重要方式，也是孩子心理的评估方式，因为游戏能反映孩子的综合心理特征。

儿童心理学家温尼科特专门写过一篇论文，题目就叫"游戏与现实"。精神分析专家梅兰妮·克莱因（Melanie Klein）更是分析儿童游戏的高手，她能通过儿童参与的每一个游戏，甚至儿童在游戏中做的每一个动作，解读其背后的心理动机，实在是让人叹服的天才。这些专家通过他们的研究得出了很多有益的结论，能帮助我们更好地理解游戏对孩子的意义。每个孩子的心理发育过程永远都充满了焦虑和冲突，无忧无虑与天真烂漫只是成年人看到的表象。孩子和孩子的不同之处，是他们搞定这些焦虑和冲突的方法不一样，而游戏往往是一个恰当的方法。

**玩游戏的孩子是有能力搞定自己的问题的。**当一个孩子心里有了冲动，或难受的时候，若他有办法运用周围环境中所有的方法来缓解焦虑和难以忍受的心理冲突，那么他就是一个正常的孩子。例如几个孩子有矛盾了，大家来一次骑马打仗，一人背一个孩子，然后大家相互冲撞，你拉我我拉你，把对方拉倒了，孩子就把内心的愤怒、对对方的不满，或者其他的情绪，通过游戏的方式释放出来了，大家的关系就恢复正常了，大家依然是好朋友。

异常的孩子碰到这种情况，只能用症状的外显来达到上述目的。例如他对某个孩子不满、有攻击对方的冲动，但他又不敢把那个孩子怎么样，就只能用这些方式表达——对对方说，"我不理你，我再也不和你玩了"，或者一个人躲在墙角使劲地哭，或者搞一些破坏性的活动。他就不能用自然形成的合理的方式来缓解自己的焦虑、释放自己的情绪。

做梦和游戏一样，都是潜意识的表达。成年人的潜意识藏得比较深，孩子的潜意识和意识之间的距离比成年人更近。成年人和孩子经常会用一些方式把自己的潜意识表达出来，其中孩子最常用来表达潜意识的方式就是做梦和游戏。如果父母想了解孩子近期的心理状态，特别是年龄比较小的孩子，只要观察他睡觉的状态和游戏的状态，就可以大致看出他目前处于一个什么样的心理状态。我举个简单的例子，有一天我一位朋友说，儿子回家后说老师在幼儿园打他了，她很愤怒，也很担心。我给这位朋友提的建议是，观察一下孩子睡觉时是什么样的，如果孩子晚上睡觉是很踏实、很放松的，就说明白天这件事不用太担心，因为孩子没有受到太大的影响。孩子睡觉的状态就是一个潜意识的表达。如果你看见一个孩子在玩游戏的时候特别放松、特别开心、特别专注，也能说明起码在这段时间里，孩子的状态是很不错的。

有个孩子写了篇题为"妖孽妈妈"的作文："从前，山洞里住着一只狡猾的狐狸精，她觉得在山洞里很无聊，就变成一个美女，到我家来作恶。爸爸被她迷得神魂颠倒，什么都听她的。而我则开始了痛苦的生活，每天都被打被骂，做什么都不可以，连个电话手表都不给买。她整天都叫我背书、写作业，连冰激凌都不让我吃，电视也不让我看，我看个课外书还要叫我早点睡。我真希望她变回原形，回山洞去！"这段看起来惊心动魄的文字，恰恰说明父母之间的关系很好，孩子和妈妈的关系也很好，孩子才敢用这么搞笑的方式来宣泄对妈妈的不满。孩子把"邪火"发出来了，心气儿也就顺了。

我女儿上五年级的时候，写了一个 1500 字左右的剧本，题目叫"一场官司"，描写她在天堂法庭起诉我们两口子对她教育不当，剧情跌宕起伏，比上面这篇作文更加复杂，我每看一次都会笑得抽筋。再好的父母都无法完全满足孩子的所有心愿，所以要允许孩子用游戏的方式发发牢骚，而自由地写作也是游戏的一种，这种方式不但"疗效"好，还"安全无副作用"。

游戏对于孩子的重要性是不言而喻的，作为孩子的抚养者，父母一定要重视孩子的游戏，给孩子提供游戏的空间、时间、伙伴，同时要尽量安排好自己的时间，多陪孩子玩游戏，特别是这种自由玩耍的游戏。

如果一个孩子能够很顺畅地玩游戏、很有创造力地玩游戏、很自如地玩游戏、很投入地玩游戏、跟别人合作玩游戏，那么这个孩子在心理上基本是没有问题的。如果一个孩子不敢肆无忌惮地玩游戏，或者不愿意玩和别人有过多合作的游戏，或者总是自己一个人玩游戏，而且玩游戏的水平一直得不到提高（今天玩游戏是这个水平，明天还是这个水平，后天依然是这个水平），父母就需要注意，这个孩子可能遇到了一些心理上的困难。

第 2 节

# 如何跟孩子一起玩游戏

父母不仅要了解游戏对孩子的意义，还要主动地帮助孩子和游戏建立联系，随时准备与孩子一起玩游戏。在陪孩子玩游戏的过程中，父母需要注意以下几个原则。

第一，承认游戏的重要地位，不要随意阻止孩子玩游戏。

**阻止孩子玩游戏会引发孩子的烦恼和真正的焦虑，或引发孩子对抗焦虑的新的防御方式。**很多父母在面对孩子应该先写作业还是先玩的问题时，往往陷入挣扎和矛盾。我收集了一对母子的一段对话，或许会缓解这部分父母的苦恼。

时间是傍晚 6 点左右，母子正在吃晚饭。孩子对妈妈说："妈妈，今天我还是 7 点开始写作业吧！以前我一回家就写作业，有时候还写到很晚也不能睡觉。现在我感觉愉快多了，每天先玩一会儿再写作业，作业很快就写完了，还能玩一会儿再睡觉。"

妈妈说："那看来你效率提高了。你觉得你的效率为什么提高了呢？"

孩子想了一下说："我觉得是因为我先玩了一会儿再写作业。以前写作业的时候我老想着玩，现在先玩过了，心里也没那么惦记了，所以写起作业来也很快。"

这是一位参加了我的"成长与陪伴"课程的妈妈的分享。她说："孩子自有孩子的智慧。我们要做的很简单，就是'不管'。去年他放学回来我就让他自己安排时间，随便他什么时候玩，什么时候写作业。刚开始看见他玩，我心里也很着急，但是我一直告诉自己一定要忍住别说他。然后他居然就开始自己去写作业了。熬了一阵，现在我心里不再着急了。"

孩子玩游戏的时候，父母不要刻意打扰他，不要刻意要求他按照规定的动作来玩游戏，而要给他一个发挥的空间，同时给他创造玩游戏的机会。父母在游戏中给孩子提供创造空间，陪孩子一起花费时间、精力，孩子将来一定会因此而获益。在孩子小时候，父母不要过于约束孩子，认为这个很危险不能碰，那个不好玩、太浪费时间，这样的干扰会给孩子的未来带来更糟糕的结果。

游戏本身就是最好的、天然的、最符合孩子心理发展规律的学习和成长方式。父母要做的是允许孩子玩游戏，相信游戏会促进孩子成长。很多父母认为自己的孩子没有自制力，让孩子玩就等于放任不管。其实孩子玩游戏停不下来往往是因为父母对他玩游戏进行了干扰和阻止。

第二，教孩子玩传统游戏。

我在咨询工作中经常遇到一些孩子，他们身体发育得很好，才艺很多，智商很高，考试成绩也不错，但是耐挫折能力特别弱，总是"扛不住事儿"。同学之间有些矛盾，和老师有些误会，一次考试没发挥好，一次表演没被安排站到前排或中间，犯了点小错被批评了，整个人一下子就无法振作了，仿佛天塌了下来。遇到这种情况，父母或老师往往会觉得现在的孩子心理素质不好，耐挫折能力太弱。这还真是有点冤枉孩子了。我认为真正的原因，其实是孩子从小传统游戏玩得太少了。

现在当了父母的人，小时候或多或少都玩过各种传统游戏，如捉迷藏、打雪仗、溜冰、爬树、丢沙包、扎风筝、抽陀螺、解九连环等。这些传统游戏往往与才艺无关，于是很多人在成为父母之后阻止自己的孩子玩这样的游戏，替孩子选择了很多更"高雅"的"游戏"，如钢琴、书法、舞蹈等。于是，现在的很多孩子也无法感受传统游戏带来的不同体验。

传统游戏具有一定的传承，凝结了几代人的智慧。传统游戏使用的道具、相关的规则，以及玩耍的时节，潜移默化地传递了更丰富的内涵。传统游戏更加直观、原始，体验感更加真实和令人感到痛快；传统游戏经历了一代又一代的检验，其中的益处和危险父母都比较了解，因而可以减少对孩子的担心；传统游戏往往蕴含了丰富的中华民族传统文化，玩游戏的过程也是对国家、民族、社会和家庭认同的过程。玩传统游戏一方面满足了孩子对世界的好奇心，另一方面可以发展孩子的灵活性、变通性和韧性。孩子在传统游戏中逐渐完成了传承，习得了知识和品德。

第三，保护孩子的创造力和好胜心。

很多父母觉得孩子的游戏过于幼稚和简单，与孩子一起玩，或者观看孩子玩游戏的时候，总是摆出一副居高临下的傲慢姿态，甚至不断吐槽。这并不会彰显父母在孩子眼中的智慧与高大，只会破坏孩子的创造力、好胜心和成就感。父母要做的，是在游戏中让孩子做主导，帮助孩子保持占据上风的状态。

让孩子做主导，就是把游戏规则的制定权拱手让给孩子。例如和五六岁的孩子下象棋，不妨他说马走田就马走田，他说相能过河就相能过河，只要双方都遵守这一规则就可以。这样的游戏才是孩子的游戏，可以给他们充分发挥想象力的空间。成年人不要用自己的方式去约束孩子，否则往往会破坏孩子的创造力和想象力。毕竟这个年龄阶段的孩子大多还没有办法理解象棋游戏的复杂规则，而且这场游戏的目标是体验亲子游戏的乐趣，而不是教授一场严肃的象棋课程。

记得有次在楼下看到几个小男孩在比赛抽陀螺，一位老爷子在旁边看了一会儿，郑重其事地对几个孩子说："你们这样玩不公平！应该那样玩！"我真想对这位老爷子大喊一声："您歇着去吧！"希望各位家长也秉持"观棋不语"的君子原则，静观孩子玩游戏，尊重孩子在游戏中的表现。

让孩子占上风，就是给予孩子在游戏中获胜的机会。孩子在和成年人玩游戏的过程中，最渴望能够战胜成年人，展示自己的力量。有位姓蔡的小朋友今年 6 岁了，最喜欢和爸爸玩游戏，每次都要想尽一切办法赢爸爸。玩魔幻陀螺对战，本来说好的 5 局 3 胜，如果爸爸先赢了 3 局，他就要求加到 7 局或 9 局；玩奥特曼打怪兽，爸爸只能当怪兽，每次都是怪兽惨败，而奥特曼怎么打都打不死；玩魔幻车神，输赢依据双方所持卡片分数高低而定，他会事先帮爸爸选好分数低的卡片，还不让爸爸换。这是孩子喜欢的模式。有的爸爸误以为这样的孩子太过霸道，其实小蔡只有和爸爸玩游戏的时候才这样，这是他希望得到父亲认可的一种方式。

有的父母特别"不解风情"，每次和孩子玩，不管玩什么，都要赢孩子，简直"令娃发指"。垒积木，3 岁的孩子小心翼翼地垒了 5 层，爸爸顺手就垒了 15 层。1.8 米的爸爸和 1.2 米的孩子打篮球，每次孩子投篮都被爸爸盖帽，孩子气得直哭，爸爸还觉得孩子太脆弱。我女儿所上小学的一位校长，有次聊起他和儿子的关系，感慨颇多。这位校长是个体育达人，精通几乎所有常见的体育项目。12 岁的儿子见过爸爸打篮球、排球、羽毛球、网球等，有次孩子突然主动约爸爸比赛乒乓球，爸爸很开心，结果打了 3 局 11∶0，孩子扔下球拍含着眼泪走了，爸爸还觉得挺奇怪：怎么不比了？隔了很久才知道，孩子没见过爸爸打乒乓球，所以私下偷偷练了两个多月，然后信心满满地找爸爸比试，结果还是被迎头痛击。又隔了很久，儿子以为爸爸是旱鸭子，专门去学了游泳，有次去海边，鼓足勇气和爸爸比试了一下，结果又被爸爸"虐"得惨不忍睹。从此以后，儿子再也不接触任何体育活动。这位校长多年以后才知道自己当时做得太过分了，完全不了解儿子的心理活动规律，扼杀了儿子对体育的热情和天赋。

与孩子玩游戏的时候，如果是 5 局 3 胜的游戏，可以让孩子赢3 局，如果是 7 局 4 胜的游戏，可以让孩子赢 4 局。有的父母可能会说，谁实力强谁就赢，在游戏中放水是一种欺骗和误导。有这种想法的成年人或许内心有着某种无法面对失败的情结，需要专业的梳理。愿意输给孩子的父母才是自信的父母。贝克汉姆曾是职业足球运动员，体能很棒。他与大儿子在地板上玩摔跤，那时候儿子的身高和他差不多。有的时候他把儿子摁在地上，锁住脖子，他胜利了。有的时候儿子把他摔在地上，按住肩膀，儿子胜利了。他就是用这种方式告诉儿子：你一天天在长大，你可以战胜爸爸，你也有能力战胜爸爸，同时你要尊重爸爸这样的对手，因为爸爸也是有能力的。

与孩子玩游戏，我们不是为了分个输赢。当孩子能够适当地占点上风，他就会对游戏产生浓厚的兴趣，同时对自我能力逐步有一个正确的认识。当一个 4 岁的孩子能够战胜父母，哪怕这个战胜是象征性的，哪怕是父母故意输给他的，他都会特别高兴，特别自信。

这样孩子的自我认知就会慢慢发展起来，将来有一天当他知道父母是故意让他的，他能感受到更多的父母的爱。

尽管在玩游戏的过程中，不同的父母与孩子玩的游戏类型可能有所不同，但是游戏带给孩子的成长是相同的。玩耍只是游戏的表象，如果父母放下身段，以孩子的视角参与到游戏中，会有意想不到的收获。

第 3 节

# 如何帮助孩子在游戏中成长和学习

提到游戏，就无法回避孩子的学习与游戏的矛盾和冲突。成年人往往把游戏看成不体面的事，看成浪费时间的事，所以认为孩子越少玩游戏越好，能把玩游戏的时间用来学习最好。这恰恰违背了孩子成长的科学规律。

**其实把游戏和学习放到一起看，它们是一回事。**因为能正常玩游戏的孩子，就有能力解决自己遇到的问题。

大家经常关注孩子的学习。在孩子上小学、中学之后，看到孩子学习不认真、注意力不集中，或者对某道题看一眼不会就不做了，我们可能会觉得这个孩子不刻苦、不用心、没有韧劲，但是我们可能忽略了一个因素——在孩子更小的时候，他是怎么玩游戏的。

从心理学的角度来说，学习是游戏的一种升华，**学习本身也是一种游戏。**孩子现在在学习上遇到的问题，在小时候玩游戏时肯定也遇到过。例如有的孩子遇到一道题做不出来，他就发狠，"我今天非要把这道题做出来不可"，就像他当年搭积木一样，搭不到 5 层高，就想尽一切办法，一次又一次试，一点一点试，最后终于搭到了 5 层，他非常开心，感觉特别棒。有的孩子小时候搭积木，搭一两层就不搭了，或者试了几次，搭不到 5 层就很生气，摔了积木说以后再也不玩了，那么他在学习中也会有这样的表现。还有的孩子搭一次不行，再搭一次又不行，好不容易搭到 4 层，结果倒了，他也生气了，把积木摔了一地，过了一会儿他又重新回来搭，最后终于搭到了 5 层，他长舒一口气，感觉非常棒，等他长大上学以后，他在写作业、考试、学习中也都会呈现和搭积木时一样的状态。

小的时候，孩子经常遇到的问题就是游戏中的困难，如积木搭不高，小球投不准，拼图拼不起来，下棋下不过对手等。长大上学了，孩子经常遇到的问题就是学习中的困难，如语文课文记不住，数学题找不到解题的方法等。游戏玩不好，是因为没有找到窍门和方法。学习不好，也是同样的道理。一个孩子苦思冥想解出了一道复杂的数学题，长长地呼出一口气，那种愉悦的感觉，和他当年屏息凝神、小心翼翼，好不容易捞上来一条蝌蚪的感觉，其实是一样的。

很多时候，不是孩子不喜欢学习，而是大人没有把学习变成孩子喜欢的游戏，却反过来把学习变成了孩子讨厌的负担。如果一个孩子能像喜欢游戏一样喜欢学习，他不可能学不好。这个道理孔子几千年前就说得很清楚了："知之者不如好之者，好之者不如乐之者。"

为了帮助孩子在游戏中更好地成长，收获学习技能，家长可以从以下 3 个方面着手。

第一，为孩子营造安全的游戏氛围。

英国心理学家曾经做过一个实验，让爸爸坐在户外开放的场地上，手里拿着一份报纸在看，1 岁左右的孩子在爸爸旁边爬着玩。开始的时候，实验者观察到孩子始终都在一个以爸爸为圆心的固定直径的圆形范围内玩耍。实验者让爸爸继续看报纸，但把报纸拿低一点，保证孩子趴在地上的时候刚好能看到爸爸的脸，这时实验者观察到孩子的活动范围还是以爸爸为圆心，但是孩子爬得更远了，活动的区域增大了。最后实验者让爸爸把报纸完全放下，眼睛始终注视着孩子，结果孩子的活动半径更大了，探索的范围更广了。

这其实是每个人的基因里自带的本能，孩子只有感觉自己处于安全的保护之下，才敢于把自己的全部能量都投入对未知的新奇事物的探索中。安全感影响儿童的游戏状态，也影响儿童在游戏中的收获。

心理学家还做过一个经典的实验，让一群不同年龄的孩子在妈妈的陪伴下玩玩具，结果观察到有的 3 岁孩子，能玩 4 岁甚至 5 岁孩子才能玩的复杂玩具，因为他把全部的注意力都用在了玩玩具上；有的 5 岁孩子，只敢玩 4 岁或 3 岁孩子的玩具，因为他要分出一部分注意力，随时观察妈妈是否会走掉。后一种孩子长大后，在学习中也会出现同样的问题，他缺乏安全感，无法把智力全部发挥出来，用到该用的地方，学习能力自然会打折扣。

一个从小不能全神贯注、心无旁骛、随心所欲、肆无忌惮地玩游戏的孩子，长大了也不可能全身心地、忘我地、愉悦地投入学习的过程中。所以，**学习是游戏的升华，游戏中的障碍往往也是学习中的障碍。**

第二，保护孩子心中的热爱。

如果一个孩子能把对游戏的热爱成功地过渡到对学习和事业的热爱，他将是一个无比幸福的人。

有一个在我这儿咨询的小伙子，大学学的是计算机专业，毕业后在某个非常有名的公司做了 5 年程序员。他告诉我，下班后他从不碰电脑，最大的爱好就是捧着纸质书看小说。我很奇怪，问他为什么，他说："我非常讨厌电脑，上班接触了一天已经够够的了，下班就再也不想碰了。"我问他："既然这么讨厌电脑，为什么当初学计算机专业？"他说是爸爸帮他填报的专业，因为爸爸觉得计算机专业好就业、收入高。他自己其实最喜欢文学。我每次想到这个小伙子都觉得他好可怜，加上上学的 4 年，9 年来他每天做着自己不喜欢的事情，就是为了获得一份收入。

孩子对某件东西的兴趣往往在玩游戏的过程中体现出来，但是经常遭到父母的阻止。父母会认为这些是对未来无益的，与学习无关的，然后给孩子强行灌输学习的重要性，但是孩子接收到的信息只有"父母忽略我的感受，让我顺从他们，那么他们推荐给我的，我都要抗拒"。其实，游戏与学习有着千丝万缕的联系，父母要做的就是保护孩子心中的热爱，鼓励他为了热爱而坚持。孩子在玩游戏的过程中学会的本领，都可以用在学习中。

当孩子体会到热爱的力量，他不仅会获得其中的乐趣，还会知道自己集中注意力，全身心投入一件事情之后能达到什么样的状态。积极心理学有一个术语叫"心流"（也称"福流"），是从英文 flow 翻译过来的，说的就是一个人在全情投入地做一件事的时候，他的身心达到高度融合，他是不知疲倦的，他是享受这个过程的，而且他很容易获得成功。一个成年人成就一番大事的本领是从哪里来的？就是从小时候玩游戏的状态"移植"过来的。

第三，鼓励孩子参加联合游戏和合作游戏。

前文中，我分享了孩子的自发游戏的 6 种类型，从简单到复杂，依次是无所事事、单独游戏、看别人玩、平行游戏、联合游戏和合作游戏。联合游戏和合作游戏对孩子的成长具有无法替代的作用。

多子女家庭中的孩子，从小在和兄弟姐妹的相处中，不断地练习合作、竞争、独占、分享的技能，逐渐掌握了察言观色、合纵连横、欲擒故纵、求同存异的本领，自然就为以后走上社会做好了准备。

在大多数孩子的成长环境中，孩子的周围都是大人，只有他们自己是孩子，他们一直都在扮演孩子的角色，扮演中心的角色，扮演被关注的角色，舞台的聚光灯一直打在他们身上。但是这个角色太单一，如果他们一直扮演这个角色，将来离开家庭，走入社会，就会遇到很大的困难。因为任何组织和机构一定是有领导、有下属、有核心、有外围、有主力、有替补，如果孩子从小没练过合作技能，不具备合作能力，遇到需要合作的情况就会非常不适应，这就是其社会功能的不足。

我曾经在几家大型企业做过员工心理援助计划顾问，发现了一个普遍存在的现象。这些企业每年都有新入职的大学生，管理人员对他们的专业技能都非常满意，他们的外语、电脑操作、口才都好得没话说。他们让管理人员最头痛的地方，一是协作能力差，每个人都想主导项目，都不愿意打下手，都想直接向最高领导汇报；二是不能承受批评，有时上级只是正常地提醒一下，他们就哭了，以至于领导和他们说话时都要小心翼翼。为了解决这个问题，我建议人力部门在培训过程中设置社会互动游戏，弥补他们在童年期缺少的参加联合游戏和合作游戏的经历。

在合作游戏中，参与者需要沟通与合作。其中比较复杂的游戏是体育比赛，例如踢足球，场上 11 个人，位置不同，分工不同，前锋要负责进球，中场要负责组织，后卫要负责防守，守门员要保护球门。前锋容易被关注，但是上场 11 个前锋肯定输球。守门员最容易被球撞到，但是如果都不愿意守门，这球也没法踢。有主力还得有替补，替补可能 1 分钟的上场机会都没有，但是要随时做好上场准备。胜利了一起欢呼，失败了互相鼓励。参与者就是在运动和比赛中，逐渐适应和习惯各司其职，各尽所能，保证团体的胜利。

与体育比赛有同样功能的是戏剧表演。演一台戏，要有编剧、导演、主角、配角、群演、灯光、音响、布景、道具、舞美、场记等分工，要经过一次次地排练，每个环节都要密切配合，才能保证演出成功。其实对孩子来说，排练的过程比演出更重要，因为在排练的过程中，孩子之间一定会发生冲突，一定会有沟通，一定会有妥协，每个人不但要进入自己的角色，还要考虑别人的角色，不但要把自己的戏演好，还要把别人的戏搭好，有时还要帮别人弥补差错。这次你扮演 A 角色，下次你扮演 B 角色，这是角色和分工，要参与其中，就要适应。解决冲突需要沟通，沟通才能促进合作，妥协才会换来凝聚力。

骑马打仗、体育比赛、戏剧表演其实都是游戏，只是复杂程度不同而已。如果孩子从小就有机会参与到这样的游戏中，扮演不同的角色，孩子就能具备更好的社会功能，拥有更完善的人格特质。这对他们将来走入社会、适应社会有巨大的好处。

林语堂说过，人生幸福，无非 4 件事，一是睡在自家床上；二是吃父母做的饭菜；三是听爱人讲情话；四是跟孩子做游戏。

这第四种幸福，有的人是无福消受，也有很多人是身在福中不知福，错把享福当受苦，实在有些可惜。

第 5 章

# 有智慧地助力孩子学习

孩子的学习问题是父母在陪伴孩子成长过程中最头疼的部分之一。其实，只要了解孩子的身心发展规律，助力孩子的学习并没有那么困难。本章将从早期教育说起，帮助父母了解幼儿阶段孩子要学什么，如何启发孩子的学习兴趣，以及父母应该如何看待孩子的作业与考试。

第 1 节

# 幼儿阶段，孩子到底要学什么

## 幼儿阶段教育的前提与目标

很多父母都希望自己的孩子能够尽早接受一些知识，学习一些技能。事实上，孩子的学习确实从幼儿阶段就开始了。最开始兴起早期教育的国家是美国，其逐渐形成了很多相关的教育理论和教育模式。然而，心理学和教育学的研究证实，**早期教育对于孩子的意义更像锦上添花，而不是雪中送炭**。早期教育的最终目标并不是让孩子掌握一定的知识，而是运用合适的方法，激发孩子对学习的兴趣。

幼儿阶段的教育主要指在孩子上幼儿园或者上小学之前，家长给孩子提供的一些训练和指导。这个阶段的教育必须建立在良好的亲子关系的基础上。如果偏离了这个前提，任何高明的教育理念都不会发挥作用，家长也不会看到自己期待的结果。一个孩子如果能在家庭中获得来自父母的良好对待，与父母建立起安全型依恋关系，他将发育出一个相对稳定的人格。此时所进行的早期教育才能充分发挥出作用，不仅可以让孩子尽早地展示一些天赋，产生对学习的兴趣，还可以帮助孩子掌握调控自己情绪的能力，建立社交，并且能够进一步为孩子将来的发展奠定基础。如果孩子在一个冷漠或忽视孩子的家庭中出生，由一对关系非常糟糕的父母养育，在完全没有爱的家庭环境中成长，没有资料或实证能够表明，这个孩子只靠早期教育就能把这些不好的体验全部修复，然后在长大以后发展得很好。

事实上，如果家庭关系很稳定，父母很爱孩子，孩子也感到开心，即使没有接受早期教育或幼儿期的专门训练，孩子也能够很快适应学校生活。这样的孩子在刚上小学的时候，可能比那些接受过早期教育的孩子看上去学习差一点，例如识字可能没有他们多，背乘法口诀可能没有他们快，英文单词可能没有他们认得多，或者英文听力可能没他们好，但是这样的孩子一旦踏入学校这个环境，学习能力会迅速地发展起来，甚至超过那些接受过早期教育的孩子。

有的家庭中，父母之间的关系很紧张，父母跟孩子之间的关系比较疏离，他们让孩子接受早期教育，目的其实是回避跟孩子相处的时间；有的父母只是为了缓解自己无法做个完美父母的焦虑，就把孩子送去接受各种早期教育；还有的父母只是为了跟风，因为看到别人这样做，就把自己的孩子也送去，认为这样可以让孩子跟其他人站在同一起跑线上。带着这类目的让孩子接受早期教育的训练，结果往往是南辕北辙。这个阶段的孩子最需要的就是跟父母建立好的关系，父母没有把握这个时机，反而把孩子推出去，结果肯定适得其反。

有这样一个案例，孩子在两岁半的时候就被父母送去参加寄宿制的国学班，一个礼拜才能回家一次，结果孩子很快就出了问题。这个孩子只有两岁半，而所谓的学习只是背诵，学习成果就是会背一些指定的内容。然而这些知识对于成年人来说都显得晦涩，对于一个还没有发育完全的幼儿来说更是无法理解，也完全不会产生兴趣。孩子只会觉得，爸爸妈妈不要他，他们不能给他安全、快乐和爱，他有的只是痛苦、恐惧和无助。

我一定要提醒各位父母，幼儿阶段的早期教育不必看重知识和技能，如孩子认识多少字，会做个位、十位还是百位的加减法，乘法口诀会背多少，英文单词会认多少，英文歌会唱多少等，这些都不重要。重要的是孩子通过接受早期教育，能够发展出对学习的兴趣，体验到发自内心的喜欢，学会在与他人的相处时控制自己的情绪，而不是为了讨好父母，或与他人相较。

在选择早期教育的内容或者课程的时候，父母一定要对相关课程的理论有比较详尽的了解。例如这个早教理论发源于哪里，有哪些相关书籍，有哪些相关研究，从而判断早教内容是否适合自己的孩子。很多家长对以蒙台梭利的教育理念为基础设立的早期教育课程感兴趣。我也经常收到相关的咨询。我会告诉这些家长，蒙台梭利是意大利的教育家、医生，她的教育理念形成于 20 世纪初，她主张遵从孩子的成长步调，把孩子看作独立的个体。蒙台梭利在她的很多书中阐述了蒙氏教育理念，如《童年的秘密》《发现孩子》《蒙台梭利早期教育法》等。我建议家长阅读相关书籍后自己做出判断。家长并不需要成为教育领域的专家，但是如果家长对孩子将要参加的培训和指导并不清楚，就永远不会了解孩子的真实感受。不论选择什么样的早期教育，只有家长把握幼儿阶段教育的前提和目标，孩子才会真正获益。

## 幼儿园是检验场

关于孩子年龄阶段的划分及这些阶段如何命名，不同流派的心理学家有不同的结论。如果大家看到一些资料对幼儿年龄阶段的描述不一样，这是非常正常的。本书提到的幼儿阶段通常是指3 ~ 6岁。

决定孩子在幼儿阶段心理发展的因素有 3 个。

第一个因素是孩子自身心理发展的特点和规律。

孩子在特定的年龄段都有自身的发展特点。孩子只要到了3 ~ 6岁这个年龄段，心理发展都会呈现共同的规律，就像一棵树，到了春天要开花，夏天要长叶子，秋天要结果。这种自然规律和发展特点是否能够顺利展现出来，受到后面两个因素的影响。

第二个因素是社会发展的阶段。

纵观历史，有关孩子的教育理念有着显著的时代特征，并且随着时代的发展而变化。在古代，由于阶级固化及贫富差异，在很多国家，教育只集中在贵族。例如中世纪有很长一段时间，欧洲八九岁的孩子要被送到工厂里去干活儿，甚至年龄更小一点的四五岁的孩子，都要干一些力所能及的手工活儿，帮父母挣钱。在那个社会发展阶段，孩子自身心理发育的特点没有办法充分发展起来，孩子的身心发展受到制约。而现代社会的绝大多数家庭对孩子都特别重视，并且普通家庭一般都能够负担孩子在这个年龄段的必要开支，都能够给孩子提供必要的成长环境。

此外，在不同的社会发展阶段，主流的教育理念也影响着孩子的受教育情况，例如在 20 世纪，行为主义占据主导的一段时期，家长认为不需要关注婴儿的情感需要，导致其采取了很多现在看来很荒唐的养育方式，这些理念都会影响到孩子的心理发育。

第三个因素是家庭的发展阶段。

社会发展到了一定的阶段，大部分家庭的物质条件达到了一定的水平，育儿理念也随之达到一个新的水平。但是如果某个家庭没有跟上社会的发展，例如因为特殊情况，经济非常紧张，不能保证孩子正常的营养摄入；或者家庭出现变故，父母无法抚养孩子。在这种情况下，家庭的因素也会制约孩子的发展。也就是说，孩子到了某个年龄需要发展特定的心理特质，社会可以给孩子提供发展的环境，但是如果家庭没有做好相应的准备，也会影响孩子的身心发展。

　　当然，也有另一各种的情况。社会还没发展到比较先进的阶段，但是有些家庭的育儿理念比较超前，可以让孩子在家庭中的心理成长和发展水平领先于社会发展的平均水平。这类家庭往往拥有一种相对具有前瞻性的育儿理念。

　　这3个因素决定了一个孩子是否能够顺利成长。

　　现在的孩子一般情况下都是从3岁左右开始进入幼儿园的。孩子在幼儿园度过3年左右的时间，到6周岁左右进入小学学习。通常人们习惯性地把上幼儿园称为上学，觉得孩子上幼儿园了就相当于上学了，去学知识了，开始和同龄孩子竞争了，开始迈出为未来做准备的第一步了；同时也有很多家长觉得孩子上幼儿园后，自己就可以松一口气了，从此就把孩子交给老师去管了。但是，幼儿园和小学还是有本质的区别的。

　　世界上第一所幼儿园是空想社会主义者罗伯特·欧文（Robert Owen）在1816年创办的，当时它被叫作"性格形成新学园"。世界上最有影响力的幼儿园是由德国教育家福禄贝尔（Fröbel）在1837年创办的，福禄贝尔对孩子既不做单调的操练，也不体罚，而是经常把孩子带到大自然中去体验，或是让孩子在花园里从事一些简单的劳动。在多年试验以后，福禄贝尔提出这样的学园应该叫作幼儿园。从幼儿园的起源可以清楚地知道，这里不是学知识的地方。

首先我们必须了解一个基本理论：**幼儿园是家庭的向上延伸，不是小学的向下延伸。**

幼儿园和小学不一样，幼儿园不是小学"预科"，也不是以学习小学知识为主要任务的地方，更不是训练孩子提前适应小学规则的地方。从这个角度来说，把孩子"上幼儿园"称为"上学"，是一种不太合适的心理暗示。

孩子从出生开始就在家庭中成长，身体和心理同时在成长。孩子在家庭中学会了很多身体上的技能，如说话、走路、吃饭、游戏。同时，孩子也在家庭中学会了很多心理上的技能，如形成独立的自我，知道自己是一个和别人不一样的人；学会了表达自己的情感，包括委屈、害怕、高兴、愤怒等；建立了相对稳定的安全感，从对母亲的绝对依赖——离了妈妈什么都不行，逐步过渡到对母亲的相对依赖——有时候我离不开妈妈，有时候我可以离开妈妈一会儿，再逐步走向独立。

孩子的身体和心理发展虽然在家庭中奠定了基础，但是还要经过现实社会的检验。可是父母不能把孩子直接扔到社会中去检验，不能让孩子到社会中去"自生自灭"。于是，孩子需要一个能够检验在家庭中所学习的内容，同时环境又不同于家庭的地方，那就是幼儿园。

幼儿园是一个检验场。这就像一个武术世家的孩子，从小在家跟着大人练武，即使练得再好，也不能直接就去行走江湖。他还需要在一个比家庭更像江湖，同时又比江湖更像家庭的地方去试一试。例如他需要在自己门派的内部，参加师兄弟之间的切磋或擂台比赛等，这样他才能慢慢知道怎么在实战中应用自己所学的本领。

或者像一个刚入伍的士兵，通过训练学到了很多军事技术，如怎么打枪，怎么投弹，怎么越障碍，等等，但是这个士兵在真正上战场之前，还需要参加一些军事演习，通过内部的对抗模拟真实的战场环境，下一步才能走上真正的战场。

幼儿园对孩子成长的作用，就相当于学武孩子的内部比武、新兵的军事演习。

## 幼儿阶段的学习任务

孩子在 3 ~ 6 岁的年龄阶段，为了把家庭中学到的东西向上延伸，需要完成 3 个方面的学习任务。

第一是学习社交。

"社交"不仅指交朋友和参与集体活动。孩子的成长过程是一个逐渐分化的过程。每个孩子都会经历从刚开始的母子共生的二元关系，逐步过渡到母亲、父亲、孩子的三元关系，再通过进入幼儿园扩展到丰富的多元关系。学习社交是指学习和其他人相处的方式。

幼儿园是一个不同于家庭的环境，是一个更接近现实社会的环境。孩子在幼儿园中，将从在家庭中被众人瞩目的中心角色，逐渐过渡到接受自己是若干个孩子中的一员。孩子在这个过程中要学习和同龄人合作、竞争、妥协，要适应不同的老师，还要接受自己身体的发育和变化，这是一个非常复杂的过程。孩子每天会忙个不停，要不断地吸收新的，淘汰旧的，屏蔽坏的，还要总结、归纳、整理、提炼，一点都不轻松。成年人看着孩子在幼儿园里好像很轻松，其实孩子是非常忙碌的，有时候甚至需要处理比成年人更多的事情。

幼儿园里的人比家庭里的人多，又比小学里的人少，孩子每天在幼儿园的时间也比在小学阶段的要少一些。从这个角度来看，幼儿园是一个更加多元化的大家庭，比原来的家庭更复杂、更丰富、更有趣。孩子在这个大家庭中可以逐渐适应集体生活。在幼儿园 3 年左右的时间里，孩子每天都在学习从家庭走向社会所需的心态和技能，每天都在不断丰富自己的人格，不断适应环境的变化。

孩子学习社交，不是学习成年人的社交技巧，如怎么说话、怎么待人接物、吃饭应该坐在哪个位置，而是在和同龄人的交往中扩展自我的边界，确定自己的身份，了解自己在别人心目中的形象，同时也逐渐了解别人的需求和边界。例如，跟另外一个小朋友亲近到什么程度他不会反感——太远了大家会比较陌生，太近了对方会反感。孩子必须通过不断试验才能知道什么样的距离让彼此都舒服。

我曾经在一段时间跟踪观察小学一年级的学生，发现刚刚进入小学的孩子中，有很多孩子因为无法适应小学环境，无法开心愉悦地和同学、老师相处，无法接受家人眼中的自己、自己眼中的自己与他人眼中的自己三者之间的落差而烦恼，他们在集体生活中遇到了很多困难。有的孩子感到困惑："在家里，爸爸、妈妈、爷爷、奶奶都觉得我特别可爱，可是到了集体里那么多同学都不喜欢我。我究竟是一个可爱的孩子，还是一个不被人喜欢的孩子？"孩子因为困惑，所以没有办法把注意力集中在应该集中的地方，如学习和参加集体活动。这时候孩子的情绪往往不太稳定。这样的孩子有很大的可能性在幼儿园中没有得到好的学习社交的机会。

第二是学习玩游戏。

本书的第 4 章专门讲了游戏的重要性。对幼儿阶段的孩子来说，游戏尤其重要，因为游戏是定义童年的重要内容。福禄贝尔说过，幼年这一年龄阶段要与学龄阶段区分开，幼儿的主要任务就是对语言能力和游戏能力的探索。在理想的幼儿园的组织形式中，看护孩子不是目标，让孩子具备释放其特有的活力的意愿才是目标，而玩游戏是实现这一目标的首选方式。

当孩子还是婴儿的时候，他的焦虑主要通过抚养者的照顾和自己的幻想与做梦来缓解。随着孩子长大，焦虑越来越多，为了缓解这种焦虑，孩子要想个办法，这个办法就是玩游戏。游戏的方式五花八门，游戏的目的都是一样的，就是让孩子放松一点，舒服一点，踏实一点。

游戏对于孩子的成长具有很多积极意义。在 3 ~ 6 岁这个阶段，家长不需要给孩子安排太多的任务，尤其不能以牺牲游戏的方式要求孩子参加辅导班和兴趣班。有的家长会说："孩子的辅导班和兴趣班课程都是以游戏的方式来开展的，孩子也是在玩游戏啊。"但是这种游戏与孩子的自发游戏有根本的区别，孩子的自发游戏没有必须完成的任务，也没有必须按规定的方式、时间和进度来学习、考核、评比的知识和技能，而是孩子自由的、自主的游戏，没有任何约束和限制，孩子想怎么玩就怎么玩。

孩子学习玩游戏，并不是学习某个游戏的规则，而是学习通过游戏来保护自己、缓解自己的焦虑。游戏中可能涉及社交，例如几个孩子同时玩一个游戏，扮演不同的角色，今天你主导，明天他主导，这就是游戏中的社交。游戏也可能是一个人的单独游戏，例如一个孩子在那里自己玩一样东西，或者自言自语，或者一个人发呆，这些都是一个人的单独游戏。不论是一个人还是多个人的游戏，对孩子来说意义是相同的。

孩子能够用自己的方式处理自己的焦虑，就相当于随身穿了一件防护服。这件防护服很轻很薄，既不妨碍孩子的活动，又能很好地保护孩子。这就是成长的标志。孩子在进入社会后不可能永远带着父母，不可能在自己焦虑、失落的时候，让爸爸妈妈帮自己处理一切，孩子必须学会自己去处理这些情绪。

有的小学一年级的孩子被老师批评了，感到非常难过，趴在桌子上大哭；和同学之间有一点小小的纠纷，例如橡皮被同学拿去用了，情绪会立刻变得很糟糕，跑出教室不上课了。这往往是因为孩子没有学会用一种自己能掌控的技能来缓解自己的焦虑。与此相反，有的孩子就特别皮实，即使被老师错怪，他觉得冤枉，感到委屈，但也就难受那么一瞬间，然后冲着老师的背影做个鬼脸就没事了；同学不带他玩，他从身上拿出几件小玩具跟同学分享，同学又接纳了他。这些都是一个孩子通过游戏缓解自己焦虑的方式。这种方式孩子学会了、学好了，可以伴随孩子的一生。例如孩子到了青春期，情绪起伏比较大，这些能力能够很好地缓解孩子这个阶段的情绪压力。

玩游戏是一种特别重要的能力，现在越来越多的幼儿园开始重视孩子玩游戏的能力，孩子在幼儿园中与大自然做朋友，玩水、玩沙子、玩泥土、玩绳索、玩滑板、捉昆虫等，每天都在玩这些游戏。在这个时候，**游戏恰恰是最好的学习**。孩子通过游戏，学习的是将来能够受用一生的保护自己、处理问题、建立关系的能力。

第三是习得横贯能力。

"横贯能力"的英文是由两个单词组成的，第一个单词是transversal，第二个单词是 competence。它是指能把不同的思路、不同的知识、不同的工具融会贯通，组合起来，达成目标的能力。

横贯能力是一种通用的学习技能，每个年龄段的孩子都需要，年龄越小的孩子越需要。例如有一位妈妈说，儿子问世界上第一部手机是谁发明的。妈妈不知道，于是跟儿子一起上网查资料，查完以后妈妈说："发明手机的这个人好厉害啊。"儿子听完说："我以后发明的手机更厉害，没有网络都可以用，而且家里着火了，我发明的手机还可以像灭火器一样救火。"很多家长会觉得这是孩子随便说说的。其实这对母子互动的过程中包含了很多信息，孩子对手机产生了兴趣，他想知道是谁发明的，他利用网络去查资料，查完以后，他想发明更好的手机，具有新的功能和新的创意的手机。这其实就是孩子的横贯能力。

还有一个孩子看了一本书，里面讲到数学里的角度，有缓坡、陡坡、绝壁。孩子非常小，才两三岁，每天都要听这本书的内容。听了 1 个月以后，孩子平时搭积木、走路、爬山，看到相关的就说：这是缓坡，这是陡坡，这是绝壁。他把从书里听到的东西跟现实世界里的东西结合起来，将纸面上的知识与现实对照，从而可以观察、触摸、感受，这就是把两种能力贯通了。

习得横贯能力就像是孩子在学习独立处理一个项目。孩子在完成这个项目的过程中，会调动和使用很多不同的知识和技术及沟通技巧去处理和解决问题。这个项目的目的，并不是一定要完成一个成品，而是让孩子通过经历这个过程，逐渐掌握组合资源的能力。例如孩子要用橡皮泥做一棵树，他首先要确定做什么样的树，是找一张树的图片，还是找一棵实际的树去观察？是听别人去描述一棵树，还是回忆他曾经看过的一棵树？这棵树是灌木还是乔木，是什么颜色、什么形状、开什么花、长什么叶子？确定了自己要做的树，再看看这棵树是自己一个人做，还是跟哪个小朋友合作？跟自己合作的这个人，他有什么能力和特长？他知不知道自己要做一棵什么样的树？还要看看需要什么工具，例如要用多少橡皮泥？要用什么颜色的橡皮泥？在什么台子上操作？大概需要多长时间？做好以后，怎么收纳这些材料和工具？如果在这个过程中遇到困难，可以向谁求助？

很多幼儿园，包括一些早教机构，也很注意引导孩子习得横贯能力，但是在实施的过程中却偏离了横贯能力的精髓。例如有的幼儿园给孩子布置一些手工作业，孩子把作业带回家以后，基本上都是父母在做。因为第二天交作业的时候，老师会评比，做得好的就表扬，做得不好的虽然没有批评，但孩子会理解为没有得到表扬就是批评；孩子都想被表扬，不想被批评，家长也担心孩子得不到表扬不开心，于是就替孩子完成这些作业。这就完全曲解了这些作业的目的。让孩子做这些作业就是让孩子学习融会贯通，锻炼横贯能力。这些作业重要的是过程，不是结果。这些作业应由孩子主导完成，父母可以帮忙，但是也要在孩子的安排下帮忙，例如这个东西太重了，孩子拿不动，或者这个东西有点危险，如刀片等，父母可以帮忙拿一下。整个过程要由孩子来组织。在这个过程中，不管孩子用什么样的方法，不管孩子最后做出来的成品是什么样子的，对孩子来说都是一个非常好的学习过程。孩子第二天带着作品到学校，老师不应该以自己的评价为标准去判断谁做得更精致、更好看、更逼真，而应该请孩子讲一讲：你是怎么完成这个作品的？你是怎么看待这个作业的？你利用了什么材料？你想到了哪些方法？哪些地方跟你的想象是一样的？哪些地方跟你的想象是不一样的？这才是最重要的。至于成品是什么样子，并不重要。

　　孩子在幼儿阶段的学习任务围绕这 3 种能力开展。与其说是成年人教导孩子习得这些能力，倒不如说是孩子到了这个年龄，本能地开始尝试探索和锻炼这些能力。如果不干扰他们，他们会自发地开始学习。他们学习这些东西是为走出家庭，进入更广阔的社会做准备。只要成年人不去破坏孩子的成长规律，同时为孩子提供适宜的环境，孩子就会自然而然地发展出这些能力来。

　　我在工作中观察到很多经历了幼儿阶段进入小学学习的孩子，他们社交能力如果没有发展好的话，就没有办法把自己对自己的看法和他人对自己的看法协调统一起来，所以总是显得与同龄人格格不入，或者总是想用自己习惯的方式来控制别人，不太容易融入新的环境。这些孩子只能用破坏规则的方式，例如故意捣乱、不停地动来动去以吸引别人注意。如果一个孩子的游戏能力没有发展好，就没有办法用恰当的方式处理在环境中遇到的焦虑，甚至会用其他的不好的方式来缓解焦虑，例如利用抽动症、感冒发烧、拉肚子、注意力不集中或逃避上学的方式等。如果一个孩子的横贯能力没有发展好，他在上小学之后的学习过程中，只能在一个狭小的、局限的思维框架里想办法、找思路，不能把自己看到、想到的东西融会贯通。孩子用了很大的力气，花了很多时间，取得的效果却不理想，学习的压力就会越来越大。

所以我建议各位父母给孩子多留一些自由支配的时间，让孩子能够愉快地生活，愉快地游戏，愉快地跟同龄人交往，父母也要在这段时间好好地陪伴孩子。这段时光一去不复返，不光是对孩子来说是这样，对父母来说更是如此。让孩子在这个阶段尽量按照自身生理和心理发育规律自然成长，孩子自然就会发展最需要发展的能力，为自己将来的人生做好充分的准备。

# 第 2 节

# 学习兴趣的启蒙

## 影响孩子学业成绩的真正因素

提到学习，很多家长和孩子的第一反应是联想到学业成绩或者考试成绩，然而学习并不等于成绩。学习好的人，考试成绩未必很好；考试成绩好的人，也未必是一个善于学习的人。考试成绩不能作为衡量学习能力的唯一标尺，但是学习能力的水平决定了一个孩子的学业成绩。学习能力不足的孩子，学业成绩也一定糟糕。在"学习"的概念范畴里，考试成绩只占其中比较少的一部分。学习还包括对知识的掌握和运用，快速习得某项技能，兴趣的发展，以及天赋的发挥情况。

不可否认的是，在教育现状里，孩子的学业成绩在一定程度上决定了他的择校情况，中考和高考的被重视程度也体现了孩子和家长所承受的压力程度。所以，接下来我会从提升学习能力的角度，探讨在不同年龄阶段影响孩子未来学业成绩的真正因素，以及家长如何采取合适的方法对孩子的学业进行促进或补救。

0～1岁：出生方式与依恋关系。

这个阶段的婴儿完全接受来自外界的对待。越来越多的证据表明，在这个阶段，养育者采取的行动会对孩子未来的成长产生深远影响。

家长需要了解，在幼儿园中出现阅读障碍和运动平衡能力较弱的孩子中，剖宫产出生的比例较高。当然这些问题的表现并没有达到某种病症那么严重。阅读障碍往往表现在阅读的时候有跳字、跳行的情况，例如本来在读第五个字，下面应该读第六个字，结果一下子跳到第七个字、第八个字去了；本来在读第一行，接下来应该读第二行，结果一下子跳到了第三行。这些问题会在幼儿园高年级和小学低年级阶段出现，孩子经常会因为这些问题而出现一些做作业或者考试时看错、写错的情况。这些问题会随着年龄的增长，以及家长和老师的包容与理解而减少。我的女儿也曾有过这样的问题。我女儿是剖宫产出生，她在小学低年级的时候出现过很多次因为跳字、跳行而犯错或者考试成绩受影响的情况。有一次她的英语题只答了一半，另一半她根本就没看见，所以她只得了一半的分数。

不了解这种关联的成年人可能会批评孩子注意力不集中、不认真，其实如果孩子是剖宫产出生，那么他出现这些问题是非常常见的。而家长也不必过于焦虑，家长要做的是理解孩子，包容孩子，给孩子提供宽松的环境，而不是指责孩子。随着孩子脑神经的发育，这种问题会逐渐好转。

运动平衡能力也是如此，剖宫产的孩子相对来说更容易出现力量不足、易摔倒的情况，这不是孩子笨或不专心。家长可以在平时和孩子做一些拉扯的游戏，例如彼此对掌，引导孩子向你发出力量，你再把力量推回去。

尽管我在这里讨论了剖宫产的情况，但我并不是想强调这种分娩方式存在弊端，而是希望家长理解孩子的生长规律。并不是每个剖宫产出生的孩子都会出现上述这些情况，也不是出现了这种情况就是源于剖宫产。我只是想提醒家长要对孩子有更多的包容心，否则将对孩子产生更负面的影响。

此外，0～1岁，也是妈妈和孩子之间建立依恋关系的关键期。关于依恋关系对一个孩子人际交往的重要性，前文已经有很多的阐述。依恋关系也会影响孩子未来的学习能力。例如，如果一个孩子还在襁褓中的时候，他的妈妈总说："我可不会要一个不听话的孩子。"当这个孩子能够行动的时候，只要弄脏或弄坏什么，妈妈都会摆出一副气恼、不耐烦的样子，坚持认为不能宠溺孩子，一定要严厉。那么孩子会形成"我是糟糕的"的信念。如果孩子没有形成安全型依恋，就无法看到自己的价值，也不会相信自己有能力。孩子在学习的时候，也难以对遇到的一切充满兴趣，更加无法发挥出自己的潜能，相应地，其学业成绩也不会好。

1 ～ 3 岁：安全感、专注力、创造力、探索精神和情绪调节能力。

安全感，就是孩子在这个阶段跟妈妈之间的关系、跟环境之间的关系的安全感受。如果孩子有足够的安全感，那么这对其未来的学习有很大的帮助。1岁以后的孩子，已经可以用手抓握，用脚走路，可以通过各种方式对世界进行探索。当周围的人对孩子的探索持欣赏和鼓励的态度，孩子就会把自己身上蕴藏的潜能充分地发挥出来；当周围的人出于安全或健康的理由，对孩子的探索进行阻止或苛责的时候，孩子就会常常处于惊恐的状态，在想尝试探索新事物的时候，瞻前顾后，犹豫不决，甚至退缩，以避免被阻止。时间久了，孩子的这种犹豫不决就会体现在学习行为中。一个没有安全感或者安全感不够的孩子，在将来学习的时候一定会遇到困难。

专注力，是 1 ～ 3 岁的孩子最容易受到干扰而无法很好地发展的一项能力。孩子在 1 ～ 3 岁的时候开始探索世界，对周围的环境产生无穷的好奇。他们在玩玩具、看东西、尝试一个新事物的时候会非常专注，会投入自己全部的注意力，甚至他们的身体会处于一个高度兴奋和紧张的状态。所以我们会看到一个孩子在不受打扰的情况下，他可能在观察一只蚂蚁的时候，几十分钟都一动不动；或者在家里玩一个玩具的时候，喃喃自语，可以自得其乐好长时间，全然处于忘我的状态。但是很多孩子在这个时候会受到干扰。例如，孩子在全神贯注地玩一个玩具，而家长总会时不时地来打扰，询问孩子："宝贝儿，你渴不渴？要不要喝水？饿不饿？要不要吃东西？凉不凉，要不要加件衣服？"或者说："地上太凉了，你起来坐到沙发上；光线太暗了，我们挪到一个光线明亮的地方。"还有的家长喜欢记录孩子的行动，时不时地呼唤孩子："宝贝儿，回头笑一笑，我给你照一张相……"这都是在打扰孩子，干扰孩子的专注力。

　　1 ～ 3 岁是孩子专注力发展的关键期，家长的干扰会让孩子形成一种条件反射的模式：每隔 5 ～ 6 分钟，最多 10 分钟就一定会有人打扰我，直到我回应，那个打扰才会停止。于是孩子带着这样的模式进入小学，他就很难在 40 ～ 45 分钟的课堂时间保持专注。即使这个时候没有家长呼唤他，他自己也会停下来，打断自己，因为他已经习惯了这样的节奏。于是，这个孩子会摸摸这个，玩玩那个，或者跟旁边的同学说说话，朝窗外看一看。如果不这样的话，孩子自己会很难受，孩子只有这样不断中断自己的注意力，才能回到自己熟悉而习惯的模式。在这种模式下，孩子没办法顺畅地、完整地、高质量地吸收老师讲的知识，对这些知识也就了解得不完整、不通透，因此在写作业的时候，就会遇到一些困难。随着年龄越来越大，学的知识越来越多，孩子每节课欠的账就会越来越多，慢慢地就对学习产生了厌倦。而这个时候成年人会觉得这是因为孩子不认真、贪玩，就会批评、指责他。但是成年人忽略了，孩子的专注力模式是如何形成的，是怎么被影响的。

　　创造力在孩子 2 岁左右具有最强的表现。人们经常感慨这个年龄阶段孩子的那些奇思妙想，以及让大人头疼的十万个为什么。孩子在这个阶段会有很多想象，他们想象的可能是各种奇妙的、不存在的东西，这是非常好的发展趋势。创造力对学习有很大的帮助，孩子在处理一些复杂的数学运算、理解物理公式、构思写作场景的时候，都离不开创造力。而创造力被破坏的孩子思维贫乏，往往会出现学习困难。

孩子的创造力被破坏，其实很可能就是因为被身边的成年人干扰。当孩子有了一个奇思妙想，却被成年人用现实的东西冰冷地、破坏性地干扰的时候，孩子的创造力就萎缩了，不能得到很好的发展。有的成年人在孩子小的时候常说："那怎么可能？你一天到晚就在乱想，怎么会有那种情况？"等孩子长大了以后则批评他："你这个孩子写作文怎么干巴巴的，像流水账，一点想象力都没有？"这其实不是孩子的错，是成年人干扰了他。

探索精神和情绪调节能力，是指孩子不仅要发展探索世界的能力，还要在探索世界的时候知道如何应对遇到的困难及因此产生的负面情绪。家长并不一定要教给孩子应对情绪的道理，而是要给孩子营造一个包容的、尊重的、热情的环境，让孩子能把各种情绪都安全地宣泄出去。这对孩子将来自己处理学习时遇到的情绪问题也是非常有帮助的。

在学习上，某件事搞不定，某道题解不出来，某次考试没有发挥好等，这些烦恼的应对方法其实大同小异。如果一个孩子在小的时候慢慢地学习、慢慢地尝试，能用一个合适的、合理的、安全的方式处理自己的负面情绪，那么他长大以后在学习上遇到类似的问题时，也会用这样的方式来处理，而不会感到慌张、恐惧、想要逃避、濒临崩溃。

3 ~ 6 岁：自发游戏。

自发游戏对孩子来说非常重要。自发游戏并不是指孩子可以无限制地玩游戏，而是指孩子能够进行自主自发的游戏，就是孩子自己找到的特别喜欢的东西，没有目的、没有时间概念、心血来潮、不知疲倦地去玩的游戏。玩这类游戏是孩子发展人格的重要途径。玩自发游戏能够帮助孩子培养社交能力，帮助孩子增强应对压力的能力，还能帮助孩子提升解决问题的技能。

由于种种原因，现在孩子的自发游戏时间被大大压缩。统计表明，现在的孩子比起 20 年前的孩子，自主自发的游戏时间大概减少了一半。所以我们会发现，现在的孩子在学习的时候会因为游戏玩得不够而面对各种问题。例如社交能力欠缺，这种情况会从小学延续到中学，甚至到了大学及成年后的工作阶段，其人际关系依然会出现问题，进而影响心理状态，甚至影响到精神状态。这些都源于在孩子 3 ~ 6 岁的时候，游戏的作用没有得到充分的发挥。

所以游戏也是孩子心理的评估标准，心理动力学的很多专家都通过观察孩子在游戏中的状态，来评估孩子的心理状态。大量的研究和总结发现，孩子在游戏中遇到的障碍，其实就是长大以后在学习中会遇到的障碍。学习本身就是游戏的一种升华。某个学习任务完成了，就相当于在游戏中过了一关，学习任务没完成，就是被这个游戏关卡卡住了。

孩子不喜欢学习，其中一个重要的原因就是成年人没办法把学习变成孩子特别喜欢玩的游戏。如果能让一个孩子沉迷于"学习"这个游戏，从内心深处对学习产生浓厚的兴趣，那么这个孩子的学习能力一定会得到很好的发展，学业成绩也会提高。所以成年人要做的，并不是把学习和游戏区分开，向孩子强调学习重要而游戏不重要，而是将二者结合，让孩子看到游戏对学习的积极影响，在学习中获得游戏中的快乐体验。

6 ~ 12 岁：环境适应能力、与同龄人建立友谊和阅读的能力。

孩子进入小学才真正开始跟学业成绩发生联系。这个时候很多家长非常焦虑，时时盯着孩子在学校表现、作业、学业成绩方面的所谓缺点。于是家长往往着眼于孩子要尽快养成良好的学习习惯，按时交作业，上课要认真听讲，不能搞小动作，等等。但是在这个阶段，影响孩子学习的真正因素其实并不是这些行为表现，而是孩子对学校生活的适应能力、与同学之间的相处能力，以及阅读能力的发展。

适应新的校园生活对孩子来说其实是一个非常大的挑战。毕竟幼儿园与小学有着极大的不同，在班级数量、管理要求、行为准则，以及师生关系等方面都有着明显的差异。在孩子的眼中，老师变了、同学变了、环境变了、作息时间变了，各式各样的东西都变了，甚至连厕所都变了。小学对于孩子来说是一个新鲜的环境，也是一个陌生的环境。在孩子还没有熟悉、了解环境，还没有感到安全的时候，孩子是无法投入精力学习知识的，也无法顺利地与其他人相处。所以对于刚上小学的孩子，适应环境远远比提高学业成绩重要得多。家长在这个时候要多了解孩子在学校里遇到的事情，以及这些事情给孩子带来的感受，帮助孩子与学校建立起一个良好的联结。

与同龄人建立友谊是本阶段第二个重要的因素。孩子在这个年龄阶段会发展一项能力，叫作"他我自我"，就是孩子会希望通过同龄人及老师对自己的看法来证明自己是有价值的、自己是受人欢迎的。"他我自我"发展的情况，取决于孩子能不能在学校与同龄人建立起友谊，能不能得到同龄人的欣赏，能不能被同龄人接纳，这进而会影响这个孩子在同龄群体中的行为表现，即能否积极展现自己的学习能力，能否遵从群体的规则，能否追求统一的目标。

在小学阶段，阅读是非常重要的一项能力。几乎所有的知识学习都离不开阅读的辅助。家长在小学阶段不要让孩子把大量的时间用在反复做题、上各种辅导班，或者反复预习、复习上面，而应该给孩子留出大量的时间，让孩子阅读各类书籍。读什么书不重要，不一定非要勉强孩子读所谓的名著，最重要的是阅读本身，让孩子通过阅读跟知识、书本、信息建立良好的联结。在小学阶段进行大量的阅读，会给孩子打下一个坚实的基础，并影响孩子的一生。爱阅读的孩子，即使学业成绩起初不是很好，但是随着课程的增加，知识复杂程度的增加，学习压力的增加，阅读会帮助他更好地理解所学习的知识，做到融会贯通，他学习的后劲儿就会越来越足。我想提醒各位父母，如果你的孩子正处在小学阶段，请给他尽量多的时间去阅读。如果一个孩子能每天学习半个小时把一门课考到 90 分，就不要再去勉强他学习一个小时把它考到 100 分，因为花费半个小时只增加了 10 分，"性价比"实在是太低了；如果他能每天用那半个小时去读更多的书，会有更多的收获。对孩子的阅读并不需要限定或指定内容，不论是自然科学类，还是人文科学类，不论是漫画还是绘本，不论是流行小说还是名著，这些都不要紧，只要他喜欢。阅读的目的不是背诵书中的内容，而是获得对文字的理解、对知识框架的理解，以及获得启发和感悟。

## 引导孩子进行学科学习

我们了解了影响孩子学习的真正因素之后，不仅可以调整日常的陪伴模式，也可以在孩子进行具体的学科学习的时候，给予他们适当的指导。在这个部分，我选择了几个学科主题进行讲解，希望能对各位家长有所启发。

第一，引导孩子识字。

识字是每个孩子都要学习的内容。通常孩子上了小学以后才开始识字，但是现在的孩子，即使家长没有主动教，他们也会在入学前就对汉字慢慢熟悉起来。几乎家家墙上都贴着识字表，还有的家长会给孩子报一些识字班，所以孩子现在识字越来越早。但是有一些父母，在教孩子识字的时候只是单纯让孩子进行图片式的机械记忆。这种识字方法忽略了孩子的好奇心。其实，识字不仅仅是让孩子记住汉字，更重要的是引导孩子用文字的视角去看世界。

家长不一定要先教孩子认识标准的印刷体文字，可以先教孩子认识象形文字，如甲骨文、石鼓文等。这些象形文字，很多家长都不认识，但是孩子认得比家长还准，因为象形文字类似于图画。象形文字中的"鱼"字，就像一条鱼被吃完肉以后剩下的鱼骨头。象形文字中的"马""羊"这些字，孩子一看就能知道是什么字。这样一来，孩子就增加了一个视角：原来如果我把一个东西画成这个样子，别人一看就都知道这是什么。孩子就会开始尝试着从绘画慢慢地向书写文字转变。

例如一个识字量有限的孩子想给妈妈写一封信表达自己想吃鱼。他可以先画一个圆圆的脑袋来代表"自己"；"想"则画几个圈圈代替；"吃"可能是画一个嘴巴代替；"鱼"则可能画成一条鱼的形状。当孩子能够运用这些工具的时候，他会感到特别好玩，这是一种新的体验，从用嘴巴说"我想吃鱼"，到拓展为用一些文字和图画表达出来，这是思维的转变，也是思维的发展。

有了这样的视角，孩子在识字的时候就不会觉得特别辛苦，会转变为主动地、积极地、充满乐趣地去干这件事情。家长可以带着孩子到处走走看看，例如讲解公交、地铁站牌上有什么字，它们有什么样的作用。不必要求孩子一下子就记住，孩子会留有印象，渐渐构建自己的知识体系。采用这样的方式，孩子的识字过程就变得轻松了，他有可能在上小学以前就认识很多字。如此一来，识字不再是一个困难的任务，而是一个好玩的游戏，还有机会帮助孩子用文字的视角来看世界。

第二，引导孩子学古诗词。

我国有很多非常优美的古诗词流传下来，这是中华文化的一部分，也是每个孩子需要学习的内容。

现在很多成年人在教孩子背诗的时候，会把诗的题目、作者全部忽略掉，只注重诗的内容，让孩子连着背几十首诗，只追求孩子的背诵结果。我觉得这是一种非常不好的教诗方法。因为这些诗带给我们的是优美的画面感，传递着作者的感受和情绪，纯粹进行复读机一样的机械式的背诵，就把诗最美的部分破坏掉了。被忽略的诗的题目和作者，都是诗重要的组成部分。李白的诗、杜甫的诗、孟浩然的诗、白居易的诗，都有着不同的风格。每一首诗都带着作者的烙印，如果忽略了这些内容，诗就残缺了。

家长在指导孩子学诗的时候，不要只是让孩子背诵，而要引导孩子用诗人的视角来看世界，用诗的语言去描绘世界。我记得女儿上二年级的时候，在一个春天的早上，我俩下楼看到毛毛细雨，我就给女儿背诵了孟浩然的《春晓》："春眠不觉晓，处处闻啼鸟。夜来风雨声，花落知多少。"我告诉女儿诗中描绘的就是现在这样的场景，孟浩然看到的就是眼前的景色。女儿不但理解了这首诗，还产生了新的联想，她站在一棵树的前面，背起晏几道的词："落花人独立，微雨燕双飞。"我一直对那个画面印象深刻。人类的情感是共通的，即便是一个小学生，也能够学会用诗人的视角去看世界，用诗的语言去理解世界。

如果家长能够将诗词与生活联系起来，孩子将很快进入诗的氛围。例如吃韭菜的时候，家长分享杜甫的诗，"夜雨剪春韭，新炊间黄粱"，诗中描写的就是春天的韭菜特别嫩，堪称人间美味。如果我们带着这种视角看世界，就好像生活的每一刻都充满了诗情画意。再如李清照的词"红了樱桃，绿了芭蕉"，其中樱桃的红是特别浓的红，芭蕉的绿是特别深的绿，两种颜色搭配起来会形成鲜明的对比。如果带着孩子亲自去对比一下，或是让孩子观察其他的植物，感受将描写对象替换之后，意境会发生怎样的变化，便能让孩子很好地领悟诗的内涵。

孩子有了这些新奇的视角，都可能成为诗人。孩子的想象力和创造力甚至会出现更神奇的发展。曾经有研究者整理了孩子所作的诗，它们令很多成年人深受触动。我曾经读过一个孩子的诗，诗中有一句"灯把黑夜烫了一个洞"，灯光像火一样，把黑夜烫了一个洞，使一片空间呈现出来，这句诗不仅展现了生动的画面，也展现着小诗人真挚的情感。

第三，引导孩子学数学。

很多孩子对数学感到非常头痛，觉得数学非常枯燥。有些家长在孩子很小的时候就让孩子背乘法口诀，孩子背得很痛苦。很多时候老师布置的作业也是不停地练习加减法、乘除法，孩子只能不断地重复练习，感到疲惫。其实，学数学并不仅仅是学习计算公式，也是打开一种理解世界的视角。如果家长能够帮助孩子使用数学思维解读世界，孩子就会更好地理解数学，对数学产生更多的兴趣。

蒙台梭利的教育方法中有很多有意思的设计，可帮助孩子理解数学概念，转换认知的角度。例如其中一个设计是对比 1 个圆球和 1000 个圆球的体积之间的差异，帮助孩子进行直观感受。设计中使用了一个教具，是用 1000 个圆球组成的 1 个正方体。孩子看到实实在在的 1000 个圆球，能够触摸其表面，同时将其与 1 个圆球比较，于是可以比较好地理解相关的抽象概念。

数学中涉及的很多抽象概念都存在于生活中，如面积、大小、长度等。我们带着孩子散步的时候，可以跟孩子一起玩个游戏，如去量建筑的影子，量两棵树的影子，通过测量和计算去推测用什么样的公式计算两座建筑之间的距离，哪棵树高、哪棵树矮等，将数学与生活联系起来。

再如在商场购物的时候，我们可以让孩子算一算，买一送一和只买一个东西打 5 折之间有什么样的区别。还有个例子，有个人去西餐厅吃比萨,9 寸 ① 的比萨没有了。服务生说:"我们换两个 5 寸的比萨给你。"这个人数学非常厉害,他用圆面积的计算公式计算后发现,一个 9 寸的比萨的面积比两个 5 寸的比萨的面积加起来要大得多,所以用两个 5 寸的比萨替换一个 9 寸的比萨,其实他是吃亏的。这些应用不仅可以让孩子巩固学到的数学知识,还会让数学变得生动和鲜活。

第四,引导孩子学化学。

化学课通常在初中开设。很多家长认为孩子初中才开始学化学,在那之前孩子根本不用关注相关知识,其实不是这样的。化学与生活有着密切的关系,各个学科都能帮助孩子打开认知世界的不同视角,如果只局限在每个科目的考试分数上,孩子的收获和学业成绩不会很理想。在孩子很小的时候,家长就可以引导孩子用化学的相关知识分解世界和整合世界。

有一位家长曾经分享了他女儿的经历。他女儿四五岁的时候,有天在家里玩游戏,把醋和小苏打混合在了一起,想看看会有什么结果。当然这个游戏基本上是安全的,因为醋和小苏打是两种可以食用的安全的物品。虽然这看上去只是孩子顽皮的表现,但其实是一个化学实验。孩子很好奇,会闻一闻,弄清楚是什么味道;也会用手摸一摸,弄清楚是怎样的触感。这两种东西混在一起会起泡泡,会发出声音,而且生成的乳状物可以去污。这个时候,家长的

———————————

① 大多数西餐厅的比萨大小以直径来表示,此处的寸指英寸,1英寸 =2.54厘米。

引导是很重要的。如果家长把这看作孩子的胡闹，收走这些东西，孩子就会认为这是家长不想让自己了解的，是不安全的，是不干净的；如果家长鼓励孩子尝试，并进行适当的指导，那么孩子会在心中埋下一颗好奇的种子。

我女儿读小学时的一位学姐在 7 岁左右得到了一本书——《世界上最脏最脏的科学书》。这是一本绘本，书中讲解了人的头皮屑、鼻屎、耳屎这类东西的化学成分是什么。对于这些内容，大人听起来觉得恶心，但是孩子特别感兴趣。那个女孩看了这本书后，对化学产生了浓厚的兴趣，从此特别喜欢化学，后来还参加了化学奥林匹克竞赛。

家长要切记，不能以自己的喜好阻断孩子的探索，因为很多探索与孩子未来的学科学习有密切的关联。

第五，引导孩子学物理。

我们的世界是一个物质的世界，几乎所有的物质都离不开物理规律，但是孩子学习物理时往往困难重重。要化解这个难题，家长要从生活中的引导入手。

例如，很多孩子都喜欢玩积木，家长可以引导孩子在玩积木的时候观察积木的物理属性：这些积木有多少块，分别是什么形状的，重心在什么位置，怎样组合最稳，它们是靠什么组合在一起的，积木的光滑面和粗糙面在组合的时候有什么不一样？在这样的引导下，孩子既学习了搭积木的经验，同时也会感受到物理规律，打开通过物品的属性来解读问题、寻找方法的视角。当孩子长大一点，他们的这些经验可能延伸到自行车上，例如怎样拆卸、组装自行车。慢慢地，孩子可能对更复杂的结构有兴趣，进而更深入地探索物理学科知识。

再举个例子，你是否考虑过这样一个问题：下雨天蚊子会不会被雨滴砸死？从重量上来考虑，雨滴落在蚊子身上相当于人被几十吨重的卡车撞击，人是必死无疑的，但是蚊子为什么没有被砸死？这引发了美国佐治亚理工学院一位教授的好奇。于是他和美国疾病控制中心合作，通过高速摄像仔细观察蚊子即将被雨滴击中时的瞬间行为变化，结果发现蚊子总是能够通过各种办法躲避雨滴。家长可以从生活中的这些小事和趣闻出发，对孩子的学科学习进行引导。或许家长并不擅长某个学科，但是可以帮助孩子探寻他们感兴趣的事情。

随着年龄的增长，孩子需要学习的学科知识越来越多，学习看起来变成一件很困难的事。其实并非如此，所有的知识都为我们提供了认知世界的新角度，只要我们对这个世界充满兴趣，就会感到探索过程和学习过程充满乐趣。父母要做的是尊重与保护，尊重孩子的发展特点，保护孩子的好奇心，保护孩子的创造力，保护孩子的探索精神，而不要一味地追求学业成绩，不要把学习变成不断重复、枯燥乏味的事情。

# 第 3 节

# 作业与考试

## 作业的意义

　　"妈妈，我最好的朋友今天和我绝交了。"

　　"哦，你作业做了吗？"

　　"妈妈，我养的小金鱼死了。"

　　"啊？！你作业做了吗？"

　　"妈妈，老师今天冤枉我了，教室的窗帘不是我搞坏的。"

　　"嗯，你作业做了吗？"

　　"妈妈，我今天跑步得了第一名！"

　　"不错，你作业做了吗？"


　　这是很多家庭中经常出现的对话，提起作业，许多父母和孩子都头疼不已。

　　其实，我并没有太多因为自己孩子的作业而烦恼的经历，但是在授课和咨询中，凡是学生家长谈到孩子的问题，无一例外都绕不开作业。

现在的父母最无法理解的是，同样是写作业，自己当年做起来挺顺溜的一件事儿，怎么到了自己的孩子这里就变得如此费劲呢？！

在我看来，原因就是今天的作业和过去的作业已经有所不同，如今的作业被老师、家长和孩子赋予了不同的意义。

第一，作业对老师的意义不一样了。

木心先生曾经写过一首诗《从前慢》。的确，以前的生活节奏和工作节奏比今天慢得多。那时的老师就这样一天天地、慢慢地陪着一茬一茬的孩子长大。那时的孩子就像春兰、夏荷、秋菊、冬梅，依时节次第绽放；那时的老师就像胸有成竹的园丁，耐心地静待花开。

而现在的孩子就像智能手机，急速地更新换代。年龄相差 3 岁的孩子想问题和看世界的角度已经完全不一样。现在的老师面临着巨大的压力，社会、家庭、知识、理念、工作都在急剧变化，适应每一种变化都不是件轻松的事情。

互联网时代对老师的要求越来越高，老师需要随时掌握新的知识，要反思已有的经验，要跟进最新的信息，要承担更多的责任和任务。在重重压力下，老师对教学任务的完成度要求也更高，布置起作业来不知不觉也更多。

第二，作业对家长的意义不一样了。

过去大部分家庭的经济条件都不是很优越。城市家庭基本上都是双职工，父母都要上班；农村家庭负担更重，父母一天到晚都在干活，没有那么多的精力一直盯着孩子。虽然说父母望子成龙、望女成凤的心火热，但并不会过多地干预老师给孩子安排的学习任务。

现在大家普遍经济条件更好了，家长也都接受过一定的教育，拥有一定的社会经验，并且通过现在的科技与网络学习了解了更多的教育理念和教育方法。许多家长也承受着很大的压力，他们希望自己的言行、表现是被他人认可和尊重的，而耗费自己最多心血的孩子也需要被他人认为是优秀的，这样才能够体现自己的自我价值感，这样自己付出的金钱、精力、心血，做出的牺牲（例如放弃自己的职业规划，选择在大城市打拼，没有自己的生活，完全围着孩子转，等等），才是值得的。这些付出需要可以量化的指标来被证明是有价值的，而作业就成了证明指标之一。孩子作业完不成、做不好，家长会跟着"抓狂"。更夸张的是，有些父母会主动参与到孩子作业的管理、监督、指导的过程中。甚至投入越多，潜意识里越认为自己是被需要的、有价值的。于是在指导作业的过程中，作业是舞台，而父母是主角，孩子是配角。

还有一些家长从小是学霸，在学历、事业、婚姻等方面都不甘人后，孩子成为持续证明他们优秀的最佳标志，所以他们不允许自己的孩子在写作业上掉链子。孩子在写作业的过程中出现的任何小动作、小问题都会被他们放大。相关研究表明，目前最伤害家庭关系的事情之一就是辅导孩子写作业。

第三，作业对孩子的意义不一样了。

我的一位朋友的孩子已经上二年级了，他每次回想起孩子刚上一年级时被老师点评作业的情形，都有劫后余生的感觉。当时老师每天会在家长群里发消息，前天发的消息内容是"作业做得很差的有某某某、某某某"，其中有朋友儿子的名字；昨天发的消息内容是"作业依然做得很差的有某某某、某某某"，其中还有朋友儿子的名字；今天发的消息内容是"作业仍旧做得很差的有某某某、某某某"，其中仍然有朋友儿子的名字。朋友说，那一刻他想起了自己当年上学时背诵过的《木兰辞》："军书十二卷，卷卷有爷名。"朋友说一看到家长群里有未读的信息，他都恨不得把手机扔了。朋友回家看到儿子嬉皮笑脸的样子，更加恨铁不成钢，于是总会忍不住情绪爆发，批评孩子，找碴儿训孩子一顿。

作业本身就带来很多压力，家长再叠加自己的压力，将其一起传递给孩子。孩子稚嫩的肩膀要扛起两副沉重的担子，作业对孩子的意义自然也就不一样了。

在很久以前，我上小学的时候，我们许多孩子放学后最喜欢在院子里趴在板凳上写作业，因为路过的人都会用羡慕的眼光看着我们。那时的家长普遍文化程度不高，对孩子更多的是欣赏。现在的父母普遍文化程度太高，对孩子更多的是挑剔。一年级的孩子背了一遍乘法口诀，那时的家长会说："这孩子真厉害！这么小就会背乘法口诀了！将来可怎么得了！"现在的家长会说："这孩子这么大才会背乘法口诀！将来可怎么办！"孩子会写字了，过去的家长会说："这么小就会写字了！"现在的家长会说："你看你的字写得歪七扭八，还倒笔画！擦了重写！"在我小时候那个年代，作业总是能给孩子带来表扬，现在的作业却更多的是给孩子招来打击。想必没有人愿意去做一件总是给自己带来挫折感的事情。

现在的作业承载了如此多的意义，老师、家长、孩子之间的需求与感受无法协调，自然只会带来矛盾、痛苦和焦虑。

## 好作业是什么样的

前文我们讨论过，学习好不等于考试分数高，同样地，作业的完成情况，完成数量，与学业成绩或考试成绩也没有关系。以数学作业为例，做 30 道题和做 15 道题对知识掌握和考试成绩的促进作用往往不会有太大差别。如果孩子已经会写一个字了，让他再写 10 遍只会使他感到疲惫和厌烦。如果孩子没有理解一个公式，让他做 10 道题，他依旧还是迷惑的状态。

然而，很多老师或家长依旧刻板地将作业作为一个衡量学生学习情况的指标，这样做往往会将学生束缚在作业之中。有这样一个孩子，他在小学寒假期间因为腿部受伤卧床一个月，没写寒假作业，开学考试依然考了全班第一名，可是老师却让他抽空把寒假作业补上。在这种情况下，写作业并不是为了巩固知识，而更像是机械地完成任务。

某一年寒假，有个家长请我帮忙拿个主意。她的两个女儿，一个读高三，另一个读初三，夏天分别要参加高考和中考，她觉得孩子平时学习太辛苦，一家人也难得有时间相聚，所以想带全家人一起出去好好玩一下。但是她担心这个时候出去玩会耽误孩子的学习。出于对她家孩子的了解，我鼓励她带着孩子出去玩，全家人一起享受假期。结果他们全家人整个寒假都在旅游。开学考试的时候，她的大女儿年级排名提高了几十名，二女儿年级排名提高了十几名。

这并不是生活中的特例，作业的完成情况并不能决定学业成绩。事实上，我国的教育专家和教育主管部门也一直在探寻更合适的作业模式。

结合我多年的理论学习、咨询个案的积累，以及在中小学进行调研和观察的结论，我认为适合学生的、科学的作业应该符合以下4 个特点。

第一点，作业要符合孩子的发育规律。

作业应该符合孩子不同成长阶段的特点。例如高中孩子的作业应该有大量的阅读、复杂的计算和与自己未来选择的兴趣方向相关的内容；小学孩子的作业就应该是更多的游戏、运动、社交等。

以数学学习为例，数学教育从来都是从读数、写数开始，但是研究表明，读数、写数往往比找规律、看立体图形更困难。因为读写数字需要用到更高级的思维，而多数六七岁的孩子这方面的神经发育尚未成熟，因而他们会觉得困难，容易产生失败感。如果从简单的读图等开始学，遵循孩子的发育规律，则孩子学起来会容易得多。

在习字方面，几乎所有的小学一年级学生一上学就会被要求写字要整齐端正，可是多数 6 岁左右的孩子手指肌肉尚处于发育阶段，握力不够，只有用手指握住笔的最底端才能用得上劲儿，但是这样手指就会挡住字，只有把头歪到一边才能看得见。这样导致学生的握笔和写字姿势都不对，字也写不好。老师在了解学生这样的发育规律后，可以在作业中增加锻炼学生手指肌肉灵活性的训练，这比安排更多的文字抄写更有利于学生习字。当孩子的脑神经和手指肌肉力量发育好了，老师再在作业中对学生增加字体端正整洁的要求，这样才能事半功倍。

第二点，作业要考虑孩子的差异。

这是在小学低年级的作业中最容易被忽略的一点。同样是小学一年级的孩子，有的孩子是今年 8 月份满 6 周岁，有的孩子是去年 9 月份满 6 周岁，这两个孩子的年龄相差将近 1 岁。他们的神经发育和肌肉力量都相差很多，他们完成同样作业的能力也会有很大的差距，因此他们需要被区别对待，不能用同一个标准。就像青少年足球比赛，按年龄分为若干级别，21 岁和 19 岁的运动员年龄相差 2 岁，身体机能发育情况不一样，因此高年龄段的运动员不能参加低年龄段的比赛。运动员 23 岁以后不再按年龄划分级别，因为这时运动员的体能几乎没有什么差别。学生也是一样，到了 10 岁以后，年龄的差距带来的学习能力的差异就不明显了。因此老师在留作业的时候要注意学生所处的年龄阶段。

不是只有做题、背诵、练字是做作业，不是只有老师布置的练习是作业。作业应该是可以选择的，应该是有挑战的，应该是对每个人来说有相同的部分，也有各具特色的部分的。例如男孩和女孩的作业可以不一样，因为他们的生理特点不一样，心理特点也不一样。他们可以有相同的作业，也可以有不同的作业。

第三点，作业要有趣味性。

孩子学了圆面积的计算公式后，一位老师要求孩子把计算圆面积的题目做 10 道，另一位老师则只出了 1 道题。题目是这样的，小李在餐厅点了一个 9 寸的比萨，但是卖完了，服务员很客气地端来两个 5 寸的，因为 5 寸的价格是 9 寸的一半，并说："我们给您两个 5 寸比萨，相当于多送您 1 寸。"请问小李是占便宜了，还是吃亏了？

我们在前面讲过这个例子，孩子要是能把这道题搞明白，说明他对圆面积的计算公式有了透彻的理解，不需要使用题海战术。类似的题目比较多，例如计算一个直径 2 厘米的牛肉丸的体积相当于几个直径 1 厘米的牛肉丸的体积，孩子若算明白了，对球体的体积计算公式也就完全掌握了。将作业与现实生活相联系，可以让知识更生动，还可以让学生的记忆更深刻。

有的老师把写作文的方法整理成"十大主题""八大步骤""六大结构""四大风格""两大护法"几种模式，要求学生每天写一篇作文并套用这些模式，作为作业。这样的练习会提高孩子对模式的熟练程度，但是对孩子提升写作能力并没有多少帮助。在学习阶段，作业的作用是帮助学生进一步理解知识，而不是完全为了应付考试。

对低龄的孩子来说，玩就是作业。游戏是孩子心理成长的必备要素，是显示孩子心理发育成熟度的标尺，游戏能够锻炼孩子的"横贯能力"、社交能力，能够训练孩子的语言发育，它是有重要作用的。从这个角度来说，玩就是作业，而且是必要的作业。

阅读也是作业。特别是对小学、初中这个阶段的孩子来说，阅读纸质书是非常重要的，大量的阅读会帮助孩子奠定知识基础，拓宽视野，培养兴趣。这些都可以为孩子将来的发展打下坚实的基础，所以阅读也应该是作业。

有的老师知道阅读的重要性，也给孩子布置阅读作业，但是要求孩子读完一本书后必须写读后感，这是非常不合适的。对于同样一本书，不同的人在不同的情绪下读，感受是完全不一样的。有的人读完一本书后的感受是无法用文字来描述的，有的人可能读完一本书后间隔几年、十几年才能有所体会。要求一个孩子读完一本书后马上写出读后感，是违背阅读的初衷的。一个孩子在必须写读后感的前提下去读一本书，心理上可能是非常抗拒的，这很影响阅读的效果。我听说某学校的某位老师，国庆 7 天假给学生布置了 20 多本书的阅读量，还要求学生在每本读完后都要写读后感，这不但起不到鼓励孩子阅读的作用，反而会扼杀孩子的阅读兴趣。

交朋友也应该是作业。社交能力是非常重要的能力之一，未来社会是一个高度协作的社会，每个人都需要和别人相互连接，"个人英雄"时代早已过去。

运动也是作业。科学合理地运动可以锻炼孩子的耐挫折能力、团体配合能力、了解自己身体的能力。运动对学习能力的提升也是非常有帮助的。

孩子对未知世界的探索也是作业。孩子对动物、植物、天文现象等各种各样成年人司空见惯的东西产生浓厚的兴趣，愿意了解得更多，理解得更深，这当然也是作业，而且是非常好的作业。

个人爱好也是作业。例如一个孩子特别喜欢雕刻一些小东西，通过雕刻来体现自己的能力，或者通过雕刻来了解更多相关的专业知识。对这个孩子来说，这个作业就很有价值。孩子之间讨论的一些没有答案的话题，例如"如果火星上有人会是什么样子？"也是作业。

甚至毫不夸张地说，睡觉也是孩子的作业。有专业的研究证明，孩子在睡觉的时候大脑还在工作（成年人也是如此），睡眠会巩固和强化清醒状态下的记忆。也就是说人在睡觉的时候，大脑可以把清醒时看到的东西更好地记录下来，所以睡觉也是作业。

第四点，作业要与时俱进。

在我上学的时候，有人能够把教科书从头到尾背下来，这让很多学生羡慕惊叹，现在看来这只是在展示记忆能力，并不能证明这个人的学习能力强。随着现代科技的发展，很多信息存储在云端，很多计算都可以用工具完成，人类要做的是统筹、融会、概括、归纳等，所以孩子的学习和思考方式也需要随之改变。未来的时代需要的是想象力和创造力，因此作业也要跟上时代的变化。

给学生布置一些作业，是为了让他们巩固与理解知识。当教育方式和教育理念发生变化的时候，作业自然也需要变化。作业应该带给孩子学习的乐趣，保护孩子的创造力，引导孩子对知识充满好奇。作业不应该变成老师的百忧解、家长的考核指标，更不应该变成孩子的紧箍咒。

如果想让孩子了解国际贸易知识，可以让孩子去做相关的作业，可以引导孩子了解一下：什么是国际贸易？什么是贸易顺差？什么是贸易逆差？如果爸爸从事电子行业，妈妈从事农产品销售行业，国际贸易的发展对爸爸、妈妈的工作分别会有什么不同的影响？如果国际贸易形势发生变化，对家庭中哪位亲戚的工作影响最大？为什么会对他们的工作影响最大？这样的作业可以使孩子对时事感兴趣。其实很多问题父母自己也不是完全清楚，他们只是通过新闻知道了一些消息，无法准确预测事情未来的走向。父母可以跟孩子一起讨论，一起看新闻，一起上网查资料，一起询问专业人士。父母和孩子一起去做一件事情，孩子自然会充满兴趣。

这样的作业虽然会耗费很多时间，但是只要有意思，完成的过程是不累人的，因为孩子了解了新的东西，又有父母的陪伴和参与，到学校后还可以和同学交流。诸如此类的作业就是非常好的作业，而且每次做这样的作业都可以帮助孩子对某一个领域有更多的了解，也可以帮助他们选择未来自己感兴趣的专业方向。

我觉得这样的作业比背诵默写几千字的文章、做几十道的口算心算题要有意义得多。时代在飞速变化，作业也应该与时俱进，不能抱着传统的东西不放，不能闭门造车，不能让孩子花了很多时间和精力，忍受很多烦躁，最后学了很多无用的东西，将来又要重新花时间把这些东西摒弃，再去学习真正有用的东西。

时代在变，学习和思考的方式也要跟着变。作业要随着时代变化，教育也要随着时代变化。

很多人认为"减负"就是不让孩子做作业，其实不是。**"减负"不是让孩子不做作业，而是给孩子更多自由选择作业的机会。**只有自由选择的作业，才能激发孩子内心的兴趣。也只有这样，孩子才能更好地发挥自己独特的天赋。这是 100 多年来无数的心理学家、教育学家、科学家不断研究，一点一点总结出来的结论，当然还会继续完善下去。

枯燥、刻板、重复、无效的作业不但会毁掉孩子的童年，更会破坏父母和孩子之间的关系，影响家庭的和谐。往小了说其影响的是一个孩子，往大了说其影响的是一代孩子，从更高的高度说影响的是一个国家和民族的未来。

## 如何看待孩子的考试成绩

我曾经看到过一个网络段子：如果你遇到一个不能打不能骂的"熊孩子"，一招制胜的法宝就是问他："期末考试考了多少分？排名第几？"我在第一次看到这个段子的时候只是觉得好笑，可是有一天我却看到了这句话的杀伤力。

那是一个春季的傍晚，我们夫妻忙里偷闲，去看一场期盼已久的电影。电影结束之后我们沿着繁华的街道南行，穿过灯海一般的东门老街，清爽温润的微风吹拂着面颊，两个穿着校服的孩子跟着妈妈蹦蹦跳跳地在马路边追逐嬉闹。在这个春风沉醉的晚上，惬意祥和的滋味弥散开来，随着脚步慢慢流淌。一切都温馨而美好。

然后，我听到一句问候："考得怎么样啊？"一位男子与孩子的妈妈偶遇并闲聊了起来，这句话一出口，尴尬的氛围就让空气一下凝固了。原本在玩耍的两个孩子顿时蔫儿了，孩子妈妈的表情也有点尴尬，随口敷衍了一句："孩子说题目很难。"

看到这个画面，即使作为路人，我也有一种温馨氛围被破坏的感觉。我和爱人也快走两步以躲开这团乌云，唯恐它坏了兴致。

从事儿童心理工作多年，我见过无数的家庭和孩子因为这句话而上演各种故事。这句话之所以具有这样大的杀伤力，是因为家长和孩子过于关注考试成绩，对考试成绩产生了不合理的认知。

为了帮助家长重新梳理自己的认知，重新看待孩子的考试成绩，我把家长分成了以下几种类型。

第一种，家长当年上学的时候，一直都是成绩优异的学霸。

那么请各位家长回忆一下当时作为学霸的酸甜苦辣，这种感受你希望自己的孩子也体会一遍吗？在学校一直保持优异考试成绩的你，离开校园之后的职业生涯依旧顺利吗？你的考试成绩给你带来了完全的优势吗？

我相信这些问题的答案不一定都是肯定的。为了保持考试成绩的优异，我们付出的辛苦与努力，失去的乐趣，以及得到的收获，想必每个人都有发自内心的确切的衡量。如果你当年是非常痛苦的，那么请允许你的孩子有喘息的机会。况且，保持考试成绩优异，并不代表人生一定顺遂幸福；考试成绩一般，未来也未必会陷入艰难困苦。但是如果孩子在成长过程中一直产生负面的体验，就一定会影响其心理健康。所以，请接纳孩子的考试成绩和他现阶段的表现。

有的家长小时候擅长完成学校的学习任务，认为考试很容易，所以想当然地认为这对自己的孩子来说也是一样的。这些家长忘记了现在的孩子所学习的知识的深度与广度与他们小时候所学习的并不相同，而他们的孩子与他们也完全不同。他们的孩子有自己的专长、自己的喜好，也有自己的学习步调。每个孩子都是独立的个体，不是家长童年的延续。

　　第二种，家长当年上学的时候，小学、初中前两年的考试成绩都一般，到了初三或高中开始发力，最后考试成绩有了很大的提升。

　　如果孩子在现阶段的考试成绩还不够理想，也请家长给予孩子一些信心和时间。孩子努力和转变的契机可能还没有到来。

　　孩子在学习过程中，其实存在着一定的性别差异，对于小学阶段的学习和考试，绝大多数的男孩根本不是女孩的对手，这不是因为男孩的学习能力差，是因为生理差别。男孩与女孩的大脑之间的差别至少有 100 多处。例如男孩比女孩血液中的多巴胺含量多，流经小脑的血量多。多巴胺含量多会增加冲动和做出冒险行为的概率，而小脑是控制身体行动的。这些因素导致男孩坐不住，男孩更适合一边动手一边学习。女孩则更多地表现出更强的专注力。此外，女孩对语调更加敏感，用听语言的方法进行学习的时候，男孩没有女孩的学习效果好。男孩需要更多触觉型的体验，以激发大脑学习的积极性。所以，同样的课堂，女孩接收到的内容和记忆的内容更多，而男孩相对来说更少。

　　这些生理上的差别，或多或少会让男孩和女孩对于不同的学习内容有不同的表现。这并不是在说男孩适合学什么，女孩适合学什么，而是在提醒父母，在关注孩子的考试成绩的时候，要考虑孩子的年龄阶段、身心发育程度，以及性别特点，而不是将考试成绩下降或排名靠后，简单地理解为孩子出现了学习问题。

第三种，家长当年上学的时候非常刻苦地学习，但是考试成绩就是不好。

这类家长往往也很关心孩子的考试成绩，希望孩子能够弥补自己当年在学业上的遗憾。可是这些家长忘记了，自己其实并不擅长学校的学习，也一直没有找到合适的学习方法，现在的经验依旧是未经验证的，如何能够保证用这些经验来指导自己的孩子的时候一定发挥效果呢？

所以，这类家长在关注孩子的考试成绩的时候，尤其要找出孩子考试成绩下降的真正原因，多了解科学的方法，遵循孩子成长的规律，不要盲目地认为学得越早越好，或者学得越多越好。

学习的天赋与智商有很大关系，而智商受到遗传基因的影响。有的孩子的确天赋出众，边玩边学也能学得又快又好，有的孩子废寝忘食地学习也没什么效果。如果家长自己既没有出众的天赋，也不懂科学的方法，就不要硬逼着孩子当学霸，这有可能会揠苗助长，适得其反。

其实，在小学的时候，考试成绩优异往往会给孩子带来很多负担。因为这会让老师和父母对这个孩子的期待增加。如果这个孩子确实天赋异禀，就能一路保持领先。如果这个孩子的天赋并不出众，考试成绩好只是因为比同龄人学得早、学得多，是靠起得早、睡得晚和一遍一遍刷题得来的，那就麻烦了。因为他为了保持这份荣誉，为了不辜负老师和家长的期望，会背负着巨大的压力，不敢让自己有丝毫放松。这是一种慢性的应激状态，时间长了，会严重影响孩子的心理和生理健康。即使是这样，这种优势也维持不了多久，等到了初中和高中阶段，这些孩子逐渐不堪重负，考试排名缓缓下降，而老师、家长、孩子这个时候都无法接受这样的现实，会产生更多的不利于孩子成长的问题。

第四种，家长当年上学的时候，考试成绩一直很差，从来没有排名靠前过。

这类家长从小到大，凡是涉及学习的问题都不好意思开口，因为自己底子太差。直到有一天当了父母，他们突然开始对孩子的学习指手画脚。这样的家长在指导孩子学习的时候是不自信的，也是最让人哭笑不得的。

很多家长当年读书的时候受到各种因素的影响——如家里的经济状况、自身的天赋和爱好、老师的水平、周边的环境、父母的关系等——很早就不上学了，但是他们充分发挥了自己其他方面的能力，如人际交往、刻苦努力、敢于创新等，加上机遇的垂青，取得了巨大的成功，获得了丰厚的物质财富和较高的社会地位。

现在他们事业有成，就把注意力放到孩子身上，以为只要给孩子提供最好的物质条件，如名校、名师等，孩子就会理所当然地取得好的考试成绩，结果发现这件事比想象中难多了。

我有一个好朋友，他初中都没上完，但生意做得很大，是个商业领域的成功人士。他和我聊天的时候总是问我："你说我儿子为什么不喜欢读书？"我每次都会委婉地给出一些建议。有次他把我问急了，我说："你们家有书吗？"他哈哈一笑，再也不问了。其实我的话有 3 层意思：第一层意思是，孩子喜欢读书要有一个潜移默化的环境，要有一个好榜样，家里没有一本书，家长之间每天谈论的话题都是与学习无关的，孩子怎么会喜欢读书？第二层意思是，孩子看到家长没读什么书，日子过得也挺滋润的，那他为什么要辛苦读书？第三层意思是，孩子现在的考试成绩虽然不是很出众，但是比父母当年已经强了太多，父母是没有资格苛求他的。

　　父母作为成年人，都曾经历过学生时代。如果让小时候的你和你的孩子在同样的班级，你一定会比你的孩子优秀吗？你在相同年龄的时候，作业完成情况如何？考试成绩如何？字迹整洁吗？做题拖拉吗？背诵准确吗？那些你一直抱怨你的孩子做不到的事情，你当时都做到了吗？

　　当孩子在小学阶段时，很多家长还能指导孩子学习，到孩子上了初中就心有余而力不足了。当年我上中学的时候，大学比现在难考多了，我不算是学霸，但也从千军万马中杀出来，考上了大学，多多少少还是有点底子的。女儿上初二的时候，有次问了我一道数学题，我受宠若惊，因为之前她从来不问我。我当时满怀信心地告诉她，等一会儿就给她讲。一个小时后，我不好意思地通知她先洗澡，睡觉前给她讲。睡觉前我很惭愧地告诉她，明天早上我会把解题过程放到她桌上。又过了 4 个小时，我彻底投降，在黎明前最黑暗的时刻，把解题过程放在她桌上，并附上说明：这是我在网上搜的。不管她考试成绩如何，我都没有意见，因为她比当年的我成绩好太多了，我没有资格评判她。

德国心理学家做过专门的研究，父母对待事情的态度比具体做了什么事对孩子的影响更大。如果家长实在对科学、文化、历史、艺术等提不起兴趣，可以研究厨艺、花艺、魔术等，家长对事物的好奇心和钻研态度，会给孩子树立一个榜样。比起每天充当教官和监督者，这样也许对孩子的学习帮助更大。不管父母当年的考试成绩如何，在对待孩子的学习上，都没必要去扮演学霸式的、无所不知的、无所不能的、永远正确的、毫无瑕疵的父母。

最后分享一个相声段子，说的是一个孩子学习不好，还经常偷改试卷分数，后来他爸爸有所察觉，就买了一个测谎仪。被测试者一说谎话，测谎仪就会嘟嘟作响。于是他爸爸用这个高科技设备来对付他。

爸爸："这次你考了多少分？"

孩子："100分。"

（嘟嘟嘟嘟嘟嘟……）

爸爸："你这是谎话！说实话！"

孩子："60分。"

（嘟嘟嘟嘟嘟嘟……）

爸爸："实话实说，到底多少分？"

孩子："32 分。"

（嘟嘟嘟嘟嘟嘟……）

爸爸气得要死："你真是气死我了，你知不知道？你老爸小时候门门都考 100 分！"

（"砰！"测谎仪炸了！）

# 第 6 章

# 父亲的重要作用

父亲在孩子的成长过程中具有重要的作用。本章内容面向所有即将成为父亲或者已经身为父亲的男性读者，旨在帮助其尽快进入父亲的角色，更深刻地理解自己的责任，并更好地发挥自己的重要作用。一个男性成为父亲，不仅在于其角色的改变，更需要其履行责任和义务。

在现实生活中，由于各种原因，每个家庭的构成可能不同。那些父母离异、父亲去世，或因为其他种种原因无法与父亲生活在一起的孩子，依旧可以顺利、健康地成长。本章内容并不是在强调父亲的优势，而是希望男性读者了解自己对孩子的成长可能会带来的影响。

# 认识父亲的价值

## 为什么有些父亲不愿意参与孩子的成长

父亲，既是一个生物学上、遗传学上的基因传承的概念，也是一个社会学上的家庭系统组成部分的概念，一个法律上的责任、权利、义务的概念，同时还是一个心理学上的功能、角色的概念。父亲的角色和功能，并不是一成不变的，它在很大程度上受到社会环境、家庭结构、家庭关系等因素的影响。

古代中国长期处于一种父权结构里，孩子出生后可得到的社会资源往往由父亲决定，因此，自古以来，父亲被赋予了很多社会层面的意义。例如一个孩子出生后，获得怎样的养育，拥有怎样的资源，将来能够取得怎样的成就，更多地取决于他的家庭成分或者他父亲的成就。这种情况从封建社会以来延续千百年，直到现代社会，这种依赖才逐渐减弱。社会对"父亲"角色的期待从一个大的层面转向个人层面，现代社会更加期待在具体的家庭中父亲所呈现出的特质。

在相当长的历史时期，家庭并不是单独存在的，往往还关乎家族、村落等结构。在这样的大家庭中，具有父亲意义的角色不仅是父亲本人，还有与父亲同辈的长辈，如叔叔、伯父、舅舅等，他们有时候会分担父亲在孩子成长中的作用。我的一位朋友是广东客家人，从小生长在围屋里。围屋是客家人的传统民居建筑，一个大家族聚居在一起，孩子们一起长大，大部分时间都在公共区域活动，大人们谁有空谁就照看一下孩子。有的孩子的父亲常年不在家，但是他的身边不缺成年男性的陪伴，包括爷爷及爷爷的兄弟，父亲的同辈堂兄弟、表兄弟，同辈但是比较年长的兄长，等等。这些男性角色发挥着父亲的功能，很好地弥补了父亲的缺失，有的成年男性人格稳定，可能比孩子的父亲发挥出的功能还要好。孩子在这样的环境中长大，其实并不缺少"父亲"角色的良好陪伴。

但是随着时代的快速变化，社会环境和家庭环境也相应发生了巨大的变化。很多"60后""70后"小时候家族是庞大的，有很多兄弟姐妹，而且很多亲戚都生活在比较近的地方。但是在他们长大的过程中，由于教育、经济的发展变化，很多人离开了家乡，远离了家族亲戚，组建了一个个小家庭，自此家庭规模迅速变小，家庭成员迅速变少。现在已经很少出现家族聚居的场景了，取而代之的是父母和孩子组成的小家庭的生活场景。

在这样的小家庭中，父亲角色的缺失，不管是实际意义上的缺失还是情感意义上的缺失，都不单单是一个个体的缺失，而是个体所代表的整个功能的缺失，因此父亲角色也显得越来越重要。

我在工作中经常会听到妈妈们的抱怨："孩子爸爸每天总是找各种理由不回家，孩子的一切都是自己在忙；每次自己批评孩子的时候，孩子爸爸却跟自己唱反调，袒护孩子；明明是为了孩子的健康和学习而禁止的事情，孩子爸爸总是明里暗里违背；孩子爸爸很少分担教育孩子的责任……"

与此同时，我也会听到爸爸们的诉苦："我实在是太忙了，真的没有时间陪孩子，我不赚钱怎么养家？况且我也不会陪孩子，我也看不出我陪孩子和孩子妈妈陪孩子能有什么不同。我小时候，老爸也总是不在，我爸就是这样对我的，我不是也长得挺好？！再说了，我想参与孩子的教育，可是孩子妈妈要么太强势，要么就是把所有的事情都想好了、准备好了，我的意见根本不会产生什么影响……"

其实，每个家庭都是一个相互合作的整体。不论爸爸们有何种理由说明自己的难处，归根结底，都是"不愿意参与孩子的成长"。这种不愿意，并不是意识层面的拒绝，不是对孩子不喜欢或对家庭不负责任，而是潜意识层面的回避。造成这种回避的原因与爸爸们的成长经历，及其对父亲角色的认知有关。

一方面，很多爸爸没有真正体会过父亲的陪伴。正如前文讨论过的，没有真正体验过儿童期的成年人，是无法很好地成为父母的；没有体验过安全型依恋的人是难以建立亲密关系的；没有体验过父亲陪伴的人，也难以进入父亲的角色。中国传统教育和文化向来推崇慈母严父，由此父亲往往是严肃的，对子女的爱也是内敛含蓄的。很多成年人终其一生都在寻求父亲的认可，但是最后发现父亲是一个不会用语言表达爱的人。这样的父亲大多是沉默的，与孩子是有距离的，慢慢地，他们的孩子长大后，也会用这样的方式对待自己的孩子。随着教育理念的发展，我们已经知道爱的表达是如此重要。爸爸需要学习把自己的爱更多地传递给孩子，让孩子更直接地体会到被爱的感觉。

另一方面，现在的很多爸爸害怕在育儿过程中被否定。很多成年男性成为父亲后，都希望自己在孩子面前是一个高大、伟岸、全能的"超人"形象。这样的父亲不能出错，要一直优秀。然而，现在的儿童养育充满了挑战，一旦父亲做得不好，就会被孩子质疑，被妻子批评，被他人指责，他们会无法面对这样的情境。因此，他们会更多地选择只是为家庭提供物质资源，从一个更安全的领域维护作为父亲的价值感。

所以，请各位爸爸勇敢面对自己的内心，那些你无法陪伴孩子的理由，其实暴露了你内心未被处理的成长情结。发挥父亲的作用并没有那么难，接下来的内容会缓解你的苦恼，或许可以给你带来一些启发。

## 父亲在孩子成长中的作用

随着现代社会的发展，父亲的作用主要体现在协助孩子心理发展的过程中。因此，按照孩子的成长阶段，现代的父亲要在以下几个方面发挥作用。

第一，为妈妈提供强有力的心理支持。

在孩子出生前后的这段时间，孩子的妈妈非常辛苦——怀孕、生产、坐月子、哺乳，等等。对孩子来说，妈妈在这个时期的作用非常大，但是爸爸在这个过程中也不是可有可无的。很多爸爸觉得孩子这么小，自己也帮不上忙，家里有老人、保姆、月嫂，自己就躲得远一点，好好赚钱就行了。其实这个时候爸爸的确在照顾孩子的部分无法发挥太大作用，但是家里有一个最需要爸爸提供帮助的人——孩子的妈妈，他的妻子。

妈妈在这个阶段承受着巨大的心理压力，除了要面对身体上的劳累、体形上的变化，还要做出特别重要的调整，就是接受身份的变化。特别是第一次做妈妈的女性，从一个女孩变成了孩子的母亲，这个身份变化带来的心理冲击对每个人来说是不一样的。有的人顺理成章、开心地做了妈妈，有的人却带着很大的身份转换的心理压力，这种压力是说不清道不明的，女性需要面对很多变化，包括职场上的、身体上的、身份上的各种变化。她很难对别人表达这些压力，甚至自己都说不清楚。所以这个时候她需要强有力的心理支持，而她最需要的支持就是来自她的丈夫，孩子的爸爸。

爸爸要尝试着理解妈妈所面临的压力及其情绪的变化、心理的变化，给予妈妈最大的包容，想办法帮助妈妈度过这个困难的时期。很多妈妈产后会有一段心理调整期，这个时候爸爸的无条件包容往往是最佳良方。此外，爸爸还要帮助妈妈协调各种关系。孩子没出生时家庭里只有两个人，孩子出生之后有长辈过来帮忙照顾，家里多了帮手，随之而来也多了很多人际关系需要维护。妈妈本来就是新手，自己刚生孩子尚且自顾不暇，还要面对这些错综复杂的关系，有的时候真的会感到焦头烂额。这时爸爸就要帮助妈妈协调这些关系；如果协调不了，就要花时间和精力简化家庭中的人际关系，让妈妈能够有更多的时间调整自己，以集中精力照顾孩子，让孩子能够在简单的环境中跟妈妈建立稳固的依恋关系。

在这个阶段，父亲发挥的作用不仅会影响母亲与孩子之间依恋关系的建立，也会影响夫妻之间的关系和家庭的未来。

第二，为孩子提供不可替代的有效陪伴。

随着孩子一天天长大，他慢慢开始学一些语言，开始玩一些游戏，能走路了，能说话了，这时候父亲的作用主要体现在陪伴孩子的过程中。这个时候的陪伴，有两个重要的作用，这是父亲独有的，母亲不能替代的。

一方面，刺激孩子的语言发育。

刚开始刺激孩子语言发育的成员主要是母亲，但是一段时间之后，父亲的介入会让孩子的语言更丰富，因为父亲在跟孩子说话的时候用的语言方式和母亲用的是不一样的。父亲会有自己常用的、母亲可能很少用的词汇。孩子会从父亲那里听到更多新鲜的词汇，也会接收到更丰富的语言。父亲和母亲的配合，让孩子的语言得到循序渐进的发展，同时也会让孩子的词汇量增加，在一定程度上刺激孩子语言的学习和发育。

在语言刺激方面还有一个特点，有些父亲会更多地用一种"善意的嘲讽"式的语言。例如父亲在跟孩子玩的时候会说"瞧你这小样""你这小子 / 丫头怎么耍赖啊"等。这种表达方式就好像是轻轻刺了一下孩子，但又不会把孩子刺得鲜血淋漓，孩子听到这些话的时候觉得很好玩，又会感觉爸爸这么说是不是我哪里做得有点不地道。这样微微带着一丝讽刺又有些玩笑成分的善意的语言非常有用，因为这是社会型的语言，比家庭中的普通语言更接近社会的真实场景。如果孩子在跟同龄人的交往中模仿爸爸使用这样的语言，其他人会觉得被提醒了但又没有被伤害；当其他同龄人也用类似的语言和孩子交流时，孩子会准确理解对方的意思。这样可以使孩子在和同龄人的交往中，变得更加灵活、变通、有弹性，能更好地被同龄人接纳。

另一方面，进行独具特色的游戏。

一岁半、两岁的时候，孩子会经常和父母玩游戏。爸爸和妈妈单独与孩子玩的游戏有着明显的区别。妈妈跟孩子玩游戏的时候，经常会抱着孩子、抚摸孩子，动作会很轻柔，以孩子的安全、舒服为关键。

爸爸和妈妈在体能上不一样，爸爸在跟孩子玩游戏的时候，能让孩子体会到力量的极限。例如爸爸在保证安全的情况下把孩子高高举起。孩子会在这样的游戏中体验到与妈妈玩游戏时无法体验到的惊险和刺激，孩子既能体验到冒险的乐趣，又能得到安全的保障，可以把自己的平衡能力、力量和勇气发挥到极致。

还有的孩子在跟爸爸玩游戏的时候，会突然猛推爸爸，推得重了，爸爸可能会"倒下"，但之后爸爸也会起来反推孩子一下，让孩子体会一下被推的感觉。在和爸爸这样互动的过程中，孩子能知道自己力量的极限，知道自己如果对他人使用最大的力气会出现什么结果。这样的互动过程，可以帮助孩子在心理上变得"糙"一点，更能耐受挫折和委屈，也更能体谅别人的感受。

有的孩子胆子比较小，不敢尝试有任何风险的活动，这很可能是因为他和爸爸相处的时间比较少。如果爸爸经常带着孩子去爬山、捉蝌蚪、捉蚂蚱，孩子在这个过程中会体会到有些事情是很刺激的，但是需要他冒一点险，这样孩子的胆子慢慢会变得越来越大。

第三，帮助孩子形成清晰的性别认同。

随着一天天长大，孩子在两岁半到三岁的时候，需要完成一个重要的心理任务——性别认同。孩子一出生，生理上的性别就确定了，但是心理上的性别需要一个复杂的认同过程。这个过程需要爸爸和妈妈的配合。关于这一点第1章第2节有过详细介绍，这里不再赘述。

第四，帮助孩子建立学龄阶段的社交关系。

孩子进入小学之后，父亲的作用就是帮助孩子更好地和同龄人相处，而建立社交关系也是学龄阶段孩子需要完成的重要任务。

这个时候父亲就要用他的方式去教孩子怎么跟小伙伴相处，怎么样才能知道别人有没有生气，在受到别人的攻击时如何保护好自己。这并不意味着父亲要教会孩子在别人推他一把之后一定要推回去，在别人打他一拳之后一定要打回去，而是要用和平的方式告诉对方不要轻易侵犯自己的边界，以及用幽默的方式来化解尴尬，用灵活的方式跟不同的人打交道。

有的人喜欢用力量，有的人喜欢用智慧。怎样用不同的方式和不同的人相处，怎样包容别人的缺陷、欣赏别人的优点，这些笼统地归纳到一起就是社会能力。孩子可以向父亲学习社会能力。社会能力不是从小学阶段才开始学，而是在 3 ~ 6 岁和父亲认同的时候，孩子就要好好开始学习了。小的时候经常和父亲待在一起的孩子往往更容易适应集体生活。当然，这并不意味着母亲无法胜任这个引领的角色，而是父亲在孩子成长的这个阶段更易发挥这类作用。

在这个阶段，孩子的体能在增加。男性比女性在身体力量上有一定的优势，所以爸爸可以多花一点时间陪孩子玩游戏，进行一些体育活动，让孩子体会到身体的力量、速度、平衡等。这些体验对孩子来说非常有好处，可以让孩子把自己的特长充分地显露出来，还能够让孩子形成坚强、勇敢的个性品质。与此同时，这个年龄的孩子也会对自然科学非常感兴趣，例如天文、地理、植物、动物等。爸爸们可以参与到孩子的这一部分活动中，充分发挥自己的优势。例如可以和孩子一起读这方面的书，可以带孩子去博物馆、地质公园，可以带孩子白天去观鸟、晚上去观测星座，还可以带孩子做一些小的实验和手工作品，甚至可以进行一些小的发明创造，等等。

我经常给大家介绍的一位著名的儿童心理学家温尼科特，他用了40年的时间，在儿童医院的门诊接待了6万对以上的父母和孩子，积累了大量的经验，他说的很多看起来不像专业用语的话非常有意思，特别能温暖人心。

温尼科特曾说，孩子需要父亲，是因为父亲身上具有积极品质，父亲可以给孩子带来某些不同的特质，父亲可以让孩子看到镶嵌在他人格中的男性生命力。

对孩子的成长来说，父亲和母亲发挥着不同的作用，孩子需要他们，一个也不能少。

# 如何做个好父亲

## 新手爸爸如何尽快进入角色

关于父亲的角色，没有速成班，也没有考核指标，只能由父亲们自己摸索。我在多年的工作中总结了一点经验，希望可以帮助新手爸爸快速进入角色。

第一，给自己适应和学习的时间。

不论是否已经成为父母，我们都曾有过作为新手的经历。新手由于刚接触一个事物，以前没有类似的经验，总会因为不熟悉而手忙脚乱。我们在路上经常看到有的汽车后窗上贴着"新手上路，请多关照"的标志，老司机一看就知道，车里是一个刚拿到驾照不久的新司机。遇到贴着这样标志的汽车，一般人就会离远一点，还会给予对方更多的体谅和照顾。这是因为每个人都曾经是新司机，都会有这个过程。

开车如此，当爸爸也是这样。新手爸爸要允许自己经历手忙脚乱的阶段，允许自己有学习的时间。

新手爸爸和新手妈妈虽然都没有养育过孩子，但是新手妈妈在十月怀胎的漫长过程中，一点点地做好了当妈妈的心理和身体准备。所以当孩子出生以后，新手妈妈与孩子已经建立了联结。有了默契。新手妈妈往往比新手爸爸更早进入角色。

新手爸爸虽然看着妻子的身体在一点点变化，也在做准备，但是他无法真正与胎儿感同身受。因此，在孩子出生之前，甚至在备孕期间，新手爸爸就要开始逐渐接触照顾婴儿的知识，了解孩子的成长规律，学习陪伴孩子的方法，等等，给自己留出学习的时间和适应的时间。只是这个时间是有限的，新手爸爸要做好规划，越早执行越好。

第二，激发生理本能。

大家在看有关动物的纪录片时，会发现世界上绝大多数的动物，特别是哺乳动物，一般情况下都是由雌性抚育下一代，雄性在完成繁衍后代的举动后就走了，至于自己的后代会成长成什么样，跟这个"爹"没有太大关系。

人类也有相似的某些特质，母亲拥有大自然赋予的本能，而父亲对抚养下一代的责任感相对弱一点，这是从生物学角度来讲很难摆脱的特点。这一点没有什么好回避的。

不过，这不是新手爸爸们的借口，反而是新手爸爸们需要借助的力量，毕竟动物本能中还有守护的本能。新手爸爸可以多观察和发现怀孕中妻子的不方便之处和新生儿的需求，有意识地主动为妻子和孩子做一些事情。如果新手爸爸没有那么细心，也可以提醒妻子，身体不舒服的时候随时告诉自己，孩子出生后主动把照顾孩子的重任分担一些。

第三，接受自己身体的激素变化。

心理学研究发现，在妻子怀孕的时候，丈夫也可能会出现类似的妊娠反应，这被称为妊娠伴随综合征。一方面的原因是丈夫受到妻子的影响，身体激素发生了变化。这其实对于新手爸爸来说是一件好事，能够帮助他快速进入父亲的角色。另一方面的原因则是新手爸爸对新生儿的到来感到焦虑、紧张、激动和不安。这并不是表明新手爸爸出现了心理问题，新手爸爸要接纳自己的变化。

此外，科学实验证实，男性和刚出生的孩子长时间待在一起的时候，身体的激素会发生变化，雄性激素的分泌量会减少。我有个朋友有段时间跟妻子两地分居，他一个人带着 3 岁左右的儿子一起生活。他告诉我，自打带着儿子一起生活，大部分时间跟儿子待在一起后，他似乎感觉自己的雄性激素分泌量急速降低，对异性没有太多兴趣了。虽然这是半开玩笑半认真的话，但我们都清楚地看到了他的变化，觉得他这个爸爸当得特别好，因为他完全进入了角色，他看儿子的眼光都是柔和而温润的。

新手爸爸在发现自己的变化的时候，要接纳，不要因为他人的玩笑或自己的不了解而排斥，这会阻碍自己进入父亲的角色。

第四，树立角色意识，时刻提醒自己是一个父亲。

父亲这个称呼的出现意味着角色的变化。一个男性进入婚姻，从单身汉的角色变成丈夫的角色，随着孩子的出生，又变成父亲的角色。这种角色的变化意味着成年男性要放弃原来的一部分身份和权利，这时他会产生很多说不清道不明的感受。

在西方社会，很多男性在结婚前夕会专门和自己的单身朋友们聚会，以告别单身。其实这是一个告别仪式，他们和过去的单身身份告别，从此进入新的角色，进入新的关系，以便在新的关系中好好扮演新的角色。新手爸爸们也可以给自己设定一个这样的仪式，以便树立父亲的角色意识。

新手爸爸不仅要自己树立角色意识，周围的人也要帮助他更好地进入角色。女儿刚出生的时候，我努力想扮演好新手爸爸的角色，努力想适应新手爸爸的身份，想尽快地完成身份的转变，所以我下班回家的第一件事，就是赶快看看刚出生的女儿，好好抱一抱她。当时我们请了一位保姆，她非常尽职尽责，一看到我抱孩子，不管当时她在做什么，都会马上停下来接过孩子。例如她正在洗菜，就会把水龙头一关，要从我怀里接过孩子，其实我刚抱了几分钟，但是她会觉得抱孩子是她的工作，不能让我抱孩子，我抱孩子就是她的失职。这让我很尴尬，每天回家都要跟她"抢"我的孩子来抱。每当这个时候，我就感觉她挡在了我跟孩子之间，把我跟孩子隔离开了。

我相信很多新手爸爸都会遇到这样的情况。家里的老人、保姆、月嫂，包括新手妈妈在内，总认为爸爸笨手笨脚，不会抱孩子，所以就不让爸爸多抱孩子。殊不知这样做阻碍了新手爸爸的角色适应。爸爸刚开始抱孩子肯定没有那么熟练，但是周围的人往往忽略了这个过程中爸爸不可替代的作用。例如爸爸给妈妈的鼓励，爸爸给孩子建立的一个由熟悉的声音、气味、面孔等组成的氛围和气场。新手爸爸需要和孩子亲近，从而与孩子建立联系，更好地进入爸爸的角色，更好地适应爸爸的身份。这是其他家庭成员特别要注意的地方。

第五，向新手爸爸的互助组织求助。

新手爸爸并不孤单，其身边都有一些已经成为爸爸的"前辈"，或同样也是新手的爸爸，大家可以形成一个互助组织，相互沟通和分享经验。在这种互助组织中，爸爸们会带着孩子定期聚在一起相互交流。这个时候没有妈妈参与，也没有老人参与，就是爸爸们带着孩子，大家坐在一起交流心得。大家交流的内容包括怎么抱孩子，怎么给孩子按摩，怎么用奶瓶给孩子喂奶，孩子的哪些情况代表什么意思，孩子这样哭是要什么，孩子那样哭是要什么，带孩子有哪些乐趣，自己有哪些收获和变化，等等。

参加这些活动的时候，爸爸们互相有一个参照：哦，原来他是这样带孩子的，我也是这样带孩子的，说明大家都是这样带孩子的，那说明我这个爸爸是正常的、是称职的。这种互助组织可以帮助新

手爸爸更快地适应角色的变化，也能够缓解新手爸爸的焦虑和负面
情绪，帮助新手爸爸快速进入角色，更好地享受身为父亲的乐趣。

## 如何更好地陪伴男孩成长

男孩和女孩的成长过程是不一样的，父母在陪伴孩子成长的过
程中，要注意区别对待。我们先来讨论，作为父亲，如何更好地陪
伴男孩成长。

第一，父亲要被男孩崇拜。

父亲是孩子的榜样。父亲的言行会对孩子产生潜移默化的影响。
在陪伴男孩成长的过程中，父亲要尽可能做到被男孩崇拜。这样可
以促进亲子关系，也有利于孩子的成长。心理学家温尼科特说过：
"你想象一下一个技艺精湛的工匠，他闲暇在家的时候，可以向孩子
展示自己的手艺，与孩子分享美丽和实用物件的制作过程。站在孩
子的视角想象一下，这对孩子来说是多新奇，而孩子又会多快乐。"

崇拜的内容可以有很多，例如崇拜爸爸的能力。这种能力不是
从爸爸的社会地位，也不是从爸爸拥有的财富中体现出来的，而是
在日常生活中呈现出来的。有的爸爸手特别巧，什么都会做，什么
都会修；有的爸爸记忆力特别好，无论什么事情他看一眼就能记住；
有的爸爸情绪控制能力特别棒，有时候他很生气，但是依旧能够用
理性的、合适的方式表达自己的感受；有的爸爸应变能力特别强，
不管面对什么困难都能找到解决的办法。

例如崇拜爸爸的幽默。爸爸总是有办法给家里带来笑声，总是有讲不完的笑话，总是能够用笑声化解各种冲突。

例如崇拜爸爸的责任感。有危险的时候，爸爸会义无反顾地站出来，因此，孩子在遇到难题的时候，可以信任爸爸，把麻烦事交给爸爸。

例如崇拜爸爸的善良。爸爸看到有困难的人，不管认识不认识，能帮的都尽量帮一把。有个孩子在楼下吃面，老板告诉他，他爸爸有天给一个流浪汉买了碗面，真是个好人，他感到特别骄傲。

此外还有很多崇拜的内容，例如崇拜爸爸的大度，"算了算了，别放在心上了，多大点事情"；崇拜爸爸的执着，一定要把一件事搞清楚，"这个小虫子叫什么名字？它是从哪儿来的？这种花在什么季节开？"；崇拜爸爸的勇气，"这件事有一定的风险，但我们一定能成功"；崇拜爸爸的原则性，"说不行就不行，说了要做到就要尽全力做到"。

男孩在崇拜爸爸这些特质的时候，就能够形成对爸爸的整体认同，他会觉得爸爸有这么多让他崇拜的地方，他也想做个像爸爸一样具备这些特质的男人。这些都会潜移默化地影响一个男孩，而不需要爸爸整天告诉男孩，他要做这个，他应该遵守那个。

第二，父亲要承受男孩的攻击。

这种攻击往往是身体上的攻击。例如男孩有时候会对父亲产生冲撞，做出一些拳打脚踢之类的动作。

身体的攻击具有很多隐藏的含义，可能是生理力量的表达，也可能是负面情绪的表达。孩子的有些攻击是在表达对父母某些做法的不满，有些攻击是对规则表示愤怒。男孩在进行性别认同的过程中也会出现攻击性，他想展示力量，于是对家里最强壮的男性（爸爸）发起挑衅。有些攻击是社交方式之一，孩子把这看作两个男人之间的打打闹闹，而不是一个孩子和一个成年人之间的交流。青春期的男孩就是通过跟父亲之间的这种冲突，慢慢使自己从孩子的身份向成年人的身份转变。

第三，父亲不要回避自己的缺点和不足。

男孩在成长过程中把父亲理想化非常重要，但是随着身心发展的成熟，男孩需要超越父亲，并发现父亲的缺点与不足。爸爸们要顺应男孩的成长规律，如果回避自己的缺点或者盲目强调自己的正确，会对孩子产生糟糕的影响。

低龄的男孩需要把父亲理想化：我爸爸特别厉害，我爸爸特别好，我爸爸完美无缺。这时候父亲发挥着榜样的作用。但是孩子也希望跟爸爸真实地生活在一起，一起平凡地度过的每一天，于是逐渐了解爸爸作为一个普通人的优点和局限。这是男孩自我发展的必然。

等男孩大了，他慢慢知道，爸爸有那么多优点，也有很多不足，最后他会发现爸爸就是一个普通人，但是这个真实的爸爸会让他觉得特别温馨、特别亲切。父亲在孩子成长的过程中，有这么一个角色变化的过程，这个变化的过程也是男孩的成长过程。

## 如何更好地陪伴女孩成长

父亲跟女儿的关系是这个世界上最独特的一种男女关系，这里的男女关系只是指性别，没有其他意思。这种关系不同于母子关系，因为在母子关系中，儿子更多的是敬畏和害怕母亲；也不同于夫妻关系，夫妻之间没有血缘关系连接。

父亲和女儿之间是带有血缘关系的男女关系。在这种关系中，父亲处于一个相对放松的位置，所以这种关系无论是对女孩的成长还是对父亲的成熟都有重要的意义。

父亲在陪伴女儿的时候，要注意以下几点。

第一，父亲要有限地满足女孩的需要，不要成为诱惑型的父亲。

"诱惑型的父亲"是个心理学专业用语，是指父亲平时没有时间陪在女儿身边，例如父亲常年出差、外派或者是其他情况，节假日回来的时候，为了弥补平常不在女儿身边的亏欠，给女儿买各种很贵的玩具和衣服、带女儿去高消费的餐厅吃饭、带女儿去大型游乐场玩一整天等，等假期结束时他又走了，又有很长时间不在女儿身边。

这种情况容易导致女孩患"公主病"。因为这样的陪伴方式会在女儿心中形成一个虚假的、理想化的父亲形象。爸爸一回来，女儿就可以到豪华的餐厅吃饭，玩好玩的游乐设施，买喜欢的衣服，各种愿望都能得到满足。女孩就会觉得所有男性都应该这样对她。

由此女孩对其他的异性也会产生理想化的幻想，将来她长大谈恋爱的时候，理所当然地觉得别的男性就应该像爸爸那样对她，应该什么都替她想到，应该给她买最好的东西。但是，现实并不是她想象中的那个样子，其他男性很难像小时候爸爸对她那样满足她。

第二，父亲要帮助女孩更好地完成性别认同。

在孩子形成性别认同的过程中，爸爸和妈妈需要相互配合。这一点前文已经分享过。女孩在性别认同形成的过程中，会经历一个与爸爸亲近的阶段，并通过与爸爸的亲近，对比爸爸与妈妈的不同，完成对自己的性别认同。

在这个过程中，爸爸除了向女儿展示作为男性的个性特质外，还要让女儿知道她自己是女性，爸爸是男性，两人是不同的性别。同时爸爸要鼓励女儿展现出女性的特质，并且欣赏这种特质。这一点在女孩将来和异性交往的时候能起到非常好的作用。

第三，父亲要帮助女孩了解男性和女性思维方式的不同。

女儿通过和爸爸交流，知道男性遇到事情是这么想的，男性遇到事情是这么做的，他们的想法和做法跟自己的想法和做法有什么不一样。这种能力可以为女孩将来和异性建立亲密关系打下一个好的基础。

有研究显示，小时候父亲陪伴较多的女孩相比父亲陪伴较少的女孩或者缺少父亲陪伴的女孩，更不容易早恋。父亲和哥哥在女孩的成长过程中能起到积极的过渡作用，女孩可以通过父亲和哥哥来了解男性、熟悉男性，慢慢知道怎样和男性打交道会让彼此更舒服。

此外，跟陪伴男孩一样，请各位爸爸不要尝试做一个完美无缺的父亲，可以真实地展示自己作为普通人的一些缺点。如果父亲的角色扮演得太完美、太不真实，或许会影响她和异性建立亲密关系，因为她会觉得所有的男性都不如她爸爸。

## 单亲爸爸如何更好地陪伴孩子成长

父亲和母亲共同分担着家庭中养育孩子的责任。如果家庭因为种种原因失去了母亲，只有父亲和孩子，那么父亲所要承担的责任和发挥的作用又有不同。

孩子的核心人格是在 6 岁以前发育完成的。

如果在单亲爸爸和孩子组成的家庭中，在孩子六七岁以前，家庭是完整的，孩子和妈妈、爸爸的关系比较好，那妈妈的缺失对孩子的影响相对来说比较小。这里特别强调，是影响相对比较小，不是没有影响。6 岁以后，孩子的核心人格已经基本形成了，这种情况下，爸爸带孩子的压力会相对小一点。

如果妈妈在孩子 6 岁以前就离开了孩子，那么妈妈的缺失对孩子的影响可能会相对大一些。一个孩子在成长过程中，他的依恋对象大致是这么一个排序：妈妈排在第一位，爸爸排在第二位，排在第三位的一般情况下是兄弟姐妹，排在第四位的是家里的宠物。有的时候孩子特别依恋奶奶、爷爷、保姆，这好像不符合这个排序标准，其实是这些依恋对象替代了排序中的某个角色，如替代了妈妈或者替代了爸爸。

从这个排序可以看出，妈妈无比重要。如果妈妈这个依恋对象缺失了，本来排在第二位的爸爸的重要性就更加凸显。

首先，单亲爸爸一定要清楚自己在这个时候扮演着两个角色。

**单亲爸爸要扮演两个角色，一个角色是本来的爸爸的角色，另一个角色是妈妈的角色。**

单亲爸爸在扮演妈妈角色的时候，有一个很难逾越的障碍，就是自身的雄性激素，雄性激素本身会提高人的攻击性。当爸爸跟孩子，尤其是低龄的孩子，每天待在一起的时候，如果单亲爸爸全身心地投入这个状态，他身上的雄性激素分泌量会急剧下降。

单亲爸爸跟孩子在一起的时候，要保护孩子、照顾孩子，不能攻击孩子，其雄性激素分泌量自然而然就下降了。所以单亲爸爸会觉得自己好像变得爱唠叨了，变得爱吃甜食了，变得说话细声细气了，甚至对女性都没有什么太多的欲望和想法了，这些都是非常正常的现象。单亲爸爸一定要接纳自己的这些变化。随着孩子长大，单亲爸爸需要担任的妈妈角色的工作会逐渐减少，这个时候单亲爸爸就会慢慢地恢复自己相对纯正的男性角色。

刚开始和低龄孩子相处的时候，单亲爸爸要有预见性，知道自己可能会出现哪些变化，这些变化不是只有副作用，有时候也是有好处的。一个好处是可以让孩子更容易接受爸爸，因为爸爸变得更温柔、更细腻、更体贴了；另一个好处是如果爸爸从事管理类工作，他身上那种柔和的女性气质会帮助他把工作做得更好。

其次，面对男孩和女孩，单亲爸爸采取的养育方式应该不同。

如果养育的是女孩，随着孩子慢慢长大，爸爸一定要时刻提醒自己，你们是两个不同性别的人。单亲爸爸要注意时时体察自己是一个男性，也就是说单亲爸爸要慢慢培养女孩的性别意识，不能让女孩因为天天跟爸爸生活在一起，就完全地向认同爸爸的方向发展，在性别认同形成的关键期，模糊了男性特质和女性特质的区别，这样会影响她未来的发展及其今后的人际交往和社会适应。

在这个过程中，单亲爸爸可以借助外部的力量。例如可以让周围比较熟悉的女性亲属或者女同事，帮忙引导孩子更好地向女性认同的方向发展。这样做对女孩的成长是有好处的。

如果养育的是男孩，单亲爸爸可能会觉得养育过程相对顺畅一点，因为自己是男性，带着男孩参加体育运动，如打球、滑冰、游泳时，会采用男性的行为方式、思维方式来引导男孩，这对男孩来说很好，因为单亲爸爸本身就是一个非常好的男性认同对象。

但是单亲爸爸一定要知道，对孩子来说，妈妈和爸爸分别扮演着不同的角色，有着不同的功能。在培养男孩形成对男性更好的认同的同时，单亲爸爸一定要清楚地意识到，他还是一个孩子。他除了需要对爸爸形成认同，还需要向妈妈倾诉、宣泄情感。所以单亲爸爸要知道，自己既要扮演六七分的爸爸角色，还要扮演三四分的妈妈角色。**单亲爸爸是个复合的角色。**单亲爸爸要在两种角色中来回切换，除了让儿子更像一个男人以外，还要让他有机会面对女性的角色，把自己的情感表露出来。这样能尽量消除妈妈的缺失造成的影响。

再次，单亲爸爸不要总是用怜悯的目光看待孩子。

单亲爸爸不要总是觉得孩子可怜，从小就没有妈妈，将来会如何如何。虽然妈妈缺席了，但是有爸爸良好的陪伴，孩子自身还有强大的修复能力和吸收能力，只要孩子的人格是健康的，他会自己去慢慢修复这些创伤，慢慢吸收对自己成长有利的营养。

单亲爸爸看待自己的孩子时应该像看待双亲家庭的孩子一样，去欣赏他的优点、去赞美他的进步，同时也要像对双亲家庭的孩子一样建立应有的规则。单亲爸爸不要总是用同情的、怜悯的、迁就的眼光去看孩子，这对孩子没有什么好处。

如果单亲爸爸过多地用这种眼光看孩子，孩子就会觉得自己是一个很可怜的人，是一个不如别人的人，是一个需要照顾的人，是一个软弱的人，反而会使孩子形成不良的心理暗示，导致孩子将来在跟别人相处的时候，总是把自己放在一个弱势的地位，总是希望博得别人的同情和怜悯，总是希望比别人得到更多的帮助。这反而会阻碍孩子的发展。孩子有时会开一些没有多少恶意，但有点尴尬的玩笑，也不用刻意去回避。因为这就是现实的生活，让孩子慢慢接受这些东西，学会坦然面对这些东西，对孩子将来的发展是有益处的。

最后，单亲爸爸要善于向外界求助。

在孩子的成长过程中，只要对孩子有利，单亲爸爸都可以利用现有的资源去向外界求助。例如让孩子多跟一些异性长辈交往，让孩子去参加一些双亲家庭的聚会。单亲爸爸不要觉得自己的孩子跟别的孩子不一样，总是担心自己的孩子被其他孩子歧视和伤害。在陪伴孩子长大的过程中，没有人永远是胸有成竹、游刃有余的。即使一个人做了充足的准备，拥有丰富的知识，在面对实际问题的时候，也会经常感到困难。这时候，单亲爸爸要善于向身边的人和专业人士求助。这并不会让孩子觉得爸爸没有能力，相反会让孩子学会如何更好地应对困难和挫折。

单亲爸爸是非常不容易的，因为这个角色的要求可能超出了爸爸的能力范围。但是只要单亲爸爸启动自己为人父母的本能，陪伴孩子一天天成长，同时能够借助外部力量，也可以保证孩子有不错的发展。

很多单亲家庭长大的孩子在人格、事业及其他方面都发展得很好。对于一个孩子的成长来说，最核心的影响因素不在于是单亲还是双亲，而在于父母的质量，质量比形式重要得多。

第 3 节

# 如何做"爸"气十足的父亲

一个孩子在家庭中成长，通常会同时受到爸爸和妈妈两个人的影响。爸爸有着属于自己的使命和责任。要在家庭中成为一个"爸"气十足的父亲，可以从以下 6 个方面着手。

第一，父亲要和母亲有区别。

心理学家温尼科特说过："当父亲和母亲都接受了孩子的存在，也接受了为了养育孩子自己需要承担的责任以后，我们才把这个三人的世界叫作家。"

家庭中父亲和母亲虽然共同承担养育任务，但是一定要进行角色区分，二者要有不同的分工。如果一个家庭中，父亲和母亲扮演的角色完全一样，那是一件非常糟糕的事情。

父亲和母亲最常见的一种分工方式是：一个唱红脸，一个唱白脸；一个树立规则，一个传递情感；一个严格，一个慈爱。孩子会在两种不同的陪伴模式中被鼓励、被纠正、被包容、被引导。

　　然而，现在很多家庭中，要么没有父亲参与，要么父亲的角色被弱化。孩子被妈妈、爷爷奶奶、保姆照顾得很好，无论是在吃饭、穿衣中，还是在学习、运动、交朋友等方面，都只感受到了一种陪伴模式。这样的教育会导致孩子出现各种问题。父亲一定要知道，自己参与到孩子的成长过程中所发挥的作用与母亲所发挥的作用是有很大区别的。这个区别对孩子来说非常重要。

　　美国电影《完美的世界》讲述了两个逃犯劫持了一个男孩作为人质向边境逃亡的故事。虽然画面有些暴力，但是电影的讲述方式却很温馨。男孩在单亲母亲的家庭中长大，从来没有参加过那些刺激冒险的活动。但是在"被劫持"的路上，男孩亲身体验了种种惊险，也受到了特别的照顾，体验了从没未过的父亲般的陪伴。电影中有这样一个情节，男孩被逃犯绑架后想找个卫生间上小便，逃犯说："这里是野外，你在树边尿一下就行了。"这种与母亲给出的完全不同的"生活指导"，让男孩对这个世界有了新的认知。

　　英国作家安东尼·布朗（Anthony Browne）的经典绘本《我爸爸》和《我妈妈》，描绘了爸爸和妈妈的区别。这是很受孩子欢迎的书，也是很多老师推荐的书。我建议父母也可以阅读一下，体会父亲与母亲的区别。

　　孩子在心理发展过程中，离不开父亲和母亲角色的参与。父亲可以给孩子带来某些不同的特质，它可以让孩子看到镶嵌在他人格中的男性生命力。这种生命力是不同于母亲所拥有的另外一种生命力。这两种生命力对一个孩子来说缺一不可。

第二，父亲要有担当。

温尼科特说过，如果一个父亲稳定而可靠地在场，并且想要了解自己的孩子，这个孩子就有福了。在理想的情况下，这个父亲可以极大地丰富他的孩子的世界。然后，父亲和母亲的联合体会给孩子提供一个牢不可破的事实。在这个事实的基础上，孩子可以对这个联合体产生自己的幻想。这个联合体将来在孩子的心中会变成一个靠山，他在脆弱的时候可以去依靠，更重要的是，这个靠山是孩子将来处理自己人生中其他人际关系的钥匙。

父亲在孩子的成长过程中是一个可以依靠和信赖的对象。所谓依靠，就是一个人遇到巨大困难的时候，可以往后退，后面有个东西能够结实地支撑他。例如在遇到危险的时候，父亲会主动挡在孩子前面，孩子在那一瞬间就会感觉到自己有依靠，因为父亲会挡在自己和危险事物之间。

两个男孩起了冲突，结果一个孩子的爸爸过来打了另一个孩子。成年人打孩子，这是非常糟糕的。另一个孩子的爸爸知道后，没有采取暴力打回去，而是跟打人的爸爸谈判，要求他向自己的孩子道歉。在派出所的调解下，对方道了歉，把这个问题解决了。以成年人的方式去谈判的这位父亲，给孩子树立了榜样，告诉孩子靠拳头不能解决问题，他要保护孩子，但不是说只有打对方才是保护孩子，让对方承认错误、向孩子道歉，也是保护孩子的一种方式。而那位打人的爸爸，意识到了自己的问题，放下成年人的面子，向孩子道歉，也给他的孩子树立了一个榜样，告诉孩子做人要勇于承担责任，敢做敢当。

第三，父亲要幽默而有弹性。

积极心理学将幽默感列为优势品格之一，认为这是能够帮助一个人获得幸福感、促进身心健康、缓解压力和抑郁的资源之一，然而很多现代人越来越缺乏幽默感。

如果家庭中缺少幽默感，家里就会变得太严肃刻板。在压抑的环境中成长的孩子难以自由发挥自己的潜力。此外，有趣好玩的爸爸，才是孩子愿意亲近、愿意与之分享、愿意与之建立良好关系的爸爸。

有的爸爸并不缺乏幽默感，只是把幽默感都用在了家庭之外的社交上，在家里和孩子相处的时候总是板着脸。这类爸爸可以尝试在和孩子相处的时候放松一些，把自己的幽默感复制、转移到家庭中来。

有的爸爸确实没有什么幽默感，那就可以锻炼锻炼，不要害羞，脸皮厚一点，多失败几次慢慢就好了；实在不行，就向孩子学习，他们是最好的老师。

第四，父亲眼中要有光芒。

我们前面提到过，"母亲眼中发射出的爱的光芒，呼应了孩子显示自己的游戏"。其实，**不光是母亲，父亲眼中也应该有光芒**。

父亲眼中带着光芒看孩子的时候，也是父亲无条件地爱着孩子的时候，这时孩子感觉到的是被肯定、被鼓舞、被欣赏，而不是被质疑、被挑剔、被贬低。

很多爸爸总是看自己的孩子不顺眼，永远看不到孩子身上的长处。还有的爸爸觉得委屈：孩子身上确实没有任何值得肯定的地方，让我怎么去夸呢？跟这样的爸爸在一起的时候，孩子会有巨大的压力。

父亲眼中的光芒要照射到孩子的成长细节，有时候父亲给出的一个小小的肯定，也会给孩子带来长久的影响。

第五，父亲要有短板。

随着孩子的成长，他们会逐渐发现，自己小时候崇拜的爸爸，原来也有很多做不到、做不好的地方。这是很正常的。

父亲一方面要做好自己的事情，另一方面要随着孩子的成长放下自己的"偶像包袱"。其实到了某个特定阶段，**父亲越坦承自己的不足和弱点，展示自己的短板，越能赢得孩子的尊重。**

我们经常说："每一个男孩心中都有一个梦想，那就是超越自己的父亲。"孩子在超越父亲的时候，可能会产生内疚感。在这个时候，父亲如果能放下自己的身段，大大方方地承认自己的不足，仰慕、鼓励自己的孩子，孩子的内疚感就会消退，孩子就敢于尝试超过其他人，充分发挥自己的天赋。

如果父亲坚决不允许孩子超过自己，对这个孩子来说，这份内疚感会成为伴随他一辈子的障碍。

第六，父亲要有韧劲。

温尼科特说过："父亲要活下来、活下去。"

我的朋友孙平博士对这句话进行了解读："在孩子的童年不死亡、不退场，熬过生活的艰辛，熬过妻子从对你到对孩子的情感转移，熬过孩子对你的亲近和依恋，熬过孩子对你的理想化，熬过孩子的愤怒，熬过孩子的失望，熬过孩子把你一会儿视为'神'、一会儿把你视为'虫'的戏剧性的起伏，最终在孩子心中成为一个普通的却深爱着孩子的老男人，你还站在那里，你还坚韧地存在着。因为你是一个父亲。"

做父亲是一项长久的工作。在一个孩子的成长过程中，孩子对父亲的需求是变化的，在不同的年龄对父亲有不同的期待。

孩子在很小的时候，希望爸爸陪伴在他身边，保护他，做他的靠山；然后慢慢地会跟妈妈争夺爸爸；后来又会觉得爸爸不是那么理想，有时让自己失望；最后他会觉得爸爸只是一个普通人，但也深爱着自己，爸爸永远都在那里，永远那么稳定。

这就是父亲的角色在孩子成长过程中的变化历程。要想当好父亲，就得把这个过程的每一步都走完，而不是说在某个时间段天天陪着孩子，或者在某个时间段给孩子提供好的物质条件，让孩子只有短暂的情感满足，或者只有物质条件的满足，这都不是一个合格的父亲的表现。

爸爸跟孩子相处的过程中，有一个与孩子相互认同的过程，"我中有你，你中有我"。在这个过程中，孩子从爸爸身上学到很多东西，爸爸也从孩子身上学到很多东西。爸爸绝对不是单向付出。

孩子一天天长大，父亲一天天变老，但是孩子的长大绝对不是把父亲的能量和精力全部吸干。在孩子长大的过程中，虽然父亲的年龄变大、体力变差、头发变白、眼睛变花，但是父亲也一天天地变成了成熟的男人，变成了有味道的男人，变成了把很多事情看得更通透的男人。

所以，这是一个相互成就的过程。

**从某种意义上来说，孩子给予父母的，远远比父母为孩子付出的多。**成为父亲，是这个世界上最有意思、最好玩、收获最大的事情之一，希望各位父亲好好珍惜和享受这个角色。

第 7 章

# 读懂孩子的青春期

青春期的孩子常出现许多典型问题，其中蕴含许多心理学原理。本章梳理归纳了孩子进入青春期后的主要特点，帮助父母从更科学的角度认识和理解孩子在青春期出现的人际交往和学习问题，协助父母改善亲子关系，陪孩子一起度过这个重要的人生发展阶段。

# 认识青春期的孩子

近一两年的时间里，我们在咨询中遇到的与青春期问题相关的个案越来越多，几乎占总咨询量的 80% 以上。问题大致是这样几类：孩子的心理困扰；孩子的学习困难；孩子的社交和环境适应问题；家长和孩子的关系问题。

通过和父母、孩子的交流，结合国内外关于青春期的心理研究的资料，我发现当孩子进入青春期，父母遇到的问题具有普遍性的规律。为了便于理解，我尝试用简单的模型来讲解，这里用平行线来比喻。

大家在上中学的时候都学过平面几何，对平行线的概念一定不会陌生。孩子在青春期时有两条平行线：一条是青春期孩子的逆反，另一条是父母的焦虑。

## 青春期孩子的逆反

传统的资料认为青春期是指 14 ~ 17 岁，然而最新的研究发现，青春期的时间在向两头延长。现在的孩子的青春期开始得越来越早，很多人八九岁时青春期就开始了，而结束得却越来越晚，有的人都已经 20 多岁，甚至都当了父母，青春期还没有结束，而且呈现出永不结束的态势。

现在的青春期孩子普遍长得比父母更高、更壮，这是因为其成长过程中的生活条件比父母这一辈更好。同样，现在的孩子的逆反期来得更早、走得更迟、反应更大，这主要也是因为其成长过程中的生活条件比父母这一辈更好。孩子的青春期早开始晚结束，使得目前大多数家庭中，孩子和父母的冲突越来越普遍、越来越激烈。其中最让父母头疼的，就是青春期孩子的逆反，也就是第一条平行线。本来挺听话的孩子，突然就变得不乖了，不爱学习，游戏上瘾，生活习惯很差，满嘴脏话，一批评就"炸毛"，和父母没有什么话讲，一回家就钻进自己的房间，对什么都没有兴趣。

进入青春期的孩子会呈现一种现象，即青少年自我中心主义（adolescent egocentrism），这是一种自我热衷的状态，他们认为全世界都在注意着自己。自我中心主义的青少年，对权威（如父母、老师等）充满了批判精神，他们不愿接受批评，并且总是指出别人行为中的错误。

"成长与陪伴"课程第八期的一位学员分享过她青春期儿子的

一件有意思的事情。早餐时儿子和女儿不知因为什么事发生了争吵，女儿输了，向爸爸告状，爸爸觉得儿子用词太过低俗，于是也用了低俗的词语："你怎么满嘴都是鸡屎粪？"儿子立马回应："鸡屎就是粪，你用词重复！"当时妈妈在房间里，听到爸爸和儿子的对话，笑得不行。爸爸从餐厅逃离到屋里，夫妻俩相视一笑，这局是输给儿子了。

如果孩子的叛逆表现是对父母的批判与挑战，那么这说明孩子是正常的。也就是说，**孩子逆反，说明他是心理发育正常的孩子**。如果孩子到了这个年龄，非常乖，非常听话，父母说什么就做什么，反而说明孩子可能有点不太正常。

有的父母可能会有疑问：我们当年处在这个年龄的时候，为什么没有这么逆反？我们不但主动自觉地学习，还会帮助父母承担家务活，照顾弟弟妹妹，干农活，从来不给父母添麻烦。

这其实是时代发展的结果。就拿我来说，和我同龄的很多人的青春期是"打了5折"的。我们那时在身体发育上有青春期，例如个子长得很快，第二性征发育，对异性感兴趣，女孩出现生理期，等等，但是我们在心理上没有经历青春期。我们受到家庭环境和社会环境的限制，没有机会在心理上充分经历青春期这一过渡时期，就迅速地进入了成年人的角色，甚至承担起了成年人的责任和义务。

路遥的小说《平凡的世界》中描写了一位农家少年孙少安，他是家里的长子，家境贫寒，为了让弟弟妹妹有机会上学，他十来岁就主动辍学，放下书包的第二天就扛起锄头上山干活去了。我年轻时看这本小说非常感动，觉得自己和孙少安相比，实在是太幸福了，哪儿好意思和父母较劲啊！我女儿长大以后，我把这本书推荐给她，她没有太大的兴趣，因为她无法与书中的故事产生共鸣。直到前几年这本小说被改编成了电视剧，她才有了一点兴趣和我一起看，虽然她对这样的生活环境感到好奇，但是她依然很难和我有同样的感受。

这不是这一代孩子的错，因为他们离这样的生活太遥远。

## 父母的焦虑

既然青春期孩子的逆反是正常的，那父母干脆就不管了，孩子想干什么就干什么去吧——如果你是这么理解的，那你肯定不是孩子的亲爹亲妈，或者不是合格的亲爹亲妈。因为不是靠简单的不管，孩子就可以顺利地度过青春期的。孩子在每个成长阶段都会表现出一定的特点，了解这些特点，才能更好地找到孩子行为背后的原因，找到合适的帮助孩子的方法，才可以缓解父母面对与自己童年时的表现差异较大的孩子而产生的焦虑，帮助父母调整其与孩子相处的方式。

青春期是一个人成长过程中非常重要的时期，它不仅是父母最担心的学习和考试的关键期，还是孩子学习社会文化、科学知识，培养创造性能力的关键期，也是孩子形成世界观的关键期。如果孩子在这个时期出现一些差错，可能会影响孩子的一生。

很多父母习惯了孩子一直以来都在自己的掌控之下，由自己决定孩子的学习计划、补习安排、假期时间安排，甚至掌握孩子与朋友之间的相处情况。这种掌控感会给父母带来平静和稳定。但是孩子进入青春期后，孩子的身心发展促使他们要求独立，他们的日记本中开始有不想被父母看到的内容，他们的朋友圈开始屏蔽父母，他们开始在房间里关门、锁门，他们与朋友的相处、在学校的经历逐渐不告知父母，假期安排等也不再征询父母的意见。这让父母逐渐失去了对孩子的掌控。尤其是这个时候，孩子开始质疑、挑刺，开始表达与父母相反的立场。父母无法适应这样的转变，开始担忧孩子是否被不良的事物引导了，担忧孩子由于自己不够成熟而处理不好自己的事情，担忧孩子变坏了……于是父母的焦虑加剧，形成第二条平行线。

孩子在青春期的逆反是正常的，父母的焦虑也是正常的。

青春期的孩子外表看起来已经和父母差不多高大了，很多甚至超过了父母，但是他们从内心来讲还是个孩子，还有很多不成熟的地方，还需要父母的帮助和保护。这一点其实他们自己也知道。他们看起来很不愿意被父母管，很不愿意父母过多地干预他们的生活，但是如果父母真的不管他们，他们又会觉得特别失落，感觉自己被父母抛弃了，感觉自己失去了逆反的目标和意义。

青春期孩子的逆反和父母的焦虑，这两条平行线就像火车的两条铁轨，缺一不可。

有个初三孩子的家长，他的理论是孩子将来做什么都让他顺其自然，所以他根本就不管孩子，孩子爱干什么就干什么，结果孩子在学校表现得很糟糕，这是因为缺少了父母的焦虑这条铁轨。

还有的家长要求孩子绝对服从自己，不准越雷池半步，他们的孩子看起来很乖，结果上了大学后却疯狂玩游戏，挂科太多被学校劝退，这是因为缺少了青春期孩子的逆反这条铁轨。

两条铁轨不但缺一不可，还要保持好距离，太近或太远，火车都无法正常行驶。

## 两条平行线的安全距离

这两条平行线可以维持以下 3 种关系，这对孩子的成长会发挥出比较好的作用。

第一种关系，保持相互平行，同步向未来延伸。

父母应该认识到青春期孩子的逆反是正常的，并包容孩子的逆反，欣赏孩子的成长，耐心等待孩子变得成熟，始终相信孩子，紧跟着孩子成长的步伐陪伴孩子成长，随时为孩子提供他们需要的帮助。

孩子应该理解父母的成长背景和自己的成长背景有着巨大的差别，理解父母担心自己的背后动机，允许父母用自己的方式表达焦虑，感受父母行为背后的爱意。

　　第二种关系，向未来延伸的同时也向过去延伸。

　　青春期的孩子和父母之间不是只有冲突，还有依赖。青春期的孩子常会表现出退行的状态。这里所谓的退行，就是青春期孩子的很多行为特征表现得像几岁的孩子，好像退回了小时候。例如男孩总是尿到马桶外面，女孩不冲厕所、怕黑，等等。这种退行其实是有积极意义的，父母可以充分利用这个时机，使两条平行线向过去延伸，弥补孩子 6 岁以前人格发育的缺憾，这是难得的机会。例如父母在孩子小的时候没有和孩子生活在一起，那就要利用这个机会修复情感和依恋关系的缺口，给予出现退行的孩子更多的无条件的关爱。

　　第三种关系，为两条平行线寻找合适的交叉点。

　　两条平行线不能相交是常识，但这是在欧式几何，也就是在平面几何的框架内。如果在非欧式几何里，两条平行线是可以相交的。从这个角度来说，逆反的青春期孩子和焦虑的父母完全可以找到合适的点交叉，彼此达成共识。这也是为什么我的假设模型使用了"平行线"这个概念。

　　从理论上来说，孩子会在 17 岁左右把自己的愿望与父母（也包括老师）的愿望结合起来。孩子会从自恋中走出来，开始发现父母和老师说的好像有点道理，会考虑把父母的想法与自己的想法结合起来。这时候孩子往往与自己的过去分离，做出兼顾双方需要的抉择。这个时候，青春期的孩子不再那么逆反，父母的焦虑也逐渐缓解，双方有了可以达成共识的交叉点。

除了随着孩子自然成长找到的交叉点，还有两个交叉点比较容易找到。

第一个交叉点，父母和孩子的日常交流。

家里有青春期孩子的父母都知道，孩子在这个时期非常不愿意和父母交流，问题出在交流方式和交流内容两个方面。

在交流方式方面，孩子与父母的思维节奏不同步，其习惯用语和对某些特定词汇的理解都存在差异。

从节奏上说，青春期的孩子思维极快，父母根本跟不上他们的节奏。这不是孩子的问题，也不是父母的问题，是因为双方不在一个层级上。我和一个上初一的女孩谈话，她对我说："我和父母周六在家，一下午的时间，我们只能一直聊一个话题，那就是学习。我回到学校宿舍和同学聊天，我们从父母聊到音乐，再到女子团体，到游戏，一分钟换一个话题。如果哪个同学出去上了趟洗手间，回来时就跟不上我们聊天的节奏了。"我特别能理解这个孩子不愿意和父母聊天，也能理解父母没办法和这个孩子交流，因为在差不多一个小时的时间里，都是她在说话，我只是跟着她的话题走，我的脑袋都像煮开了一样，谈话结束的时候，我感觉头很晕，因为这一个小时谈话的信息量太大了。大多数的父母可能没有这个耐心，也没有这么强大的信息加工能力，毕竟孩子处于思维最活跃的年龄阶段，所以父母会忍不住打断孩子，或者躲开，交流也就无法顺利进行。

虽然孩子从小是跟父母学说话的，但是到了青春期，孩子会形成自己的一套和同龄人交往的语言，就像《林海雪原》中土匪的黑话，如"吃土""爱豆""安利""种草"等，尤其在线上聊天对话框中，孩子使用汉语拼音的首字母组词，如"ssmy"，意思是"盛世美颜"，指特别漂亮、特别帅。还有些孩子说脏话，让父母非常不舒服，双方甚至为此发生冲突。其实这不是孩子没礼貌、不尊重长辈，而是双方对一些词的用法和理解程度不一样。孩子可能没有恶意，反而是用这些词来表达彼此之间很熟悉、很亲近的关系。有时孩子在同龄人之间说习惯了，也会把这些词用在和父母之间的表达上。他们不但没有恶意，反而是把父母当作同龄人，但是父母不了解，误会了他们。

在交流内容方面，父母和孩子的冲突也在增加。

现在的孩子知识面很广，他们对很多事情会有自己的看法和见解，即使有些在父母看来很幼稚、很过分。可是父母在和孩子有不同意见的时候，经常因为说不过孩子而生气、发脾气，所以孩子就不和父母说了。其实这种情况很好处理，例如我女儿会经常和我争论一些政治话题，我会说："你在这个年龄能够想到这些，我觉得很惊奇，我在你这个年龄的时候，想不到这么广、这么深。我现在如果和你是同样的年龄，可能会和你有很多的共鸣，但是我现在 50 多岁了，我经历过很多你现在还没有经历过的事情。以我现在的年龄和经历，我是这么看这个问题的……我不强求你的观点和我的观点一样，因为你没有经历过我的生活，我也没有经历过你的生活。我觉得我们意见不一致，才是正常的。最后我还想提醒你，在表达这些意见的时候，要看一看场合。"这样孩子会愿意和父母多聊一些。

有一位爸爸暑假带读初三的女儿到青岛市的崂山旅游。他一到酒店放下行李，就立刻要带女儿去爬崂山，因为他觉得爬山是这趟旅游的重点。可是女儿却嫌热，怕晒，不愿意去，宁愿在酒店房间里玩平板电脑。爸爸很生气，觉得自己好不容易安排了假期，花了这么多钱，到这里来却待在酒店里，那还不如待在家里。父女为此闹得很不愉快。

要化解这类冲突，彼此就要寻找共鸣。例如在选择旅游地的时候，父母征求一下孩子的意见，选定地点之后，父母和孩子共同商量感兴趣的景点或"打卡"地。如果父母和孩子想去不同的地方，可以分开行动，或者彼此妥协，上午父母陪孩子，下午孩子陪父母。这就是交流的交叉点。在彼此尊重、彼此了解、彼此感兴趣的基础上，找到交叉点并不是很难。

第二个交叉点，交朋友。

这个年龄的孩子需要伙伴和团体，他们需要通过同龄人的眼光验证自己的价值，他们追求认同和归属感。青春期孩子具有侵略性的冲动，这种冲动需要得到宣泄和缓解。同龄人团体中的互动，可以使孩子在相对安全的环境中探索和尝试释放这些冲动。如果没有在团队中的互动，孩子在性格上的缺陷就可能会被忽视或否认，这种风险要靠孩子独自承担，如果孩子无法完整地整合自我，会妨碍孩子的心理发展，使孩子留下后遗症。

很多父母也知道孩子这时候需要朋友，同时又希望自己的孩子交"好的"朋友，例如年级或班级里的学霸；不希望自己的孩子交"不好的"朋友，例如考试成绩不好的、爱玩游戏的、打架的、抽烟的、辍学的孩子。但是父母会发现自己的孩子往往喜欢和那些所谓的"不好的"孩子玩。其实站在孩子的角度来看，有些学霸非常不好玩。有个孩子在初中的时候参加过一个活动，活动参与者是全区各个学校年级排名前十的学生。连续几天的活动，不管是在车上还是在活动的间隙，这些孩子聊的内容全都是：这个课考了多少分，排名第几；那个课考了多少分，排名第几。跟这样的孩子一起玩，实在是"压力山大"，而跟那些所谓的"不好的"孩子一起玩，就有意思多了。

对于孩子交朋友，父母要做的是尊重和给予孩子社交的空间。一味地说教指责只会让孩子远离父母，偏向朋友那边。父母表达对孩子交友的理解，以及对孩子朋友的欣赏，孩子才会愿意听取父母对朋友更全面的评价。父母要做的就是理解孩子的交友行为，给孩子一些用于社交的零花钱，随时提醒孩子，与朋友在一起时，哪些事情可以做，哪些事情不能做。正常情况下，孩子都能理解父母的担心是为自己好。

# 应对青春期孩子的需求

## 青春期的"蜘蛛网"

我小时候猜过一个谜语："南阳诸葛亮，稳坐中军帐，布下八卦阵，单捉飞来将。"这个谜语没什么难度，谜底就是蜘蛛。如果有条件的话，父母可以和孩子一起仔细观察蜘蛛结网的过程。蜘蛛会找一个墙角，或者有树枝之类可以依托的地方，从腹部吐出一根一根的蛛丝，先把这些蛛丝固定在牢靠的地方，然后以这些固定好的蛛丝为骨架，一点点织好一张类似八卦图的网，完工后自己待在中间，静静地等待自投罗网的猎物。

我小时候好奇且淘气，花了一下午时间看完蜘蛛结网，又特别想看看如果固定蜘蛛网的蛛丝断了，会出现什么情况。于是我就拿起一根小棍，一次挑断一根固定蜘蛛网的蛛丝。刚开始还没有太大影响，随着一根一根起固定作用的蛛丝的断裂，蜘蛛网渐渐就不成形了，当只剩下一根固定蛛丝的时候，蜘蛛就成了无依无靠、随风摇曳的"吊死鬼"（学名为尺蠖，它靠一根丝吊在树枝上），没有了"稳坐中军帐"的神气。

青春期的孩子有时就像蜘蛛网中间的蜘蛛。固定蜘蛛网的一根根或粗或细的蛛丝，就是孩子与外界的人和物之间的情感联结。这些蛛丝包括孩子和母亲的关系、和父亲的关系、和祖辈（爷爷奶奶外公外婆）的关系、和兄弟姐妹的关系、和长辈亲戚（姨姑叔舅等）的关系、和平辈亲戚（堂兄弟、表姐妹等）的关系、和老师的关系、和同学的关系、和学业的关系、和宠物的关系、和大自然的关系、和网络上的朋友的关系、和网络游戏的关系、和艺术的关系、和运动的关系、和所崇拜的偶像的关系、和专业人员（咨询师、医生、社工等）的关系、和宗教信仰的关系等。

对于一个青春期的孩子来说，最好的状态是孩子和外部的情感联结数量多、质量好。就像一张理想的蜘蛛网，固定的点很多，固定的蛛丝很多，这些蛛丝又粗又结实。这张蜘蛛网能够经受住一般的风雨，即使是大个儿的虫子用很快的速度撞击，也不会对它造成什么破坏。这种理想的状态在生活中比较少见，因为父母和孩子之间有太多的差异。随着孩子的年龄增长、自我发展状态的变化、环境的变化，这些蛛丝的稳固性时好时差。

次一等的状态是孩子和外部的情感联结很多，但是这些联结有时不太牢靠。就像一张蜘蛛网，固定的点很多，固定的蛛丝很多，但是蛛丝不够结实，遇到风雨或外物冲击，就会有几根固定蛛丝断裂，但是因为数量多，其他的蛛丝分担了断裂的蛛丝原来承载的力量，蜘蛛网还能基本保持原来的样子。有一个上初中的孩子，他虽然父母离异了，但父母对他的关心并没有减少。即使叛逆期的他总是在父亲那里住两天，又到母亲那里住两天，偶尔也会和父母发生矛盾，但始终成长在父母的关注之下，靠着这些蛛丝的接力，他有惊无险地度过了最困难的人生阶段。

再次一等的状态，是孩子和外部的情感联结不多。就像一张稀稀拉拉的蜘蛛网，只有几根固定蛛丝特别结实，在遇到大风大雨和外物冲击的情况下，蜘蛛网会被破坏，但是蜘蛛靠着这几根蛛丝能够保住性命。等风雨过去，蜘蛛再寻找机会重新织网。就像电影《心灵捕手》里那个数学天赋极高的孩子，他和亲人、朋友的关系都非常糟糕，但是一位心理治疗师一直信任他、鼓励他，即使在最困难的情况下也不放弃他，帮助他度过了人生最危险、最孤独的阶段，使他重新开始规划自己的未来。如果固定的蛛丝很少，那么这些固定蛛丝的质量尤其重要。例如专业的社工、心理咨询师、宠物、大自然等，可以成为孩子危急时刻保命的"蛛丝"。

最糟糕的状态，是孩子和外部的情感联结寥寥无几。就像一张岌岌可危的蜘蛛网，固定的蛛丝非常脆弱，稍微遇到一点风吹草动，就随时可能破裂。蜘蛛网靠不住，蜘蛛也命悬一线。

广东梅州的一个女孩，从小父母离异，她跟着父亲长大。父亲忙着打工，也没有能力更多地关注她的情感需求，只能保证她吃饱穿暖、有书读。小的时候，她没有出现什么问题，到了青春期，她对情感的需求急剧增加，内心的各种冲突变得激烈，而她除了同学和朋友这根"蛛丝"，没有办法找到其他和外界建立情感联结的"固定蛛丝"，所以她在写给同学的信中写道："除了和你们的友情，我一无所有。"这根"蛛丝"实在是太脆弱了，不足以承担她所有的"重量"。

还有个高中生，从小就被要求学业成绩一定要好，他小时候的成绩可以靠勤奋刻苦排在班级前面，到了高中阶段，所有人都开始发力，他的成绩便再难突出。可是周围的成年人都认为是他不够努力，没有上进心。他和外界的情感联结就是学业成绩这唯一的一根"蛛丝"，一旦这个联结断了，他就什么都没有了。

每当青春期的孩子发生不幸事件，总会有一种说法出现：现在的孩子承受挫折的能力太差了。很多父母非常不理解现在的孩子："不就是老师冤枉了你，不就是父母骂了你几句、打了你几下，何至于有这么大的反应呢？我们当年不都是这样过来的吗？"这是因为父母和现在的孩子的成长环境有天壤之别。父母青春期时的"蜘蛛网"密密麻麻，连着自己的父母、兄弟姐妹、同龄小伙伴、鸡狗牛青蛙、小河草花等，断了这根"蛛丝"还有那根"蛛丝"；现在的孩子的"蜘蛛网"稀稀拉拉，断了和父母的联结，或断了和学业的联结，抑或断了和网络游戏的联结，"蜘蛛网"就没了。网之不存，蛛将焉附？

青春期的孩子在生理和心理的双重压力下，内心常常充满了愤怒。愤怒也是一种情感的联结，孩子需要通过合适的渠道以攻击的方式将愤怒宣泄出来。一个没有兄弟姐妹、同龄小伙伴、鸡狗牛青蛙、小河草花等对象可以攻击的孩子，又不敢把父母作为攻击对象，那就只能攻击自己了。

青春期孩子和父母之间的关系，很多时候和经济、文化、环境、生理、心理等各种因素混合在一起，让身处其中的父母和孩子都左右为难。我们是成年人，我们比孩子体验过更多的压力和困难，因此我们要努力靠近孩子、理解孩子、尊重孩子，为孩子多留几根"固定蛛丝"，不要把那些我们认为无用的"蛛丝"都一一剪断，只留下学习这一根，这样做实在是太危险了。但是我们不能代替孩子经历这个过程。青春期孩子的特点就是忽而疾风暴雨，忽而阳光明媚，孩子就是在这个剧烈摆荡的过程中一天天成长起来的，他们在尽量保留自己个性特点的同时，逐渐适应社会。

每一代人的青春期都不容易，因为这是一个人从孩子到成年人的蜕变过程，他要放弃很多不得不放弃的东西，同时也要承担很多不得不承担的责任。

## 尊重青春期孩子的陪伴需求

青春期的孩子最常说的一个词就是孤独。因为青春期的孩子具有强烈的陪伴需求。这个需求的满足往往来自同龄人，而不是父母。

这个需求与孩子心理的成熟和人格的完善有关。

第一，陪伴的需求源自自体发展的路径。

自体是自体心理学中经常使用的概念。自体与生俱来，是人格的核心，统摄一切的心理体验。自体的发展会经历 3 条路径。

第一条路径叫理想双亲意向，或者叫理想双亲映像。我把它简单概括成 3 个字——"建模子"，就是指孩子在很小的时候，会把所有的情感都投注在照料者的身上。这里的照料者主要是双亲，尤其指妈妈。在抚养孩子的过程中，妈妈被孩子用敬畏的、钦佩的目光注视，并且成为孩子模仿的对象。理想双亲和孩子之间的融合感，就是孩子看到理想双亲在陪伴他、照顾他，可以帮助他恢复平静感、秩序感、安全感。

第二条路径叫夸大自体，通俗的说法叫"照镜子"，是指在一个高质量的镜子的不断映照下，孩子对自身的确信感越来越强，极大地增强了孩子和他人充分相处的能力。"镜映"在不同阶段的重要对象是变化的。对孩子来说，最重要的镜子，小的时候是妈妈和爸爸，大了一些就是同学和朋友，成年以后建立了亲密关系，就是女友 / 男友或者妻子 / 丈夫。

第三条路径叫他我人格，通俗的说法叫"拜把子"。第三条路径是在前两条路径的基础上发展起来的，如果前两条路径发展得不好，第三条路径的发展会受到很大的影响；前面两条路径发展得好，第三条路径的基础便会更好。

　　第三条路径就是孩子基于亲密感或相似感的需要，想去了解同龄人，就是孩子需要被某个和自己差不多的人看到和理解，也需要去看到和理解这个跟自己差不多的人。孩子去上学，除了学习知识以外，最核心的体验是在集体中过集体生活，在集体中获得更多关于自己的评价，否则孩子会感到孤独和痛苦。第三条路径可以满足青春期孩子最重要的需要，所以青春期的孩子在这个时候特别需要同龄人之间的相互陪伴。

　　第二，陪伴的需求能够满足归属动机。

　　心理学家利希滕贝格（Lichtenberg）的动机理论提出，人类发展的核心包括依恋动机和归属动机。一个孩子在成长的过程中，不仅有强烈的动力继续维持过去的依恋关系和形成新的依恋关系，而且有动力去发展归属感，去归属于共享目标、信仰、理想和关系联结的各种团体同盟，最终完成对外部环境的适应，完成社会化。

　　在 6 ~ 10 岁，孩子通过运动和游戏团体，慢慢地形成一些共享的目标、共享的信仰、共享的理想和共享的关系。这是归属动机的初步满足。关于游戏对孩子成长的重要意义，我们已经在前文分享过。很多家长担心孩子玩电子游戏会阻碍其社会交往，让孩子变得只会独处。事实上，现在的孩子在玩电子游戏的时候，喜欢玩团队合作式的联机游戏，他们在网络和游戏的世界里，依旧受到归属动机的影响，在通过各种方式满足归属感。

　　利希滕贝格认为，相比其他动机，更多的人可以为归属动机而赴汤蹈火。例如两个孩子关系特别好，其中一个孩子说："我不想上学了。"另一个孩子可能会说："我陪你。"孩子之间的"义气"行为可能是冲动的、不理智的，甚至是破坏性的。家长在教导孩子的时候，往往只看到行为本身，而忽略了其中归属动机的作用。所以家长有时候会觉得很奇怪：爸爸妈妈把你养这么大，为你提供这么好的条件，这么爱你，从来没见过你对爸爸妈妈这么好，你却对你的同学"掏心掏肺"的。其实这是因为孩子在这个年龄节点上，归属动机的强度超过了依恋动机的强度。

如果一个孩子没有朋友或者归属感得不到满足，他会很郁闷，会出现各种状况，他的抗压能力也会受到损伤。

第三，陪伴的需求是自我概念发展的标志。

自我概念是一个人对自身存在的体验，人们通过自己的经验、反省和他人的反馈，逐渐加深和完善自我概念。

以前发展心理学理论中的自我概念包括以下几种。

学业自我概念，指一个人在学校情景中，对自己的学习能力和学习行为的觉知和评价。

社会自我概念，指孩子会去观察、去体验，去思考自己是不是受到社会环境中别人的欢迎，人们是不是都喜欢自己。

情绪自我概念，是孩子关于自己经常处于什么样的情绪状态的觉知。如果一个人经常是乐呵呵的，他会觉得自己很乐观，还不错。如果一个人经常悲伤难过，他可能会觉得自己没有用、不值得被喜欢。

身体自我概念，通俗来讲就是孩子对自己身体有关的认知和评价。例如孩子会评判自己长得帅不帅，打球打得好不好，跑得快不快，个子高不高，等等。如果评判结果是肯定的，孩子会认为自己受到更多人的欢迎，否则就是被周围的人厌恶。

我在工作中观察到，在网络时代中成长起来的孩子，在原来的四种自我概念的基础上，又增加了一个"虚拟自我概念"。他们在各种网络平台建立自己的微博号、微信号、直播号、视频号、游戏号等，从而形成一个网络上的自我形象，这个形象与他们在现实中的形象可能有很大差别，他们对这个形象的重视程度还可能超过现实中的自我形象。一个孩子因为考试成绩好而被老师表扬、被家长夸奖、被同学羡慕，远远不如他发在网上的社交账号增加了几百个关注和点赞更让他扬扬得意。这是时代发展的结果。很多孩子沉迷网络的原因是网络能满足他们对"完美的虚拟自我"的追求。

学业自我概念、社会自我概念、情绪自我概念、身体自我概念和虚拟自我概念组成一个孩子整体的自我概念。整体的自我概念偏向于好，这个孩子就受容易得到群体的欢迎，归属感也会发展得更好。

发展心理学家爱利克·埃里克森（Erik H Erikson）认为，如果一个孩子感到他所处的环境剥夺了他在未来发展中获得自我认同的种种可能性，他就将以令人吃惊的力量抵抗社会环境。在人类社会的丛林中，一个人如果没有被认同的感觉，就没有自身的存在。孩子到了青春期，特别需要的是有人能够接纳自己，如果他能够加入某一个团队或者联盟，他就会觉得自己活着是有意义的。

孩子在这个年龄，对同龄人的认同的需求是远远超过父母的。所以他必须想办法去寻求同龄人的认同，从而形成一种所谓的忠诚的品质。这种忠诚是指这个团队的价值观是什么，自己的价值观就是什么，哪怕这个团队的价值观跟自己的价值观是冲突的，孩子也愿意放弃自己的价值观，去遵从这个团队的价值观。有时候，一群孩子形成团体，不是因为这群孩子的观念一致，而是因为大家聚在一起形成了共同的信念。而在这个团体的人不论是否认同这个信念，都会做出团队要求的事情。

所以父母要尊重孩子的同伴关系，并在力所能及的范围内，为孩子创建建立良好同伴关系的时机或者条件，帮助孩子更加顺利地度过冲突剧烈的青春期。

## 舌尖上的"独立宣言"

除了陪伴的需求以外，青春期的孩子也有一定的独立需求。例如，很多孩子进入青春期后，父母会发现他们越来越嫌弃家里做的饭，他们总是想办法吃快餐、订外卖。如果父母要求孩子少订外卖，孩子顿时牢骚满腹："你们做的这些菜，哪里花了心思，哪里好吃了？你看看我同学家，人家外婆做的糖醋排骨，比你们做的菜好吃多了。同样都在做饭，你们为什么就不能做得好吃一点？！我就是不喜欢吃，怎么了？！"

很多父母想不明白，家里的饭菜，不管是材料还是加工，都是花了心思的，也许口感不如大厨，但是营养又健康，为什么孩子小时候吃得香，进入青春期却嫌弃得不行。其实，这只是一种"障眼法"，背后真正的动机是孩子要独立。

对孩子来说，不管是爸爸妈妈、爷爷奶奶、外公外婆、其他亲戚长辈，还是保姆、钟点工、阿姨，只要是家里大人做的饭菜，除了有营养，还有一层心理意义：家里的饭有一种确定的安全感。当一个孩子确信有一个地方能持久地、及时地、没有附加条件地为自己提供食物的时候，他的心里是很踏实的。这是每个人心理的烙印。特别是对于我们这些经历过物质不太丰富的年代的人来说，这个烙印更深，只要听到一声"吃饭啦——"的吆喝，我们的心里立刻就会涌起一股暖流。

然而，家里的饭既是安全的保障，也是独立的羁绊。几乎每个孩子都有这样两种体验。其一是爸爸妈妈在力所能及的情况下，费尽心思，为自己提供好的饮食条件和充足的营养。其二是经历过爸爸妈妈半真半假的"饭力"威胁或者嘲讽："再不听话，就不要吃饭了""考得这么差，还好意思吃饭""写不完作业，不许吃饭""学啥啥不会，吃啥啥不剩""吃吃吃，就知道吃，你要是能把吃饭的劲头用在学习上就好了""你吃我的喝我的，还不听我的话"。

　　人们依旧习惯性地把工作形容成"饭碗"，找工作用北京话来说是"找饭辙"。饭，绝对不是简单的脂肪、蛋白质、碳水化合物、纤维素的混合物，它还与自我价值有着密切的联系。我有位朋友的家训是：无功之人不留饭。她家的习惯是每天一家人一起吃晚饭，不能及时赶上饭点的家庭成员，如果是因为加班、学习之类的事情，家里会专门给他留饭；如果是因为看电影、逛街之类的娱乐活动，则不给他留饭。

　　人一生中对饭会进行排斥的两个主要阶段是 3 岁左右和青春期。人在这两个阶段都有一个共同的特点，就是以自我为中心。3 岁左右的孩子认为自己是世界的中心，周围的一切都可以冠名为"我的"。例如，我的爸爸妈妈，他们不可以对别的小朋友好；我的玩具，其他人不可以随便玩；我看不到的事情，就是不存在的。这是人的自我意识刚开始形成的阶段。于是，潜意识中的自我意识让孩子开始抵抗吃饭这件事，他想要按照自己的意愿吃饭，父母让他在某个时间吃饭，他偏不。但是这个年龄的孩子毕竟力量还比较薄弱，意志还没有那么坚定，很快就被父母通过各种套路搞定了。

　　而青春期孩子独立的动力强大得多，他们会带着儿时未了的心愿，在激素的驱动下，向父母发起新的挑战。他们要想满足独立的愿望，首先要搞定吃饭这件事，不能被父母"卡住脖子"。所以一个青春期的孩子听到"饭力"威胁的话的时候，第一反应恐怕就是："我不吃了行不行？！"这也是很多青春期的孩子喜欢用不吃饭来对抗父母的原因。但是不吃饭并不是一个好办法，因为肚子会饿。如果不吃家里的饭，那就只能在家以外的地方找吃的或者自己做。

我在十几岁的时候，这两个办法都试过。20 世纪 80 年代初，西安西稍门南小巷口有家饭馆，素面 9 分钱一碗，除了面条，只有两片青菜；肉面一毛三一碗，多一小勺冷的肉末，带着白花花的凝固的猪油。放到现在，倒给钱我都不吃，但是当年我就觉得特别好吃，可惜身上只有几毛钱，每次吃的时候都要咬半天牙。我小时候家里没有冰箱，用的还是蜂窝煤炉，自己做一顿饭实在是不容易：偷着蒸馒头不知道要发面，切菜切到手，煮面煮到一半炉子灭了。

现在的孩子不用为了一顿"独立饭"如此辛苦，他们赶上了网络时代，于是不约而同地找到了一条满足心理需求的捷径——订外卖。外卖在某种程度上满足了青春期孩子的内心需求。外卖品种齐全，花样丰富，24 小时服务，他们随时都可以订，而且不会有人唠叨，不会有人提醒他们不要喝冰的、不要吃辣的、不要吃油炸的、不要吃垃圾食品、要多吃青菜；不会有人强迫他们一定要把饭吃完，他们不用非要和大人坐在一起吃；吃饭时玩手机也不会被批评；吃完还不用洗碗。

对忙碌的成年人来说，外卖是省时省力的果腹之物。对青春期的孩子来说，外卖是一纸舌尖上的"独立宣言"。他们通过外卖向父母宣告：不吃你们做的饭，我不但可以独立生存，而且可以过得很好！看到此处，父母可能会义愤填膺："你订外卖用的还不是我的钱！这叫什么独立啊？！你要是真独立，自己挣钱自己花啊！"

请各位父母冷静。宣言是宣言，行动是行动。宣言是表明一个态度，不一定非要采取行动。这个时代的青春期孩子，最典型的心理特征就是"违抗的独立性"和"退行的依赖性"快速转换，甚至在某个时刻两个极端同时出现。

违抗的独立性，是指孩子希望自己能够被当作成年人看待，希望自己有更多的独立性，希望自己有更多的隐私权，希望自己得到更多的尊重和信任，虽然他们的自我管理、自我控制能力还不足以让成年人完全放心。

退行的依赖性，是指孩子同时又希望自己还能继续得到父母提供的物质和情感支持，继续得到父母的照顾和呵护，希望父母在他们独立的道路上把他们扶上马送他们一程。父母如果说："既然你这么渴望独立，那我们就不管你了，你自力更生吧。"孩子会觉得自己的能力还不够，还不能独自在社会上很好地生存，起码不能保持现有的在父母身边的生活水平。

孩子不吃父母做的饭，满足的是违抗的独立性；用父母的钱订外卖，满足的是退行的依赖性。

青春期正是孩子折腾这两件事儿的时候，等他们折腾够了，就消停了，到那时他们也就真的长大了。有底气折腾的孩子，是幸运的孩子，因为他们得到了父母无条件的爱。

# 直面青春期的三大风暴

## 青春期孩子的无名火

孩子到了青春期，父母会发现他们的脾气突然暴躁了起来，他们经常"莫名其妙"地发火，一言不合就说狠话、说脏话、骂人、摔门、砸东西、狂吼乱叫等，像个一点就炸的火药桶，或者像个不知道什么时候会爆的定时炸弹。

部分青春期的孩子老是发无名火，有的父母对他们敬而远之："惹不起还躲不起吗？"有的父母会针锋相对，"以暴制暴"："你还敢发脾气，你要造反啊？你脾气大，我比你脾气更大！"于是父母和孩子之间的各种矛盾就产生了。

其实，如果父母了解了孩子的无名火的来源，就可以很快找到应对之法。

来源一，身体的外在变化。

人们会根据自己的身高体重，穿不同码数的衣服，穿着合适码数的衣服会比较舒服。如果你平时穿 XL 码的衣服，现在要求你每天穿 S 码的衣服，你会是一种什么样的感觉？你会觉得很紧、很拘束，想赶快脱掉衣服，但是现在要求你必须 24 小时穿着，睡觉的时候也得穿着，那么你的烦躁感就会增强，难受的感觉也会累积，可是你又没有办法，这种感受不是忍几天或几周就没有了，而是要持续很多年——这就是青春期孩子的真实感受。

孩子进入青春期，他的身体也进入快速生长期。孩子适应这个迅速生长的身体需要一个过程。就像一直开两座小汽车的人，突然让他开一辆加长的房车，他有驾照，也懂交规，但是不熟悉这辆新车的长度、宽度、高度、转弯半径、视野盲区，所以他开的时候就容易出现一些磕碰和剐蹭。不了解的路人可能就会认为这个司机技术太差，或者认为他可能在酒驾。

有的孩子小时候一不高兴就喜欢踢门，然而踢得自己脚趾头很疼，疼得直哭，门也没有什么变化。到了上初一的时候，他还用小时候的方式发泄情绪，结果一脚就把门踢出了一个洞，把自己都吓了一跳。孩子小时候踢门疼得哭的时候，父母都在旁边捂嘴偷笑，而现在父母会很生气，因为要修门。

有个女孩在小时候生气的时候就一把把妈妈推开："你走开，我不喜欢你！"妈妈就笑一笑走开了。现在她上小学六年级了，不高兴的时候还是像小时候一样推妈妈一把："你走开！"结果妈妈一下子就坐到了地上。母女两人都愣住了。妈妈觉得这孩子现在怎么这么坏！孩子觉得自己没使劲儿啊，妈妈怎么就坐地上了？

这其实就是孩子还没有适应自己身体的变化。有时候这些变化是悄悄发生的，孩子意识到的时候，已经造成了把门踢坏、把妈妈推倒的糟糕结果了。

来源二，身体的内在变化。

身体的外在变化相对而言比较好识别，身体的内在变化就不那么容易看到了。

我们都知道一个词叫"更年期"，女性到了一定的年龄会产生一些身体和情绪的变化，会变得容易失眠、暴躁、烦闷、盗汗等。这是随着年龄的增长，女性雌性激素分泌量降低造成的。有的男性到了一定的年龄，会出现脱发的现象，这是雄性激素的变化引起的。女性更年期和男性脱发的现象，大家都能理解，也觉得很正常，但是青春期孩子内分泌的变化却很容易被忽视。

雄性激素除了促使动物性成熟以外，还有一个功能就是让动物充满攻击性，因为性成熟的雄性动物需要与其他雄性同类争夺与雌性动物的交配权。这一点大家在看《动物世界》的时候就非常了解，那些雄性动物一到发情期就会互相威胁、互相追逐、互相打斗，甚至以性命相搏，一定要分出个胜负才行。这时候如果哪一个雄性动物精力不旺盛、力量不强大，就会败下阵来，失去繁衍后代的机会。

人是动物界的一分子，当然也会遵循自然的规律。青春期也是孩子的性成熟期。到了青春期，男孩在雄性激素快速增加的情况下变得暴躁、好斗，这是非常正常的，也是不容易通过意识层面来控制的。青春期的男孩不可能通过互相打斗来争夺女同学，他们的性压力和攻击冲动都没有办法用最原始的方式释放，这些积累下来的东西会让他们非常难受，显得暴躁且易怒。

女孩到了青春期，由于雌性激素的变化，有了生理周期，每次生理周期结束的时候，由于妊娠没有发生，在脑垂体分泌的激素的调控下，卵巢中雌性激素和孕激素的分泌量下降，部分组织会脱落，在疼痛的刺激下，她们容易疲倦、情绪不佳、烦恼抑郁。这时如果有人去招惹她们，就相当于火上浇油。

此外，如果孩子在青春期没有良好的作息和规律的饮食，压力过大，等等，也会导致身体内在的变化，进而影响情绪。

有调查表明，大约 50% 的坏脾气老板都是睡眠不足造就的，他们会因为睡眠不足造成的疲劳而对下属大喊大叫。员工也一样，因为睡眠不足，有 39% 的人会脾气暴躁，19% 的人在工作中容易出错。如果一个人两天两夜不睡觉，大脑就会像电脑一样重启，将控制中枢从平时的"冷静理智"控制区转向"紧急状态"控制区，这个控制区会让人将行为模式切换成应对危险的"要么战斗要么逃跑"模式，导致人变得急躁。现在青春期孩子的睡眠普遍不足，情绪自然会受到影响。

肉类食物中的动物蛋白会使大脑中的色氨酸含量减少，从而导致人变得急躁，有侵略、好斗的倾向。肉类食物中含有的大量饱和脂肪酸会让人的血压升高，血压升高是人情绪不稳的重要诱因。摄入大量肉类食物还会导致血液中的钙离子含量下降。血液中的钙离子是情绪的降温剂，钙离子的减少会增加人暴躁易怒的概率。现在的孩子，不论是生活在城市还是乡村，对肉类食物的摄入量在历史上都是前所未有的。这也会导致孩子的情绪不稳定。

还有研究发现，长期食用炸薯条和鸡肉汉堡会让男性变得脾气暴躁而且更容易有暴力行为。原因是长期吃快餐的人，大脑中缺少 $\Omega$-3 脂肪酸，这会使大脑灵活性降低，控制情绪的能力受损，导致暴力倾向增加。当然不能因为这个，父母就禁止孩子吃快餐，这里只是提醒父母在生活中要注意孩子的饮食均衡。

孩子到了青春期，面临的学业压力、社交压力会越来越大。在这些外部不可避免的学业、社交的压力之外，还有很多孩子承担着额外的家庭关系的压力。父母和孩子之间缺乏情感沟通、父母之间关系不好，对孩子的情绪而言都是雪上加霜。很多时候孩子情绪失控，是各种压力叠加的结果。在承受重重压力的状态下，身体中一种叫儿茶酚胺的激素会增多，这种激素是肾上腺产生的，会让人兴奋，让人处于一种战斗状态。

身体的外在变化，就像一个开惯了小汽车的人第一次开加长的大车，不熟悉大车的长度、宽度、高度等外形尺寸。身体的内在变化，就像这个刚开大车的人，对这辆车的油门和刹车不熟悉，不知道一脚油门踩下去会有多大的力量，车反应的速度快还是慢，是立即就有推背感，还是要迟滞一下再冲出去，也不知道刹车应该轻点还是重踩，轻了刹不住，重了会急停，因此这辆车在路上开起来是一窜一窜的。

来源三，表达方式的变化。

由于身体外在和内在的生理变化，青春期的孩子在表达情绪的时候，会和小时候有明显的区别。

我曾经遇到一个五年级的女孩，她本来和同学约好周末一起去游乐场玩。早上出发前，妈妈检查她的作业，发现她没有完成，又检查了她的数学课外练习册，发现错题很多，老师还给她打了问号。妈妈一生气就不让她和同学出去玩了。这个女孩一下子就爆发了，把数学课外练习册撕了扔在地上；妈妈端了一碗粥准备坐下吃的时候，她一下子把凳子抽走，害得妈妈差点摔倒。妈妈和女儿的吵架升级为更大的冲突，女儿撕破了妈妈的睡裤，从早上 10 点一直把自己关在房间哭到下午 3 点，而妈妈的感受则是像"爆发了世纪大战"。最后，妈妈出门回避冲突，去书城找心理学方面的书寻求帮助，让爸爸去和女儿谈。这件事把全家人都吓坏了，父母完全不了解这个一直乖巧懂事、认真上进的女孩，竟然有这么强大的爆发力。

从这个案例中不难发现，孩子对妈妈的管教方式早有不满，过去她可能稍微抗议一下就被父母"镇压"了，但现在她无论是身体外在还是内在都积蓄了足够的能量，可以从上午 10 点到下午 3 点一直保持强劲的状态，于是孩子的抗议变得激烈而持久。但是孩子刚刚拥有这些能量，还不能很好地掌控，做不到收放自如。女孩撕书、抽妈妈的凳子、撕妈妈的睡裤、哭好几个小时，都是无法控制能量的体现。而妈妈使用的管教方式是"灭火"，试图直接浇灭女儿的"反抗之火"。女儿小时候的反抗就像小火苗，一盆水泼过去就可以浇灭。但是现在的女儿"火势"非常大，同样的一盆水浇上去，这次的水仿佛成了助燃剂，越浇火越大。于是母女俩"爆发了世纪大战"。

很多时候，青春期的孩子和父母之间的争吵，都是因为孩子无法控制自己的能量，找不到宣泄自己能量的途径。我在咨询中还遇到过一个初三的男孩，他吃完晚饭一个人在家，觉得身体发热，就计划先运动，再玩游戏，然后学习一会儿，最后睡觉。他认真地做了 8 组俯卧撑，每组 12 个。他把 96 个俯卧撑做完，出汗了，洗了个澡，感觉有点累，就想先休息一会儿，结果刚在沙发上躺下，妈妈就回来了。妈妈看见他躺在沙发上不学习，火一下子就上来了，不分青红皂白就开始训斥男孩。男孩气坏了，和妈妈大吵了起来，两人吵到晚上 11 点多，妈妈吵累了，去睡觉了。男孩还没有宣泄完愤怒，非常难受，就一个人在自己房间的地板上打滚，来来回回滚了几十分钟，还是难受，就把小时候看过的一套绘本翻出来，一本一本地全部看了一遍，看完整套绘本都已经到后半夜了，他才感觉舒服了一点，上床睡觉了。

家长已经体力不支，孩子却依旧有大量的能量折腾到后半夜才睡去。如果家长能够看到孩子在表达什么，那么这件事会有不一样的发展。

青春期的孩子的变化是巨大的，家长既要看到孩子的变化，也要做出调整，如果依旧采用孩子小时候的那套方案，或者盲目猜测孩子的情况，最后只会让孩子的情绪爆发得更激烈。

来源四，成年人对青春期孩子的误解。

对孩子身体的外在变化、内在变化和表达方式的变化不够了解，就会造成父母和老师对孩子情绪的起因、发展、爆发的过程不太清楚，进而导致成年人认为孩子总是莫名其妙地发脾气。

有的成年人会说，我们做父母的不了解，你作为孩子为什么不说呢？低龄的孩子不会表达，而青春期的孩子可以清晰表达自己的感受，说清楚就可以避免矛盾。然而，孩子有时自己都不了解自己。他们处在一个逐渐熟悉自己、了解自己、适应自己、控制自己的过程中，这个过程的时间跨度很大，变化幅度很大，对他们来说，这是个艰巨的任务。父母更应该主动学习，主动给孩子提供帮助，而不是让孩子迁就自己。

举个例子，青春期的孩子都喜欢玩游戏，特别是男孩。父母都担心孩子花费太多时间玩游戏，于是就限制孩子玩游戏的时间，例如工作日每天玩半个小时，周末可以玩两个小时。但是孩子往往一玩起来就会超时，父母就会不断地提醒："到时间了，到时间了，不要再玩了。"如果孩子还不停止，有的父母会断掉网络，还有的父母会动手抢走孩子的手机。被突然中断游戏后，孩子往往会情绪失控，有的孩子会暴跳如雷，摔东西，砸家具，狂吼大叫；有的孩子会和父母发生肢体冲突，推搡、撞击父母；还有的孩子甚至会做出极端的事情。这样的场景在很多家庭里经常发生，很多父母都向我描述过类似的情况。有位妈妈说她抢走儿子的手机后，儿子瞪着血红的眼睛朝她冲过来，那一刻她感到非常恐惧，仿佛对面是个疯狂的野兽，不是她从小抚育长大的孩子。

往往在这个时候，父母会觉得这个孩子学坏了，痴迷游戏，不听父母的话，不爱学习，不孝顺，还敢和父母吵架，甚至还敢对父母动手。父母的心理反应是："这还得了！一定要严加管教！"

其实父母误解了孩子。20 世纪 60 年代，神经学专家保罗·麦克里恩（Paul MacLean）提出了"三位一体大脑"（Triune Brain）的假说。（在这里需要交代一下，这个"三位一体大脑"假说是比较神经科学领域中一个过度简单化的模型。虽然从科学的角度上说，它有一些不准确的地方，但这个模型比较好理解。）这个理论根据在进化史上出现的先后顺序，将人类大脑分成"爬行动物脑"（reptilian brain）、"古哺乳动物脑"（paleomammalian brain）和"新哺乳动物脑"（neomammalian brain）三大部分。

"爬行动物脑"的作用是控制生命基本功能，如心跳、呼吸、喂食和繁殖等。这一部分大脑没有情绪，没有理智，只有 5 种应激反应，都可以用 F 开头的单词描述。

如果入侵者是同类、同性，且并不比自己更强壮，那么 Fight（战斗）！

如果入侵者是同类、同性，且比自己更强壮，那么 Flee（逃避）！

如果入侵者是同类、异性，那么 Fuck（交配）！

如果入侵者不是同类，不管是同性还是异性，只要不比自己更强壮，那么 Feed（捕食）！

如果以上皆不是，那么 Freeze（停住不动）！

其中前两种反应在青春期是可以转换的，原来逃避的应激反应，随着力量的增强，会转换成战斗的应激反应。所以父母会觉得以前很好对付的孩子，突然就变得桀骜不驯了。以前父母一瞪眼孩子就乖了，现在父母眼珠子都快瞪出来了，孩子一点反应都没有，因为孩子的应激反应发生了转换。

"古哺乳动物脑"，即边缘系统（limbic system）。这一部分大脑用来生成各种情绪，包括基本的恐惧、兴奋等。这些情绪实际上是对各种外部刺激的综合反应，例如感受到危险时要产生恐惧，以便迅速逃离；见到猎物时要足够兴奋，以便身体各个部分兴奋起来，这样才能保证抓住猎物。

"新哺乳动物脑"，又称新皮层（neocortex）。人类大脑中，这一部分占据了整个脑容量的 2/3，分为左右两个半球。最重要的是其中的前额叶皮层，它是大脑的中枢，不但控制着人一系列的高级认知功能，还能抑制一些低级中枢的活动，防止人做出一些不恰当的行为。

例如一个孩子把手伸向一杯滚烫的开水，爸爸看到后大喊一声："别动！"孩子听到爸爸的吼声之后，首先表现出的是害怕，吓得一哆嗦，这个反应来自"爬行动物脑"，这是动物的本能，害怕突然发出的巨大声音。跟随着第一反应的第二反应是愤怒，不被接纳和欣赏的愤怒，这个反应来自"古哺乳动物脑"，他会边哭边喊："你干什么！"然后才是第三反应，他发现对他喊的这个人是爸爸，因为爸爸担心开水烫到他。这个反应来自"新哺乳动物脑"，他这时才会完整识别出爸爸是为了保护他的安全才大喊了一声。如果这位爸爸不理解，也许会对孩子发火："我干什么？我为了保护你的安全，你还问我干什么？你还冲我发火！"这就不合适了。我们不能要求一个孩子的第一反应就是知道爸爸为了保护他的安全而大喊了一声，因为这不符合科学规律。

当父母抢走一个正在玩游戏的孩子的手机的时候，父母希望孩子知道自己的苦心，马上停下来，立刻去学习或睡觉。但是孩子的感受并不是这样。孩子玩游戏的时候，整个人会进入游戏状态，就像在现实世界中参加真正的战斗一样，大脑中的去甲肾上腺素会加速分泌，血管会加大收缩力度，肌肉会紧张，呼吸会加快。如果突然被中断游戏，而他们的思维还处于游戏状态，他们就会把正在游戏中宣泄的愤怒转向破坏他们游戏的对象。这时他们无法第一时间辨别中断游戏的人是谁，他为什么中断游戏。就像我们在文学作品或影视作品中看到的战争场面，有些在战斗中杀红了眼的战士挥舞着武器朝友军冲过来，他们的"爬行动物脑"还停留在战斗状态，"古哺乳动物脑"还停留在愤怒状态，都无法一下子切换到"新哺乳动物脑"的理智状态，所以他们才会有敌我不分的混乱反应。一旦冷静下来，他们就会认出战友。孩子也是一样，在这种状态下，他们无法立刻把游戏的破坏者和关心自己身体和学习的父母区分开来。

青春期是一个非常特殊的时期，孩子处在一个"非正常的正常状态"。青春期的孩子和青春期之前的他们相比，和成年人相比，是不正常的，但和同龄人相比，就是完全正常的。所谓的无名火，都是有规律可循的。父母只有了解孩子这个时期生理和心理变化的特点，才能更好地陪伴孩子度过这个特殊时期。父母需要付出时间和精力，放下架子，认真学习；除此之外，别无他法。

## 青春期孩子的物质需求

进入青春期，孩子因为自我发展的驱动，更加关注自己的外貌、穿衣打扮等。家长开始变得疑惑，不知道该如何应对青春期孩子的物质需求。按照我的一点经验，家长可以遵循以下几个原则。

第一，允许孩子有物质需求。

我在生活和工作中，会和很多青春期的孩子打交道，我发现青春期孩子的物质需求的总量是越来越多的。这其实很正常。

社会在发展，人们的物质条件在改善，孩子的物质需求在增加，父母对孩子物质需求的反应也有很大的差别。在和父母聊天的时候，他们会把焦虑和担心告诉我。例如有的孩子喜欢收集限量版的运动鞋；有的孩子喜欢买时尚的电子产品；有的孩子爱玩游戏，充值花销也不小。他们会经常找父母要钱。父母对孩子这种消费方式感到头痛，担心孩子没有节制，不能体谅自己的辛苦，所以父母会本能地想去干预、限制孩子的消费。

孩子有物质需求是正常的，父母要允许这种需求的存在。孩子的物质需求增加，引发的最大的冲突不是孩子的消费能力与家庭的经济收入不匹配，而是父母不知道孩子消费背后的原因。

第二，了解物质需求背后的心理原因。

孩子向父母提出物质需求，其实背后更多的是情感需求。孩子在心理层面会觉得：当我不断地向父母要钱、要东西的时候，如果父母能够满足我，就可以验证我在父母心中有一定的位置和分量。有的父母可能会把注意力都放在这些东西该不该买上面，而忽略了孩子物质需求背后的情感需求。所以我想提醒各位父母，把物质需求背后的情感需求看得更清晰一些。

到了青春期，孩子的自我价值感相比于小的时候需要在更多维度得到满足。低学龄的时候，孩子学习好或者跑得快，就会感到自己在同学面前是受欢迎的；但是到了小学高年级及初中以后，孩子可能需要展现更多层面的优秀，如成绩、身体力量、打球技能等，认为这样才能在同学面前得到好的评价。孩子对物质的需求，更多的是出于这个阶段的心理成长的需求。

对于父母不理解的、看似超标的物质需求，父母不要随意地把它定性为败家。如果在孩子小的时候，父母给孩子的爱是及时的、是他真正需要的、充足的，那么青春期的孩子的物质需求一般不会太离谱。如果父母在孩子小时候与孩子的情感联结有所欠缺，那不妨把孩子有些过分的物质需求看作一种"索爱"的信号。父母应多和孩子加强情感交流，孩子得到了他真正想要的东西，对物质的需求就会变少。

第三，主动给孩子一些零花钱。

父母要主动满足青春期孩子的一些物质需求。例如，孩子上小学高年级或初中了，父母就要每隔一段时间给孩子一定的零花钱。毕竟，随着年龄的增长，金钱消费是一个人必备的社会化技能。孩子应该可以自由支配零花钱，例如跟同学一起吃点零食、喝杯奶茶，给同学准备生日礼物，为自己想要的物品付账，等等。这样孩子会更有安全感，对金钱的使用会更有规划。如果零花钱不够，孩子可以提出来，在家庭经济条件许可的情况下，父母可以适当增加一些。

随着孩子年龄的增加，父母给的零花钱会更多。父母可以不做干涉，允许零花钱由孩子自由支配和掌控。如果一个孩子能自由支配和控制一些钱，他会觉得自己的物质需求得到了满足。事实上，父母按照固定频率给孩子零花钱（例如一周给 50 元），比起孩子要钱的时候才给、不要就不给，后者花的钱可能比前者更多，孩子也会更加没有节制。孩子会认为这是父母允许他花的钱，他必须完全花掉，不需要节省存下，因为他要的时候，父母还会再给，他自然就没有规划的意识。但是对于固定的零花钱，孩子会知道自己可支配的零花钱的上限，自己要有计划才能更好地使用这笔钱，如果钱花完了，是不会随时补充的。

在家庭经济条件许可的情况下，父母可以给孩子一定的零花钱支配权，不必询问他零花钱用在了哪里，更不需要他报账单。这是父母对孩子的信任，也是对孩子权利的尊重。

第四，不要在满足孩子物质需求的同时附加额外的条件。

很多父母喜欢条件反射似的把物质需求和考试成绩挂钩。这个行为非常不好，这是一种功利的交换行为。

有的父母会跟孩子说："你考试考了前三名就给你买双鞋，没考到就不买。"这个方式有时会有点效果，孩子为了想要的东西可能会努力学习，但是这个效果维持不了多久，后面就基本上没什么作用了，甚至会起反作用。这种交换的方式会让青春期的孩子感到不舒服，时间长了，次数多了，会破坏父母和孩子之间的关系。

有的父母受西方教育方式的影响，让孩子在家里做一些家务劳动来获取零花钱。我个人认为，中西方文化不同，我们不能原封不动地照搬别人养孩子的方式。在西方文化中，特别是在美国文化中，孩子通过做家务劳动来换取零花钱是很常见的事情，没有问题，但是我们也要同时看到这是美国家庭对孩子表示尊重和平等的一贯方式。在现代中国家庭里，父母使用这种方式的时候要慎重，有的时候没用好，可能会受到孩子的抵触。我们反复强调要学习，不能用自己的老经验去推断现在的孩子，但也不能看见别人家是那样做的，自己就原封不动地照搬，将其用到自己孩子身上。

富裕不富裕，很多时候不是钱的问题。有的父母很富有，但是特别抠门；有的父母很普通，但是能让孩子感觉到特别满足。相信很多人回忆起自己最富有的时刻，不会是拥有金钱的时刻，而是拥有爱的瞬间。

关于如何看待孩子的物质需求，没有一套标准的方法。总而言之，父母需要了解青春期孩子的心理活动规律。父母应在了解自己和孩子的关系质量的前提下，根据自己的经济条件和孩子所处的环境，在充分尊重和信任孩子的前提下，做出是否应该满足孩子正当的物质需求的决定。所谓正当，就是符合这个时代、符合孩子年龄、符合孩子当下所处环境的那些正常的物质需求，而不是以父母个人的标准去判断。在这样的前提下，让孩子的物质需求得到满足，那么这个满足便能够充分发挥作用，帮助孩子更好地成长。

## 青春期孩子与手机

我在工作和生活中接触到的每一个青春期孩子的家长，都会提到一个共同困扰——孩子对手机痴迷。看着孩子每天抓着手机不放，家长比较"抓狂"，会和孩子产生很多矛盾，甚至有时因为手机和孩子发生一些剧烈的冲突，造成一些恶性事件。

家长不能理解孩子对手机的需求，很重要的一个原因就是家长自己小的时候没有手机。很多家长常常感到困惑，自己也有手机，但是绝不会因为手机影响工作，为什么孩子对手机如此痴迷，甚至影响了学习。这其实就像一个没有吃过辣椒的人，没有办法向另外一个没吃过辣椒的人介绍辣椒的味道是什么样的。人对于自己没有经历过的事情，是没有办法把那种感觉说给别人听的。

如果家长在 13～16 岁时没有拥有过手机，那么他们在自己的孩子到了这个年龄的时候，就没办法理解自己的孩子对手机为什么如此痴迷。父母今天虽然也拥有手机，但是一个 40 岁左右的人对手机的感觉和一个十五六岁的孩子对手机的感觉是完全不一样的。所以家长在评判自己的孩子使用手机这件事到底是好还是不好的时候，一定要接受一个事实：青春期孩子跟手机之间的关系，自己是不理解的。

当认清这个事实的时候，家长就会带着好奇去了解，孩子到底为什么如此痴迷手机，而不是带着指责、训斥、管教的思路去强迫孩子按照自己的要求行动。

还有一部分家长看到孩子拿着手机会倍感焦虑，因为他们同时看到了另一幅画面：别人家同龄的孩子都在忙着学习，只有我家的孩子在玩手机，在浪费时间。现在很多家长的眼前只有一块屏幕，其中显示的是自己孩子的状态，所以他们总觉得其他孩子都在刻苦学习，只有自己的孩子在虚度青春，手机不离手。

如果家长能像儿童心理学家或心理咨询师一样，同时面对很多孩子，就像走进监控室，同时能看到很多块屏幕，看到跟自己孩子同龄的其他孩子的状态，包括孩子的同学，全市同龄的孩子，甚至全省、全国、全世界经济发展状况差不多的国家和地区同龄的孩子，也许就会发现，事实是大部分孩子都在使用手机。

很多时候，孩子使用手机是因为他的同学、朋友或其他在意的人在使用手机。如果全世界的人都不用微信，只有你一个人用微信，你跟谁聊天？你发朋友圈给谁看？你看谁的朋友圈？你怎么去获得别的社群的信息？使用微信的前提是有一定基数的人群都在使用微信。孩子也是一样，如果全世界同龄的孩子都不用手机，那你的孩子用手机干什么？跟谁打游戏？跟谁聊天？跟谁吵架？跟谁用他们青春期的专用语言对话？吐槽谁？或者吐槽给谁看？

所以，从某种程度上来说，一个孩子在使用手机，恰恰说明他跟全班、全校、全区、全市、全省、全国、全世界同龄的孩子，行为、思维是一样或者近似的。从统计学的概念上来说，这恰恰说明孩子是正常的，因为他正在做这个年龄段的大部分孩子都在做的事情。

孩子使用手机是一个普遍现象，孩子痴迷手机也是一个普遍现象，这是时代发展的必然，我们没必要去责备或者抱怨。手机对于孩子来说，也是具有积极意义的。

第一，手机是学习的重要工具。

很多家长有这样一个担忧：孩子的学业成绩不好，还一直沉迷手机，岂不耽误学习？其实，使用手机和孩子的学业成绩之间，并没有家长认为的那么多的联系。

事实是，孩子不使用手机的时候，可能也不会把这个时间用来学习课本知识。

就像成年人一样，一个人不可能把除了吃饭睡觉外的所有时间都用来工作，每个人都需要业余生活，需要休息，需要休闲和获取新的资讯。孩子也是如此，在不使用手机的时候，他会去做点别的事情，通常情况下，他不会把这个时间用来学习课本知识。我遇到过很多这样的情况：家长把孩子的手机收走了，结果发现孩子无所事事，要么在那儿发呆，要么躺在床上睡觉，要么烦躁得不行，并没有用这个时间去学习，反而状态更差。是否使用手机，以及手机使用时间的长短，并不会对孩子的学业成绩造成决定性的影响。

相反，孩子在使用手机的时候，有时恰恰是在学习。

学习是一个比较大的概念，很多家长和老师总是把学习狭义地理解为做题背书，复习课堂知识。广义的学习更侧重学习的过程，一切知识和经验的积累都属于学习。孩子通过手机了解到某个他感兴趣的领域，或者阅读到他认为有意思的新闻，这都是在学习。

我是学理工科的，在我读书的时候，"引力波"的概念还不是很普及。前一段时间，我在网络上看到这个名词的时候，很想了解一下，于是就请教我的女儿。当时她正在读高中，我问她："引力波是怎么回事？"她很开心地说："来来来，我给你讲一讲。"因为她已经提前在手机上检索了这个名词，搞清楚了概念。她专门在手机上找了两段关于引力波的动画给我看，并进行了讲解，听她讲了以后，我对这个概念清楚多了。我问："还有没有更详细的内容？"她说："你现在知道这么多就行了，你不是学这个专业的，要想了解得更多，我建议你买一些专业书籍来看。"这件事情给我留下了很深的印象。手机为孩子们了解世界提供了一个非常便捷的渠道。他们利用手机掌握了符合这个时代的信息获取方法。在我们不知道的时候，孩子利用手机吸收了很多知识，虽然这些知识可能与他当前的学业关联不大，但是这个过程提升了他的学习能力。这就是学习，而且是更好的学习，可以为孩子未来的学习做准备。

孩子运用这个时代的科技了解这个时代的热点，形成对这个时代和这个世界的看法，他们知道这个世界正在发生的事情，例如政治、经济的变化，同时也在和这个世界进行交流。这对于一个人的发展来说十分重要。如果能够从更广的角度看待学习，家长会发现手机是当下最有利于学习的工具之一。

**影响学习的不是手机，是孩子和手机的关系，是父母看待手机的态度。**孔子说："一张一弛，文武之道也。"人在生活中应该有紧张的时候，也应该有松弛的时候。学校的学生，如果一直处于紧张的状态，就会变得疲劳，变得效率低下，变得磨洋工、拖时间，学习效率会越来越低；如果一直处于松弛的状态，学习效率可能也不会很高。很多父母只要看到孩子在那儿学习，心里就特别踏实，一看到孩子没学习，就百爪挠心，这未免太功利了。父母应该更多地关注孩子的学习效率，而不是学习时间。

第二，手机促进自我身份认同。

一个孩子在青春期的时候，不光只有成绩、学习、考试这些事，还有更重要的心理任务是形成自我身份认同。在这个阶段，孩子要知道自己是个什么样的人：我是谁？我从哪儿来？我要到哪儿去？孩子要形成自我认知，要形成自己的三观。

孩子要完成这个任务，只靠家庭和学校是不够的。他们需要一个更大的认知平台。手机搭建了这个平台，协助每个青春期的孩子了解世界、了解同伴、了解历史、了解更多的东西，促使他们形成自己的价值观、世界观、人生观。就像我们在年轻的时候，通过看书、看电视、听演讲来形成自己的世界观，现在的孩子只是把我们当年的那些载体换成了手机而已。

第三，手机是孩子的情感寄托。

手机的功能如此之多，它不仅是一个通信工具，还是孩子跟外界交流的重要通道，也是孩子宣泄他们的情感的通道。

孩子烦心的时候，想着自己可以通过手机找到解决烦恼或者宣泄情绪的渠道，那么他的烦恼也会随之得到一些缓解。这个时候手机相当于第三方，它懂孩子，能够帮助孩子去跟他想建立联系的任何一方取得联系。手机已经不单是一个电子产品，而是寄托着孩子非常浓厚的情感的载体。

父母一直在寻找让孩子少用手机多学习的套路，但是值得注意的是，对于一个生活在现在这个时代的孩子，假如他彻底不用手机，每天只忙于学习的话，才是应该被担心的。

我在工作中遇到过很多这样的案例，有的孩子很乖，非常听父母的话，父母不让他用手机，他就不用。但是父母慢慢就会发现这个孩子和社会越来越脱节，和同龄人越来越脱节。现在有的孩子本来朋友就少，如果父母再堵住他们通过手机调节情绪、联络外界、跟同龄人交往的这个渠道的话，只会导致更糟糕的结果。

孩子要想适应现代社会，就必须使用手机，父母现在不让他用，未来他上大学了或者进入社会了，他会补偿性、报复性、发疯似的使用手机。

父母能做的有用的事情，就是从理解孩子的角度，帮助孩子更好地度过这个人生的关键时期。在这个过程中，手机不是父母的敌人，而是父母的朋友。父母与其盯着孩子不让他玩手机，为了手机跟孩子较劲、发生冲突，不如花一点时间，花一点心思，真正去理解孩子的心理发展规律。

其实，面对青春期的孩子，更需要学习的人是父母。时代不一样了，如果父母不学习，就很难了解青春期孩子的心理活动的特点。

通过学习，父母才能改善、调整自己与孩子的关系，更多地了解孩子。带着这样的知识，带着这样的态度，父母才能真正做到相信孩子，心疼孩子。父母应在尊重、理解孩子的基础上，跟孩子多讨论、多交流，先把自己跟孩子的关系处理好，再和孩子一起处理孩子跟手机的关系。这样，父母才能更好地帮助青春期的孩子。

第 4 节

# 青春期孩子的学习问题

## 青春期孩子厌学，父母可以做些什么？

现在全国的精神科医生、心理科医生、心理治疗师、心理咨询师面对的青少年工作有两个热点：一个是青春期孩子的抑郁症，另一个是青春期孩子的厌学问题。可见，厌学其实是一个普遍现象，有的孩子可能长时间不上学，有的孩子可能隔三岔五地请假，上学对他们来说比较困难。这种现象在国外的青少年中也很常见，美国的中学生厌学的比例也比较高，为 10% ~ 20%。

孩子到底为什么"厌学"？其中的原因可能非常复杂。我们很多人看到孩子不愿意上学，或者频繁请假，或者对学习没有什么兴趣的时候，固有的第一反应就是觉得这是孩子的问题，其实这个观点不够全面。我对工作中的咨询案例进行了梳理和总结，发现孩子厌学的理由，大概有以下几种。

第一，家长对孩子要求过高，孩子没有办法承受。

家长总是希望孩子能够考试考得好一点，排名更靠前一点，希望孩子能够上更多的辅导班，能够做更多的练习题，从而限制孩子的一些娱乐活动，例如使用手机、看电视、跟同学交流等。但是这些希望并没有一个明确的标准，孩子排名前 20 的时候，家长希望孩子排名前 10、希望孩子排名前 5。即便孩子排名第一，家长也并不会告诉孩子他已经达到了自己的要求，而是会告诉孩子要继续努力，要比上一次考试有进步。这样笼统的期待和模糊的要求，只会让孩子越来越疲惫，越来越排斥课业学习。

第二，家庭关系比较紧张。

父母争吵或离婚、家庭关系不和谐等，都会导致孩子没有办法安心学习。

现在的孩子在学习上有自己的一套方法，大部分孩子其实知道自己应该好好学习，但是他们就是不愿意按照父母或老师说的那样去学习。他们会觉得如果我按照父母指导的方式去学习，学好了是父母的功劳，学不好都是我不听话。这种感觉对青春期的孩子来说非常糟糕，所以有时他们不喜欢学习，只是不愿意让父母觉得自己什么都是对的。

第三，孩子的社交关系处理不好。

社交关系主要是指孩子在学校的人际关系，社交关系处理不好包括同学关系处理不好，或者孩子不喜欢某个老师，或者孩子不适应新学校，这时孩子通常都会通过排斥学习来回避人际关系中的矛盾和冲突。

现在的孩子所处的成长环境、使用的社交工具、运用的语言表达方式，跟他们父母当年有着天壤之别，这是时代快速发展的必然。这些差异要求父母和老师快速适应孩子的变化，不能用旧的认知去想象或猜测孩子的想法和需要。

第四，孩子学业压力增大，缺少应对方法。

升学后学业任务增多，中考和高考的压力与日俱增，当付出了很多的时间精力，但是成绩依旧没有提高时，孩子会因为挫折而逃避，产生厌学的情绪。

第五，其他原因。

有一些孩子，学习能力强，智商足够高，也能考出足够好的成绩，但是认为学校生活非常枯燥无聊，每天除了上课就是做题，或者模拟考，等等。孩子可能因为这些对上学感到厌倦，就用频繁请假的方式来表达他们的不满。

还有的孩子有比对学习更感兴趣的事情，例如有的孩子可能对动漫、游戏、电脑编程等特别感兴趣，他们会觉得上学严重缩短了自己发展兴趣爱好的时间。他们选择将自己的精力更多地放在感兴趣的事情上，于是对学习表现出不感兴趣的样子。

孩子厌学是一个非常复杂的问题，父母需要具体情况具体分析，通过现象看本质。父母先要了解孩子究竟是因为什么事情采用了厌学的方式来尝试解决冲突和矛盾，不要把厌学简单地看成孩子的个人问题，要用全新的视角去看待孩子的厌学。

**厌学，既是个问题，也是个信号。**如果孩子厌学是因为家庭因素，例如父母关系、亲子关系、父母和自己长辈之间的关系等，那我们就要从家庭的角度去帮助孩子。有的孩子厌学，是反映了我们当下的教育理念和教育方法出了问题，特别是应试教育给孩子（当然也给老师）造成了巨大的压力。孩子投入大量时间为了考试而学习，虽然会让孩子的考试能力比过去更强，但同时孩子们失去了学习更多应试知识之外的其他知识和技能的时间。

从某种角度来讲，厌学是一个孩子的自我保护措施，因为如果他硬撑下去的话可能会出现更麻烦的事情。

同时，厌学也是一个机遇，可以促使父母、老师、教育政策的制定者等，更好地去反思现在的教育方式到底出了什么问题，反思孩子遇到了什么困难，反思我们应该怎样去帮助孩子。

所以厌学的核心是社会和家庭对孩子的要求与孩子本身的需求产生了冲突，孩子只能通过不上学的方式来暂时回避这个冲突。人在不能自己做主、不能自己安排自己的思维和行动的时候，就会产生厌倦感，孩子厌学真正厌的其实不是上学这件事，而是自己无法左右自己的生活、自己无法决定自己学习和生活的节奏的这种感觉。

当孩子厌学的时候，父母怎么帮助厌学的孩子恢复上学、重新适应学校生活呢？有以下几个建议可供父母参考。

第一，要淡定，要相信孩子。

父母要相信孩子不会甘心让自己的未来变得一塌糊涂。没有这份信任，父母所执行的一切帮助孩子改变的策略都无法发挥作用。

第二，重新梳理与孩子的关系。

有的父母觉得孩子不上学就是无可救药，但其实孩子自己心里也有巨大的矛盾和冲突，也承受着巨大的压力，只是父母没有察觉。

离开学校待在家里对孩子来说其实是很难受的一件事情。特别是想到自己的同龄人在学校上学，想到时间一天天地过去，他们也会焦虑，只是他们还没有准备好如何处理面临的冲突和矛盾，所以暂时没办法回到学校去。厌学看起来好像是一件突然发生的事，但其实是一个长期积累的结果。父母不要指望孩子可以立刻变得不厌学，改变需要一个过程，就像俗话说的"病来如山倒，病去如抽丝"。

第三，协助孩子完成自我身份认同。

青春期的孩子最核心的心理任务就是完成自我身份认同。孩子童年建立起来的身份会随着年龄的增长慢慢分解，然后重新形成新的身份。当他们在学校和家庭的环境中没有办法顺畅地完成这个任务的时候，他们就会用厌学的方式去回避或者调整。

这就像是一个人家里非常贫困，所有家庭成员都必须依赖他的工资来生活，他如果不上班，家里就揭不开锅，这个时候工作再辛苦、再无聊，他都会咬牙坚持，因为他没有选择的余地。如果他不需要养家糊口，那么他去上班的感受是不一样的。除非他能在上班的时候得到在家里得不到的东西，例如同事之间相处融洽、被老板欣赏等，他才会产生成就感，才会喜欢上班。情况相反的话，他可能对上班没有任何兴趣。孩子上学也是一样，如果在学校得不到自己想要的自我身份认同，如果在上学的时候不能感觉到自己是一个有价值的、被人喜爱的、拥有被人认同身份的人，孩子对上学是不会有太多兴趣的。

只有帮助孩子完成了自我身份认同，孩子才会愿意重新回到学校，才有精力继续学习。

第四，沟通不能急。

父母和厌学的孩子沟通的时候一定不能急，要有耐心、包容心、同理心，这样才能知道问题到底出在了哪里。

父母在面对一个厌学的孩子的时候，一定要把孩子这个人和孩子不上学这件事分开，不要把所有的事情都和不上学搅和在一起。例如，孩子想出去走走，父母说"不上学你走什么走"；孩子想要点零花钱，父母说"不上学你还要什么零花钱"……这些事情会让孩子觉得自己不上学就变成了一个很差劲的、没有价值的人，什么权利都不配拥有。孩子会觉得父母爱的是上学的自己，而不是自己这个人。这个时候，亲子关系就会变得更加紧张。

请父母们在这一刻谨记"无条件的爱"，不上学的孩子依然是父母的孩子，依然值得父母去爱，依然有很多闪光点。

温尼科特曾经说过："健康的孩子确实需要感受到继续存在的控制，但是纪律和规矩必须由那些有能力被爱和被恨的人，有能力被违抗但也被依赖的人制定。提供单纯机械性的控制是没有什么用处的，恐惧也不能激发孩子内心中真正的顺从。"如果父母用非常严厉的态度逼迫孩子不厌学，要求孩子必须回到学校去，可能孩子会回到学校，但这恐怕只是暂时的；如果父母用爱、用欣赏、用理解来跟孩子相处，孩子在青春期这个阶段就能够慢慢调整自己，能够感受到父母对自己的关心、支持、信任、尊重，他们可能更容易回到学校去，回到学校以后也会更稳定。

厌学不是一件极端恐怖的事情，而是一个越来越普遍的社会现象。它既然是社会现象，就有产生、存在、持续的社会原因，而不是孩子个人的问题，涉及家庭关系、教育体制、社会发展、成长阶段等综合因素。所以父母要淡定，要从一个更新、更全、更高、更广的视角去看待这件事。

厌学不等于孩子没有未来。我们处在一个多元化社会，成年人也处在一个多元的选择过程中，未来是什么样子，谁也没有办法精确预测。在这种时候，我们可以在力所能及的范围内，给孩子提供更多、更广的选择余地。

## 为即将参加中考、高考的孩子减压

**压力本身并不是坏事。**它反而是一个重要的促进事情发展的动力。我们经常说减压，好像压力是一个很不好的东西，把它减掉就好了，其实不然。我们感到有压力的时候，恰恰说明我们对某件事情很重视，如果没有压力，就说明这件事情不重要。减压的目标并不是将压力降到零，而是将压力调整到一个可以承受的范围内，继续发挥压力对这件事的促进作用。

对即将应考的考生来说，有一点压力是好事。考生要是在这个时候一点压力都没有，只可能是两种情况。一种是他是超级学霸，有绝对的实力；另一种是他彻底没戏，怎么考都考不好。

压力是一种主观感受，对于压力，每个人的体验都不同。同样的事情给不同的人带来的压力强度也是不同的。考试前感受到的压力，更准确地描述是考前焦虑。

焦虑是指对未来将要发生的、不可掌控的事情的一种担心。焦虑有两个特点：一个是现在还没发生，未来会发生；另一个是不可掌控。如果少了其中任何一个特点，都不能称为焦虑。

有一个笑话很准确地描述了焦虑的两个特点。老张欠隔壁老王一万元钱，到了约定还钱的头一天，老张睡不着，在床上翻来覆去，十分发愁，因为他没钱还，不知道明天老王会怎样对他。老张太太听说以后，说："这事简单。"老张说："这件事怎么简单了？我没有钱，还不了，明天老王会找我要钱啊，这可怎么办呢？"老张太太就开门走到走廊上，对着老王家的大门大喊了一声："老王，老张明天还不了你钱了！"然后回来关上门，说："现在该老王睡不着了，你睡吧！"

对于老王来讲，本来他确定老张明天会还钱，所以不焦虑，当他听到老张太太说老张还不了钱，他就开始想："老张明天还不上钱，我怎么办？我是找他要，还是宽限他几天？是起诉他，还是骂他，或者找人上门讨债？"他不知道自己明天要怎么做，对于明天感到不可控，所以他就开始焦虑了。老张呢，原本因为不知道第二天要怎样和老王说还不上钱而焦虑，现在已经明确地告诉老王自己明天还不上钱，不确定变成了确定，所以焦虑就缓解了。

对即将应考的考生来说，其实他的个人能力是由两部分组成的：一部分是学习能力，平常考试能体现的客观真实的能力；还有一部分是心理能力，就是能不能在重大的考试中把自己的学习能力全部发挥出来的能力。因为考试即将来临，考生现阶段能做的，不是增强客观真实的学习能力，而是调整决定他能否发挥出客观真实的学习能力的心理能力。如果考生有考 80 分的学习能力，适当地调整心理能力后，可能考出超过 80 分的成绩。

具体来说，增强考生心理能力的方法有以下几种。父母可以结合自己的经验，根据孩子的情况对这些方法进行进一步加工和调整，找到适合孩子的方法。

第一，冥想。

这里说的冥想来自心理学的正念疗法。冥想的时候，需要选择一个安静的环境，穿着舒适的衣物，在冥想前规划好冥想的时间，做一些肢体上的准备动作。具体的操作方法可以参考较专业的网络资料或者跟随专业的心理咨询师的指导。

第二，听音乐。

原则上来讲，孩子听什么音乐感到舒服就听什么音乐。如果孩子没有特别的喜好，可以在考试当天早上听摇滚类的音乐，因为这类音乐会让呼吸和心跳加快，肾上腺素加速分泌，可以让孩子保持兴奋和活力。在睡觉前或者还没到考试的时候，孩子则要避免听这类音乐，否则可能会感到比较累；这时孩子可以听一些轻音乐或者古典音乐，有助于放松。

第三，按摩。

按摩可以缓解肌肉的紧张，也能够减少焦虑。与此相似的一些手工工作也可以达到放松的效果，如做手账、捏橡皮泥等孩子喜欢做的事情。

第四，做好充足的考前准备。

考前准备工作通常都是父母和孩子一起完成的。如果考前准备有所疏漏的话，例如准考证、笔等出现一些差错，父母要主动地把责任揽过来，不要去抱怨孩子，避免孩子情绪出现太大的起伏。

孩子在考试前尽量保持生活和学习节奏与平常一致。有的孩子前期复习特别紧张，每天都在复习，考试前突然一点书都不看，这样大的变化，身体反而不适应，会产生相反的效果。

父母跟孩子一起提前规划考试后的行程，例如跟参加高考、中考的孩子一起商量考完试全家去旅游。提前开始规划，孩子的注意力会放在考试之后的事情上，这也是一个很好的缓解考前焦虑的方法，但是千万不要告诉孩子："你考得好，我们就去；考不好，我们就不去。"父母要传达给孩子的是：不管你考得如何，我们都按照事先的安排来进行。

尽管这些方法可以缓解考试带来的压力，但是每个孩子的情况是不一样的，每个家庭的情况也是不一样的。父母不必非要采用某一种方法，毕竟孩子最好的放松其实就在父母的无条件的爱里。

如果孩子表现得特别紧张，平常考试的时候也容易紧张，导致考试经常发挥失常，父母可以在征得孩子同意的前提下，带孩子寻求专业人员的帮助。

## 高考只是一张试卷，人生却是一幅画卷

高考对于大多数的家庭来说意义重大。很多学生把高中 3 年全部投注到高考这一件事上，一遍一遍复习，一遍一遍刷题，无暇顾及高考之外的其他事情，自己也承受着巨大的压力。

然而高中阶段的 3 年是人生最重要的 3 年，是形成人生观、世界观、价值观的 3 年，也是形成自我身份认同的 3 年，更是为未来奠定人格基础的 3 年。这 3 年要做的事情、要学的东西，不是只有复习刷题这一件事，还有远比高考重要的事情。一个学生要有健康的心理、稳定的人格、广阔的知识面，将来才会有好的发展。

参加高考的过程，既是孩子学业发展的重要节点，同时也是孩子脱离父母、走向独立的过程。现在的很多孩子参加高考更多的是为了脱离父母的监管。所以很多孩子考上大学以后，终于没有人盯着他了，于是打游戏、逃课、谈恋爱、旅游，好像要做完所有高中时期父母不允许他做的事情。

一直以来都有所谓的高考零和博弈的说法：我考上了这所学校，你没考上这所学校，这个资源被我占走了，所以你不如我。很多人认为，一个孩子上了好的大学就比同龄人拥有了更好的教育资源。很多父母在这种教育资源稀缺心态的驱动下，让孩子埋头苦读，希望孩子先抢到眼前看起来稀缺的学校资源。

但是对现在的孩子来说，真正好的教育资源不在名牌大学里，而在他们身边。一个家庭的价值观对孩子的志向和未来事业的潜移默化，才是真正的教育资源。

人生只有一次，少年时代、青年时代也只有一次。高考只是一张试卷，而人生的画卷更加广阔，其中蕴含着无限可能。一个十几岁的孩子将来可能成为律师、科学家、作家、企业家、发明家、极限运动员、环境保护者，什么都有可能。他对这个世界充满了无限的好奇，这种好奇再配合无限的可能，才是一个孩子身上最大的资源。这是孩子身上富有而成年人身上缺少的东西，这也是我们常说的孩子的可塑性。

我在工作中遇到的很多孩子，他们面对高考比父母更淡定。父母往往紧张得不行，孩子说："又不是你高考，我高考你紧张什么？"这话真的让人非常开心。经过社会的不断发展，经过一代一代人的努力，大多数孩子的心理素质比父辈更好了。他们知道自己要什么，也知道这场考试不能决定自己未来的命运，这是社会的进步。他们没有把高考看作一条不变的轨迹，他们将会更加自由、豁达地对待高考和自己的未来。

心理学的依恋理论认为，人的一生就像走迷宫的过程。从入口进入迷宫以后，有很多条路，只有一条是通的，其他不通。有的人可能运气好，走得很快，基本上每条路都能走对。绝大多数人都是一边走一边试错，这一条走了一段发现不对，退回来再走另一条；试一下又不对，再继续试，越走越清楚，越走越明朗。这个找路的过程其实就是学习的过程。**在现代社会，每一个人的发展过程都是一个终身学习的过程。**

没有人只要上了大学，就不用再学习了。相信很多父母从社会经验中都会得到共同的结论，要在现代社会实现自我价值，只依靠大学里学的东西，很快就会被淘汰。人哪怕是取得了博士学位，工作以后不再继续学习，也只有落后一种结局。在我们如今生活的这个世界中，信息量实在是太大了，一个人就算能活 500 年，也学不完眼前这些东西。要想做好工作，做好父母，必须终身学习。

所以一个人无论高考之后的命运如何，取得了多高的学历，工作后还是要学习。从某种角度来说，大家还是在同一起跑线上，这一次比的是谁终身学习的能力强。大家都在走迷宫，要想走出来就要不断地尝试，不断地探索，不断地体验，不断地总结经验。

诺贝尔物理学奖得主、日本工程学家中村修二在演讲中说过："如今的经济现状，已经不再需要顺从且遵守纪律的劳动阶层，相反，它对劳动者的阅读能力、数学素养和人文底蕴的要求越来越高。当今社会需要的是具有创造力，充满好奇心，并能自我引导的终身学习者，他们有能力提出新颖的想法并付诸实施。如今的教育大多忽视了人与人之间异常美妙的多样性与细微差别。而正是这些多样性与细微差别，让人们在智力、想象力和天赋方面各不相同。"

不论孩子现在处于小学、初中，或者高中的哪个阶段，父母都需要把更多的精力、时间、注意力放在拓展孩子的知识面、阅读量、人文底蕴、数学素养等方面，让孩子对这个世界保持好奇，让孩子有多样性的差别，让孩子能够自由探索。父母不要浪费孩子的最大资源——无限的可能性和天生的好奇心，更不要本末倒置，为了高考牺牲孩子最宝贵的东西。

不管怎么样，祝福每一位考生都能发挥自己的最高水平，同时也提醒所有父母和孩子，人生不是只有中考和高考，在现在这个多元化的社会里，每个人都有无数的机会去成就自己的人生。